# Die islamische Welt und Europa



Begegnung – Zusammenprall – Dialog?
Zur Geschichte des islamischen und des christlichen Kulturkreises

## Handreichungen für den Unterricht

Erarbeitet von
Dr. Wolfgang Jäger, Karin Laschewski-Müller,
Ursula Vogel, Christa Weber

Cornelsen

**Kurshefte Geschichte**
**Die islamische Welt und Europa**
**Begegnung – Zusammenprall – Dialog?**
**Zur Geschichte des islamischen und des christlichen Kulturkreises**

**Handreichungen für den Unterricht**

Die Handreichungen wurden erarbeitet von
Dr. Wolfgang Jäger, Karin Laschewski-Müller,
Ursula Vogel, Christa Weber

Die in diesem Werk angegebenen Internetadressen wurden geprüft (Redaktionsschluss Oktober 2002).
Es kann allerdings nicht ausgeschlossen werden, dass unter den Adressen inzwischen andere Inhalte angeboten werden.

Redaktion: Dr. Christine Keitz
Umschlaggestaltung: Knut Waisznor (Umschlagbild: Schule des G. Bellini, Empfang einer venezianischen Gesandtschaft in einer orientalischen Stadt, Öl auf Leinwand, 16. Jh., Musée du Louvre, Paris)
Gestaltung und technische Umsetzung: Gerd Sadzinski, Berlin

**www.cornelsen.de**

1. Auflage, 3. Druck 2009



Druck: CS-Druck CornelsenStürtz, Berlin

ISBN 978-3-464-64289-4

Inhalt gedruckt auf säurefreiem Papier aus nachhaltiger Forstwirtschaft.

## Inhalt



**Aktuelles: www.cornelsen.de/aktualitaetendienste**
**Linktipps: www.cornelsen.de/internet-lotse**

# Zur Gesamtkonzeption der Reihe *Kurshefte Geschichte*

Die ***Kurshefte Geschichte*** sind thematisch orientierte Quellensammlungen für den Geschichtsunterricht in der Sekundarstufe II. Die Reihe legt bei der Themenwahl den Schwerpunkt auf epochenbezogene Längsschnitte und eignet sich für Grund- und Leistungskurse.
Im Zentrum der problemorientierten Kapitel stehen die umfangreichen Quellensammlungen. Gemeinsam mit den kurzen Darstellungstexten sowie den Sonderseiten „Themen und Methoden" und „Weiterführende Arbeitsanregungen" verstehen sie sich als Angebote für einen methoden-, handlungs- und gegenwartsorientierten Geschichtsunterricht in der Oberstufe.
Darüber hinaus wollen die ***Kurshefte Geschichte*** bei Schülerinnen und Schülern historisch-politische Interessen wecken und das selbstständige Arbeiten fördern. Aus diesem Grund gehört zu jedem Heft ein umfassender Serviceanhang, und das Internet wird an ausgewählten Stellen der Kapitel thematisch gezielt mit eingebunden.

Die ***Titel der Reihe Kurshefte Geschichte*** decken alle Zeiträume von der Antike bis zur Gegenwart ab und berücksichtigen regionale, nationale, europäische und außereuropäische Handlungs- und Kulturräume, z. B.:
- Demokratie in Athen
- Das Römische Reich: Politik und Alltag
- Das Mittelalter; Materialien zur Geschichte und Geschichtskultur einer Epoche
- Europa und die Welt um 1500
- Die Französische Revolution
- Revolutionen in Europa: 1789 – 1917 – 1989
- Industrielle Revolution und Moderne um 1900
- Die Weimarer Republik
- Der Nationalsozialismus: Die Zeit der NS-Herrschaft und ihre Bedeutung für die deutsche Geschichte
- Deutschland nach 1945
- Die Russische Revolution und die Sowjetunion
- Europa im 20. Jahrhundert: Die europäische Einigungsbewegung und das Europa der Menschen- und Bürgerrechte
- China: Kaiserreich und Moderne
- Die islamische Welt und Europa
- Die Geschichte der USA

Hilfen für Lehrerinnen und Lehrer bieten die ***Handreichungen für den Unterricht***. Sie erscheinen zu jedem Titel der Reihe und enthalten Erläuterungen und Tafelbilder zu allen Materialien eines Heftes.

# Die Elemente der Kapitel und die Angebote der Serviceseiten im Schülerbuch

## Darstellungen

Jedes Kapitel beginnt mit einer kurzen Darstellung, die in Probleme und Hintergründe des Kapitelthemas einführt.

## Kästen „Hinweise zur Arbeit mit den Materialien"

Um Themenschwerpunkte gemeinsam mit dem Kurs festzulegen, gehen dem Materialteil „Hinweise zur Arbeit mit den Materialien" voraus. In den farbig unterlegten Kästen werden die Auswahl der Quellen erläutert, die Themen der Sonderseiten vorgestellt und Anregungen für Leitfragen, Methodenschwerpunkte und Partner- oder Gruppenarbeiten gegeben.

## Materialteile

Die umfassenden Materialteile berücksichtigen geschichtliche Zeugnisse aller Art: autobiografische Texte, interne Protokolle, Reden, Gesetze, Zeitungsberichte, Karikaturen, Gemälde, Plakate, Skulpturen, Fotografien, Statistiken, Sekundärtexte. Einzeln oder thematisch gruppiert und durch Arbeitsaufträge verknüpft, können sie vertiefend, erweiternd oder kontrastierend eingesetzt werden; auch bieten sie Anregungen für ideologiekritische und theoriegeleitete Verfahrensweisen. Der Zugriff auf die verschiedenen Dimensionen der Geschichte – Politik, Gesellschaft, Wirtschaft, Kultur, Alltag, Umwelt, Geschlechterrollen – wird in den Kapiteln unterschiedlich gewichtet.

## Sonderseiten „Themen und Methoden"

Unter der Rubrik „Themen und Methoden" werden auf den gelb umrandeten Seiten Materialien für die fachspezifische Methodenarbeit angeboten (Rubrik „Methoden") und interessante Zugriffsweisen vorgestellt, z. B. Fallanalysen u. a. (Rubrik „Themen").

## „Weiterführende Arbeitsanregungen"

Die letzte Seite eines Kapitels (farbig unterlegt) setzt die Schwerpunkte bei der Handlungs- und Gegenwartsorientierung. Hier finden sich Anregungen für Hausarbeiten, Exkursionen, Internetrecherchen, fächerverbindende Themen, Projekte und Präsentationen.

## „Zur Wiederholung und Abiturvorbereitung"

Die erste Serviceseite des Anhangs bietet Arbeitsaufträge, die bei der Vorbereitung auf das schriftliche und mündliche Abitur helfen. Eine Probeklausur, die in einem der Kapitel als „Methodensonderseite" gestaltet ist, kann ergänzend hinzugezogen werden.

## Facharbeiten

Zu der Frage „Wie und zu welchem Thema schreibe ich eine Facharbeit?" finden Schülerinnen und Schüler Tipps und Anregungen auf einer weiteren Extraseite im Serviceteil.

## Zeittafel, Begriffslexikon, Personenlexikon, Sachregister

Um die Auseinandersetzung mit historischen Fachbegriffen und den Zugang zu Daten und biografischen Informationen zu erleichtern, enthält der Anhang eine Zeittafel, ein Begriffslexikon, ein Personenlexikon und ein Sachregister.

## Fachliteratur, Internet-Hinweise und Hilfsmittel für Präsentationen und Projekte

Ein methoden- und handlungsorientierter Unterricht bedarf der Stützung durch Print- und elektronische Medien. Hinweise und Tipps finden sich ebenfalls im Serviceteil.

# Zur didaktischen Konzeption des Kursheftes „Die islamische Welt und Europa"

## Problemaufriss

Die Frage nach dem Zusammenleben von Menschen verschiedener Kulturen und unterschiedlichen Glaubens ist nicht erst seit dem 11. September 2001 ein Schlüsselproblem unserer Zeit. Die Integration von mittlerweile 3,5 Millionen, meist türkischstämmigen Muslimen, die in zweiter und dritter Generation in Deutschland leben, ist ein seit langem greifbares Problem und in der Schule alltägliche Gegenwart. Der Geschichtsunterricht kann die Alltags- und die politischen Probleme auf nationaler wie internationaler Ebene sicherlich nicht lösen, aber er kann dazu Voraussetzungen schaffen und Anstöße geben. Zum einen kann er Kenntnisse zu den Grundlagen des jeweiligen Kulturkreises vermitteln und so das gegenseitige Verständnis und eine differenzierte Auseinandersetzung fördern. Zum anderen kann er im Rahmen historischer Beispiele Grundprobleme des Aufeinandertreffens von Kulturen aufzeigen und erörtern und damit die Schülerinnen und Schüler in die Lage versetzen, Möglichkeiten eines friedlichen Miteinanders und der Beilegung von Konflikten zu diskutieren.

## Didaktische Strukturen

Diese Vorüberlegungen mündeten in folgende didaktische Entscheidungen:
Da die Wurzeln sowohl der christlichen als auch der muslimischen Kultur in den Blick genommen werden sollen, werden zunächst die historischen Anfänge behandelt und ein Strukturvergleich auf den verschiedenen Ebenen der historischen Dimensionen angestrebt: d. h. im Hinblick auf Religion/Kultur, Politik, Wirtschaft, Gesellschaft (Kapitel 2 bis 4). Daran schließen sich Fallbeispiele in einer diachronen Untersuchungsform an, die verschiedene Grundprobleme des Kulturkontaktes in den Mittelpunkt stellen (Kapitel 5 bis 8).
Mit den ausgewählten Inhalten – Historische Anfänge, Kreuzzüge, maurisches Spanien, Osmanisches Reich und moderne Türkei – liegt der zeitliche Akzent des Kursheftes im Mittelalter und in der Frühen Neuzeit, wobei das Angebot eigene Schwerpunktsetzungen im Unterricht ermöglicht.
Geografisch rückt das Heft im Hinblick auf die islamische Welt jene Gebiete ins Zentrum, die zu den unmittelbaren Kontaktzonen Europas gehören, also insbesondere den im Mittelalter von Muslimen beherrschten Mittelmeerraum sowie für die Neuzeit und Moderne den Machtbereich des Osmanischen Reiches und der Türkei.

## Themenschwerpunkte

*Einleitung (Kapitel 1):*
Mithilfe des Einleitungskapitels können sich Schülerinnen und Schüler dem Thema nähern und Probleme und Chancen im Zusammenleben der jeweiligen Kulturen heute erkennen sowie grundlegende Einsichten zu Selbst-, Fremd- und Feindbild sowie zu Formen des Kulturkontaktes aufbauen.
*1. Schwerpunkt: Grundlegende Strukturen des christlichen und islamischen Kulturkreises – ein Vergleich (Kapitel 2 bis 4)*
Die Erarbeitung und Auseinandersetzung mit den Grundlagen beider Kulturkreise, wie sie sich im Mittelalter herausgebildet haben, steht im Mittelpunkt. In Kapitel 1 geht es um die Entstehung, die Glaubenslehre und Glaubenspraxis beider Religionen. Der Einfluss der Religionen auf die Geschichte der Frauen wird dabei besonders beleuchtet. Kapitel 2 behandelt die Beziehungen zwischen Religion und staatlicher Macht, und zwar vergleichend im byzantinischen Kaiserreich, im Frankenreich und unter dem Abbasidenkalifat. Dabei geht es sowohl um grundlegende staatliche Strukturen als auch um wichtige Einzelaspekte wie das Problem der Beziehung von Religion und Gewalt, um das Konzept der geschützten religiösen Minderheiten unter islamischer Herrschaft oder um die grundsätzliche Rolle des Rechts. Kapitel 3 rückt die Strukturen von Wirtschaft und Gesellschaft in den Mittelpunkt und konzentriert sich im Materialteil auf vergleichende Quellen zur Geschichte der Stadt. Dabei kann die kulturelle Überlegenheit der islamischen Kultur erkannt werden.

*2. Schwerpunkt: Das Aufeinandertreffen von Kulturen im Mittelalter – zwischen Kampf, Dialog und Koexistenz (Kapitel 5 und 6)*
In Kapitel 5 steht mit den Kreuzzügen zunächst die kriegerische Auseinandersetzung mit dem Islam im Vordergrund. Das Feindbild Islam hat hier wichtige Wurzeln. Auch in der arabisch-islamischen Welt sind die Kreuzzüge für die Beziehungen zur westlichen Welt bis heute nicht ohne Bedeutung. Aspekte der Konfrontation, aber auch Bedingungen und Folgen des Zusammenlebens der „überseeischen Franken" mit den Bewohnern Palästinas bilden den Schwerpunkt der Untersuchung.
Kapitel 6 wendet sich mit der Untersuchung von Politik, Wirtschaft und Kultur in al-Andalus der Frage zu, ob und inwieweit man hier von Dialog, Koexistenz oder gar Symbiose zweier Kulturen sprechen kann. Die Untersuchung des Modells der *convivencia* ermöglicht es den Schülern und Schülerinnen, sich ein eigenes Urteil über die verschiedenen Gruppen im maurischen Spanien, aber auch in den im Rahmen der Reconquista eroberten Gebieten zu bilden und Begriffe wie Toleranz, Pluralismus und multikulturelle Gesellschaft im Hinblick auf ihre Verwendbarkeit für die Situation auf der Iberischen Halbinsel im Mittelalter kritisch zu prüfen. Der Umgang der Spanier mit diesem Kapitel ihrer Geschichte kann zudem sensibilisieren für die Instrumentalisierung von Geschichte und Geschichtswissenschaft.
*3. Schwerpunkt: Kulturelle Identität und Abgrenzung im Wandel – der osmanisch-türkische und westeuropäisch-christliche Kulturkreis (Kapitel 7 und 8)*
Der Prozess der osmanischen Reichsbildung, wesentliche Strukturen des osmanischen Staates sowie die zentralen Aspekte des Wandels von kultureller Überlegenheit (Scheitern der Einnahme Wiens 1683) werden vermittelt. Vor diesem Hintergrund wird der Blick vor allem auf die Entstehung und Veränderung von Selbst-, Fremd- und Feindbild des jeweils Anderen gelenkt (Kapitel 7). Die osmanischen Reformansätze im 19. Jahrhundert sowie die Entstehung der Republik Türkei zu Beginn des 20. Jahrhunderts werden im Kontext des europäischen Kolonialismus und Imperialismus erarbeitet und thematisieren den osmanisch-türkischen Modernisierungsprozess (Kapitel 8).
*Schlusskapitel (Kapitel 9):*
Hier werden die anfangs aufgeworfenen Problemaspekte, die vor dem Hintergrund der historischen Fallbeispiele konkretisiert wurden, erneut in den Horizont unserer Gegenwart gestellt und anhand ausgewählter Literatur abschließend diskutiert.

## Zum Einsatz der Materialien in den einzelnen Kapiteln

Siehe dazu im Schülerbuch die Hinweise in den Kästen am Anfang der Materialteile.

## Zur Wiederholung und Abiturvorbereitung

Siehe dazu die Arbeitsvorschläge im Schülerband S. 205.

## Facharbeiten

Tipps und Themen für Facharbeiten sind im Schülerband S. 206 abgedruckt.

## Präsentationsempfehlungen

| | |
|---|---|
| Abraham: seine Rolle in Judentum, Christentum und Islam | S. 20, Aufg. 8 |
| Aischa und Fatima | S. 30, Aufg. 29 b |
| Die mittelalterlichen Urkunden und ihre Rechtsform | S. 45, Aufg. 15 |
| Urkundenfälschungen im Mittelalter | S. 45, Aufg. 17 |
| Grundlagen des Rechts im Islam | S. 54, Aufg. 36 |
| Die städtische Medrese | S. 81, Aufg. 81 |
| Die Kunst des maurischen Gartens | S. 134, Aufg. 35 |
| Kulturkontakt – Kulturverschmelzung: Auf den Spuren des „Mudéjar-Stils" | S. 134, Aufg. 36 |
| Zwangsbekehrung und Inquisition | S. 143 |
| Muslime und muslimische Staaten in der Moderne | S. 198 |

## Fachmethodische Schwerpunkte

| | |
|---|---|
| Koran, Hadith und Siraliteratur als historische Quellen | S. 15 |
| Urkundenfälschung: Die „Konstantinische Schenkung" | S. 44f. |
| Christliche Herrscherbilder: Otto II. und Theophanu | S. 46 |
| Kritische Auseinandersetzung mit Sekundärtexten: Die Stadt im Abendland und im Orient | S. 83–85 |
| Geschichte im Film: Saladin | S. 102–104, 108 |
| Die Kreuzzüge und die Quellen – nur eine Frage der Perspektive? | S. 108 |
| Der Sankt-Jakob-Mythos: Eine Internetrecherche als Einstieg | S. 121 |
| Geschichte im Film: „El Cid" | S. 124 |
| Zur Interpretation andalusischer Bauformen. Die Alhambra | S. 132–137 |
| Festbücher – eine Quelle zur osmanischen Gesellschaft | S. 163 |
| Probeklausur: Flugblätter in der frühen Neuzeit | S. 169f. |
| Arbeit mit Begriffen: Freiheit, Modernisierung, Revolution | S. 186, Aufg. 3, 8<br>S. 197, Aufg. 13 |
| Umgang mit schriftlichen Quellen | S. 205 |

## Handlungsorientierte und fächerverbindende Angebote

| | | |
|---|---|---|
| **Exkursion** | Moscheen und Kirchen | S. 23, Aufg. 15 |
| **Historische Erzählung** | Diplomatie am fränkischen und am abbasidischen Hof | S. 53, Aufg. 35 |
| **Geschichte – Politik** | Religion, Staat und Herrschaft im Islam heute? | S. 57 |
| **Projekt** | Unsere Stadt heute | S. 69, Aufg. 7 |
| **Fotoreportage** | Leben in einer muslimischen Stadt heute | S. 81, Aufg. 23 |
| **Wandzeitung** | Kreuzzüge und christlich-muslimische Beziehungen | S. 107, Aufg. 21 |
| **Computerkarte erstellen** | Gewerbe und Verkehr in al-Andalus | S. 131, Aufg. 22 |
| **Internetseite erstellen** | Andalusische Städte – Córdoba und Málaga | S. 131 |
| **Geschichte – Deutsch** | Al-Andalus in der Literatur | S. 143 |
| **Virtueller Stadtrundgang** | Istanbul | S. 173 |
| **Podiumsdiskussion** | Probleme und Chancen im Zusammenleben der Kulturen | S. 204, Aufg. 6 |

# Kapitel 1: Einführung: Zusammenleben der Kulturen heute

**M 1 a, S. 5**
**Werbeplakat mit der Boxerin Fikriye Selen (2000)**

**M 1 b, S. 5**
**Muslim beim Gebet auf seiner Arbeitsstätte (2001)**

**M 1 c, S. 6**
**„Oben Jesus, unten Allah" – „Spiegel"-Artikel (1998)**

**M 1 d, S. 6**
**Bevölkerungsumfrage ALLBUS 1996**

**M 1 e, S. 7**
**„Gegensätze" – „Spiegel"-Artikel (1998)**

Siehe die Erläuterungen zu Aufgabe 2.

**M 2, S. 7**
**Bernard Lewis zum Thema „Europa und der Islam" (1996)**

Siehe die Erläuterungen zu Aufgabe 3.

**M 3 a, S. 8**
**Samuel P. Huntingtons These vom „Kampf der Kulturen" (1997)**

**M 3 b, S. 8**
**Gernot Rotter zur These von Huntington (1998)**

**M 3 c, S. 8**
**Peter Heine über Merkmale von Feindbildern (1996)**

Siehe die Erläuterungen zu Aufgabe 4.

**Aufgabe 1, S. 5**

Es sollte darauf geachtet werden, dass die Schülerinnen und Schüler auf den Karten groß und gut lesbar schreiben. Die Schülerprodukte können dann an der Tafel entweder nach thematischen Aspekten oder nach positiven/negativen Nennungen gemeinsam sortiert werden. Aus dem so erfragten Vorverständnis und Vorwissen lassen sich dann erste Strukturelemente für den Unterricht erarbeiten.

**Aufgabe 2, S. 5**

Die Materialien M 1 a bis e beleuchten unterschiedliche Bereiche des Zusammenlebens und sollen für die Thematik sensibilisieren.

*M 1 a:* Das Foto, das eine Türkin in Berlin-Kreuzberg vor einem Werbeplakat zeigt, kontrastiert das Bild von der Frau mit dem Kopftuch mit dem Werbefoto eines Models, das – für ein Haarwaschmittel werbend – das Haar offen trägt. Dass es sich bei dieser jungen Frau auch um eine Türkin handelt, können die Schüler der Bildüberschrift entnehmen. Anhand dieses Fotos sollen gängige Voreinstellungen problematisiert werden.

*M 1 b:* Dieses Foto zeigt einen türkischen Muslim beim Gebet an seiner Arbeitsstätte, was Fragen zu den religiösen Pflichten aufwirft. Dass jeweils türkische Muslime abgebildet sind und auch M 1 d und e türkische Mitbürger ins Zentrum rücken, ist begründet durch die zahlenmäßige Dominanz der türkischen Muslime in Deutschland.

*M 1 c:* Der Artikel ist als Beispiel für ein friedliches Miteinander der Religionen gedacht.

*M 1 d:* Im Gegensatz zu M 1 c spricht die Albus-Studie das Vorkommen von diskriminierendem Verhalten an. Die Umfrage kann dazu anregen, eine eigene Studie an der Schule oder im Umfeld der Schule zu erstellen und die Ergebnisse zu vergleichen.

*M 1 e:* Dieser „Spiegel"-Artikel nimmt die Haltung dreier Frauen aus einer Familie in den Blick. Erstaunen wird die Schüler, dass sich gerade die jüngste Tochter für traditionelle Werte ausspricht. Die Aussagen der drei Frauen können zu einer Diskussion über Religion und Kultur führen mit Fokussierung der Aspekte Anpassung/Assimilation/Integration.

**Aufgabe 3, S. 5**

Der Islamwissenschaftler Lewis verweist in M 2 auf die Asymmetrie der Begriffe Europa und Islam: Der eine bezeichnet einen Kontinent, der andere eine Religion. Gleichwohl nennt Lewis diese Asymmetrie eine scheinbare, da er Folgendes feststellt:

- Europa ist eine europäische Vorstellung, genauso wie die Benennung der anderen Kontinente.
- Auch für Europa selbst ist das Bewusstsein von Europa und europäischer Identität relativ neu.
- Der Islam ist eine Religion, doch verbinden Muslime das Wort Religion nicht mit derselben Vorstellung, wie die Christen das heute tun. Für Mus-

lime ist der Islam nicht nur ein System des Glaubens, sondern umfasst die Gesamtheit des Lebens; seine Vorschriften enthalten zivilrechtliche, strafrechtliche und staatsrechtliche Aspekte.

Lewis bezeichnet die Begriffe Islam und Europa deshalb als „primär zivilisationsbedingte Selbstdefinition".

Bei der Diskussion des Textes sollte bedacht werden, dass der Islam kein homogenes Ganzes ist. Es gibt eine Vielzahl von Strömungen, die zwar in der Einheit der umma aller Gläubigen wurzeln, sich aber sehr unterschiedlich entwickelt haben.

In den Blick genommen werden können auch
- das Begriffspaar Westen/Islam,
- das Begriffspaar Orient/Okzident,
- die Zuspitzung aus der Zeit der Kreuzzüge und später der osmanischen Vorherrschaft im östlichen Mittelmeerraum als „Kampf zwischen Kreuz und Halbmond".

Dass Europa mit Christentum gleichgesetzt wird, ist eine von mittelalterlichen Autoren vertretene Vorstellung. Sie verbindet sich mit dem Gedanken, dass alle, die auf europäischem Boden leben, sich aber nicht zum christlichen Glauben bekennen, als Fremde und Eroberer gekommen sind.

### Aufgabe 4, S. 5

*M 3 a:* Nach Huntingtons Auffassung wird in Zukunft „der Zusammenprall der Zivilisationen, der Kulturen" (civilizations) die Weltpolitik beherrschen. Es sind sieben oder acht Kulturen, die er in diesem Zusammenhang nennt. Neben der westlichen und der islamischen sind es die hinduistische, die slawisch-orthodoxe, die lateinamerikanische, die konfuzianische, die japanische und möglicherweise, er ist sich da nicht sicher, die afrikanische Kultur. Zur islamischen Kultur schreibt Huntington: „Solange der Islam Islam bleibt (und er wird es bleiben) und der Westen der Westen bleibt (was fraglicher ist), wird dieser fundamentale Konflikt zwischen zwei großen Kulturkreisen und Lebensformen ihre Beziehungen zueinander weiterhin und auch in Zukunft definieren, so wie er sie 1400 Jahre definiert hat." Seit dem 11. September 2001 erlebt das Feindbild Islam eine erneute Renaissance. Der Islam wird als das „Andere", als der Feind des Westens gesehen. Die Welt scheint in zwei Teile geteilt (was an den Ost-West-Konflikt erinnert), die einander tendenziell auszuschließen scheinen. Der Islam als Antithese des Westens ist allerdings keine Erfindung des 20. Jahrhunderts. Bereits für das 8. Jahrhundert lassen sich Quellen finden, die die Sarazenen als die Bedrohung des Abendlandes schlechthin konstruieren. Siehe dazu auch:

*Gernot Rotter, Europa und der Orient: Geschichte und Wiedergeburt eines alten Feindbildes, in: Verena Klemm/Karin Hoerner (Hg.), Das Schwert des „Experten": Peter Scholl-Latours verzerrtes Araber- und Islambild, Heidelberg 1993, S. 44–58.*

*M 3 b:* Rotter macht in dem abgedruckten Auszug insbesondere auf die gleichförmigen Strukturen aufmerksam, die sich im westlichen Feindbild vom Islam und im islamischen Feindbild vom Westen wiederfinden lassen.

*M 3 c:* Der Beitrag von Heine stellt wissenschaftliche Befunde zur Feindbildentstehung zusammen. Besonders diskutiert werden könnten im Unterricht die Feststellungen,
- dass sich Feindbilder selten auf Individuen, sondern meist ganz allgemein auf Gruppen beziehen, aus denen man selten jemanden persönlich kennt (Z. 14–18),
- und dass Menschen, die Feindbilder produzieren oder sich damit identifizieren, das offene Gespräch mit den „Anderen" in der Regel meiden (Z. 26–28).

Als Ergebnis der Bearbeitung der Materialien im Einführungskapitel (Schwerpunkt M 3 a bis c) kann eine Mind Map erstellt werden (siehe dazu Tafelbild S. 12).

Als zusätzliches Material, das einen aktuellen Bezug herstellt, kann der Text von Mohssen Massarrat herangezogen werden (siehe Zusatzmaterial ZM 1.1, S. 11).

**Notizen**

| Zusatzmaterial ZM 1.1 | **Neues Feindbild Islam?** |
|---|---|

**Mohssen Massarrat schreibt unter der Überschrift „Der 11. September: Neues Feindbild Islam? Anmerkungen über tief greifende Konfliktstrukturen" (2002; Auszug)**

Der Terroranschlag am 11. September 2001 traf ins Herz der einzig verbliebenen Supermacht. „Das Welthandelszentrum ein aufgetürmter Trümmerhaufen, das Pentagon schwer angeschlagen, das Weiße Haus geräumt, der Präsident auf der Flucht, die US-Regierung im atombombensicheren Bunker in Nebraska – umfassender konnte eine Supermacht nicht gedemütigt werden", schrieb Martin Altmeyer sechs Tage nach dem Ereignis in der „Frankfurter Rundschau". Ob die Täter sich über diese Dimension ihres Verbrechens im Klaren waren, mag dahingestellt sein. Ihre Tat hat tiefe Wunden in der seelischen Verfassung jener Amerikaner hinterlassen, die sich mit allem, was Amerika darstellt, voll identifizieren; der Anschlag traumatisierte sie und erschütterte ihr Selbstwertgefühl. Die Selbstmordattentäter waren, nach allem, was bekannt ist, zu allem entschlossene Islamisten. Sie kamen aus einer Welt, die seit der islamischen Revolution im Iran als ein neuer Machtfaktor auf der weltpolitischen Arena für die Vereinigten Staaten und den Westen insgesamt eine neue politische Herausforderung darstellt. Die vermeintliche Bedrohung der „westlichen Zivilisation" durch den Islam, die gegenwärtig an die Wand gemalt wird, fördert erneut das Schwarzweiß-Denken zur Aufteilung der Welt in feindliche Lager wie islamische gegen christliche Welt, Morgenland gegen Abendland, Gottesstaat gegen westliche Demokratie, Finsternis gegen Aufklärung. Diese Art dichotomisches[1] Denken erfuhr eine Renaissance. So verwundert es kaum, dass Samuel P. Huntingtons Thesen über The Clash of Civilizations wieder Konjunktur hatten. Tatsächlich lieferte auch die exorbitante Instrumentalisierung der jeweiligen kulturellen Werte durch die extremistischen Eliten der islamischen wie der christlichen Welt und die Wiederbelebung historisch verwurzelter Feindbilder den vermeintlich empirischen Beleg[2] für Huntingtons simple Interpretationsmuster einer höchst komplexen Wirklichkeit.

Die moralische Legitimation für den Krieg der USA gegen das Talibanregime in Afghanistan und das Kriegsziel der Vernichtung jener, die „unsere Freiheiten, unsere Werte und unsere Zivilisation hassen" (George W. Bush), einerseits sowie die Ankündigung von Rache „gegen den neuen Kreuzzug, den der Westen erneut zur Vernichtung des Islam vorbereitet" (Osama Bin Laden), andererseits sind Ausdruck jenes dichotomischen Denkschemas, das einer differenzierten Wahrnehmung der tieferen Hintergründe eines hochaktuellen Konflikts keinen Raum lässt. [...]

Wie der zweite Golfkrieg [1990/91] und der fortdauernde Bombenkrieg gegen den Irak reiht sich auch der Krieg in Afghanistan [Okt./Nov. 2001] in die Eskalationslogik von Huntingtons „Kampf der Kulturen" ein und trägt dazu bei, dass Huntingtons Vision ganz im Sinne der self-fulfilling prophecy Realität wird.

Huntingtons Gedankengebäude und Logik erschweren in der Praxis die Fähigkeit zur Beobachtung und Analyse der globalen Konflikte beträchtlich. So wird ausgeblendet, dass die Wurzeln der Konflikte primär nicht zwischen, sondern innerhalb der Kulturen zu suchen sind, dass die rasante, ökonomisch eindimensional und machtpolitisch asymmetrisch strukturierte Globalisierung im letzten halben Jahrhundert tief greifende soziale Risse und gefährliche Kulturbrüche hervorgerufen hat und dass selbst der militante Islamismus als eine Reaktion auf diese asymmetrisch strukturierte Globalisierung zu begreifen ist. Die Täter des Verbrechens vom 11. September 2001 sind das Produkt der individuellen und kollektiven Identitätskrise in der islamischen Welt, die in den Globalisierungsprozess eingebettet ist. Es könnte durchaus zutreffen, dass darüber hinaus auch pathologische[3] Wahnvorstellungen oder apokalyptische Vernichtungsphantasien eine beträchtliche Rolle bei dem perfekt inszenierten Inferno gespielt haben.

*Mohssen Massarrat, Der 11. September: Neues Feindbild Islam? Anmerkungen über tief greifende Konfliktstrukturen, in: Aus Politik und Zeitgeschichte, Bd. 3–4, 18. Januar 2002, S. 3 f.*

[1] dichotomisch: zweigeteilt
[2] empirisch: durch Beobachtung und Experiment belegt
[3] pathologisch: krankheitsbedingt

| Tafelbild zu Aufgabe 4, S. 5 | **Selbstbilder – Fremdbilder – Feindbilder – Kulturkontakte** |
|---|---|

Europa: Säkularisation — KULTURELLE IDENTITÄTEN — *Islam: Religion*

Okzident, christliches Abendland — **Kulturkreise** — *arabisch-islamische Welt, Orient*

SELBSTBILD EUROPAS

Demokratie/Menschenrechte
geringer Einfluss der Religion
Gleichberechtigung der Frau

FREMDBILD ISLAM

**Menschrechtsverletzungen**
**strenger Glaube/Fundamentalismus**
**Unterordnung der Frau**

FEINDBILDER

EUROPÄISCHER BLICK AUF ISLAM

*Aggressivität, Fanatismus*
*Irrationalität, Rückständigkeit*
*Frauenfeindlichkeit*

ISLAMISCHER BLICK AUF EUROPA

Aggressivität, Expansionsdrang
Intoleranz, Verfall der Sitten
geistige Dekadenz,
Frau nur Lustobjekt

FUNKTION VON FEINDBILDERN

Rechtfertigung von Gewalt,
Klischees,
Gruppen abstempeln,
langlebige Denk- und Verhaltensschablonen
– dienen der politischen Manipulation,
– fördern Konflikte

KULTURKONTAKTE

| | | |
|---|---|---|
| *Respekt* | | Verachtung |
| *Koexistenz* | | Feindschaft |
| *Anerkennung* | KULTURKONTAKTE | Ablehnung |
| *Verständnis* | | Distanzierung |
| *Vielfalt pflegen* | | Ausgrenzung |
| *Austausch* | | Abgrenzung |
| *menschliche Wärme* | | Hass |
| *Kenntnisse haben* | | Desinteresse |
| *Konflikte friedlich lösen* | | mit Gewalt vorgehen |
| *aufeinander zugehen* | | Ghettobildung |

# Kapitel 2:
# Die religiösen Grundlagen des christlichen und des islamischen Kulturkreises

**Hinweise zur Arbeit mit den Materialien**
Siehe den Kasten im Schülerband S. 16.

**Darstellung S. 9–14**

**M 1, S. 10**
**Karte: Verbreitung des Christentums bis um 300 n. Chr.**

**M 2, S. 13**
**Karte: Die Ausbreitung des frühen Islam bis um 750**

*Didaktischer Hinweis:* Vor der Arbeit mit den Materialblöcken sollten die Karten M 1 und M 2 sowie die Darstellungstexte einbezogen werden. Die Schüler und Schülerinnen gewinnen einleitend einen Überblick über die verschiedenen Phasen der frühen Geschichte der beiden Kulturkreise und vergleichen diese miteinander. Auf diese Weise können die folgenden strukturgeschichtlichen Betrachtungen in den historischen Kontext eingeordnet werden.

**Notizen**

## Arbeitsbereich I: Die Traditionsschriften des Islam (Themensonderseite)

**M 3, S. 15**
**Koranhandschrift, 9. Jh.**

**M 4, S. 15**
**Moderne Koranausgabe, 1990er-Jahre**

Siehe die Erläuterungen zu Aufgabe 1.

**M 5, S. 15**
**Der Hadith**

**M 6, S. 15**
**Die Siraliteratur**

Siehe die Erläuterungen zu Aufgabe 2.

**Aufgabe 1, S. 15**
Für die Bearbeitung der Materialien im Quellenteil sollten zunächst einige quellenkritische Überlegungen vorausgehen und die Themensonderseite 15 abgehandelt werden. Dieser Einstieg empfiehlt sich auch, um die spezifische Bedeutung des Koran für die muslimischen Gläubigen entsprechend herauszustellen.
Zur Lösung der Aufgaben sind die im Literaturverzeichnis des Schülerbandes genannten preiswerten Einführungen (z. B. von *Halm, Khoury, Ruthven*) geeignet; über eine dieser Ausgaben sollten alle Kursteilnehmer verfügen können. Es erscheint auch angebracht, dass diese Aufgabe von jedem Einzelnen und nicht in Form eines Einzelreferates bearbeitet wird. Sehr zu empfehlen für die Hand der Lernenden ist auch der speziellere und ausführlichere, aber gleichwohl schmale Band von *Bobzin.*
Zur intensiven Auseinandersetzung in Einzelfragen können die Bücher von *Kermani* (eine muslimische Sicht) und von Hans *Zirker* (eine christliche/protestantische Perspektive) beitragen. In der genannten Literatur finden sich auch Ausführungen zur Geschichte der Koranauslegung.
Wer sich mit der Frage nach modernen hermeneutischen Zugängen zum Korantext befassen möchte,

der sei auf den wichtigen und erhellenden Aufsatz von Rotraud Wielandt verwiesen:

*Rotraud Wielandt, Wurzeln der Schwierigkeit innerislamischen Gesprächs über neue hermeneutische Zugänge zum Korantext, in: Stefan Wild (Hg.), The Quran as Text, Leiden u. a. (E. J. Brill), 1996, S. 257–282.*

**Aufgabe 2, S. 15**

Vertiefende Literatur:

*William A. Graham, Koran und Hadith, in: Wolfhart Heinrichs u. a. (Hg.), Neues Handbuch der Literaturwissenschaften. Orientalisches Mittelalter, Wiesbaden (Aula), 1990, S. 166–185.*

*Ibn Ishaq, Das Leben des Propheten, aus dem Arabischen von Gernot Rotter, Kandern (Spohr) 1999.*

*Rudolf Sellheim, Prophet, Chalif und Geschichte. Die Muhammad-Biographie des Ibn Ishaq, in: Oriens 18/19, 1967, S. 33–91.*

Eine quellenkritische Reflexion der Zusammenfassungen der Schüler und Schülerinnen wird den doppelten Charakter der Quellen festhalten, zum einen ihre theologische Bedeutung als Zeugnisse der Sunna des Propheten und zum anderen ihren geschichtlichen Charakter, bei dem insbesondere die *isnad*-Ketten in ihrer Beglaubigungsfunktion ins Auge fallen. Nicht nur als religiöse, sondern auch als geschichtliche Zeugnisse sind sie in ihrem Wahrheitsgehalt geprüft und auf ihre Zuverlässigkeit getestet, haben aber zugleich einen langen Prozess der Tradierung und damit möglichen Überformung durchlaufen.

**Notizen**

## Arbeitsbereich II: Religionsstifter und Glaubensgrundlagen im Christentum und im Islam

### M 7 a bis c, S. 16 f.
### Das Bild Jesu im Evangelium nach Markus

*Didaktischer Hinweis:* Sofern aus dem Religionsunterricht nicht bekannt, müssen ergänzende Informationen zum Markusevangelium vermittelt werden. Wiewohl die Verfasserschaft nicht sicher zuzuschreiben ist, folgt man heute weitgehend dem Bericht des Bischofs Papias von Hierapolis (gest. nach 120/130), der einen Anhänger des Apostels Petrus, Markus, als Verfasser nennt. Kurz nach dem Jahre 70, möglicherweise in Rom, d. h. nach dem Tode des Petrus, ist vermutlich das erste und damit älteste Evangelium entstanden. Es begründete diese Gattung mit ihrem historisch-biografischen und verkündigenden Charakter. Weitere Informationen zur Entstehung der Evangelien sowie biografische Angaben zum Leben Jesu, die von Schülern und Schülerinnen für die Analyse genutzt werden können, sind auch dem Darstellungstext S. 9 zu entnehmen.

*Literaturhinweis:* Eine differenzierte Einführung in das Markusevangelium, fußend auf den Ergebnissen der modernen Bibelkritik, bietet der Kommentar von

*Joachim Gnilka, Das Evangelium Markus, Zürich u. a. (Benziger Verlag und Neukirchner Verlag), 1978, Bd. II/1 und 2 (EKK).*

*Zu den Quellen* (die folgenden Hinweise orientieren sich an den Ausführungen Gnilkas): Bei der Lösung der Aufgabe 4 wird keine umfassende Exegese gefordert. Eine genauere Untersuchung der vom Evangelisten verkündeten Christologie könnte sich aber insbesondere auf die verwendeten Hoheitstitel wie Christus, Gottessohn und Sohn sowie auf Jesu Wort vom Menschensohn konzentrieren. Erläutert werden muss, dass mit der Rede vom Gottessohn nicht die physische Vater-Sohn-Beziehung gemeint ist, sondern seine besondere Gottesnähe und Erwähltheit betont werden soll (vgl. auch Gnilka, Exkurs: Sohn Gottes, a. a. O., Bd. II/1, S. 60 ff.). Mit dem Begriff des Menschensohnes wird an alttestamentliche Traditionen angeknüpft. Im Markusevangelium wird der Begriff zum einen auf den leidenden, sterbenden, dann aber auferstehenden Jesus bezogen (so hier in 8, 31; M 7 b) und zum anderen auf den zu-

künftig und in der Endzeit kommenden Richter (so in 13, 24–27 ) als einem „himmlischen, gottzugehörigen Wesen" (Gnilka, a. a. O., Bd. II/2, S. 201). Die ausgewählten Titel verdeutlichen die besondere Gottbezogenheit und Gottnähe Jesu, seine Heilsbedeutung als Messias. Eine nähere Untersuchung der Gestaltung der ausgewählten Markusstellen wird diesen Befund noch unterstreichen. Bereits mit seinem Einleitungssatz (1, 1; M 7 a) hebt Markus Jesus mit der Bezeichnung als Gottessohn vor allen Menschen heraus; die Gestaltung des Täufers und seine Worte betonen die besondere Auserwähltheit Jesu.
Von großer Bedeutung sind auch die Vision und Audition Jesu, die ihn allein in direktem Kontakt zu Gott stehend präsentieren. Das Bekenntnis des Petrus „Du bist Christus" (8, 29; M 7 b) lässt erkennen, dass er in ihm den mächtigen Messias sieht. Diese Vorstellung wird aber durch die Worte Jesu korrigiert und mit dem Bedeutungsgehalt von Leid, Tod und Auferstehung verknüpft, einer Auffassung, der sich Petrus zunächst ganz verschließt. Markus bezeugt schließlich diese Rede Jesu durch die Erzählung von der Osterbotschaft, die den drei Frauen am Grabe verkündet wird: Jesus, der Nazarener, der Gekreuzigte, sei tatsächlich auferweckt worden (16, 6; M 7 c).
Es kann festgehalten werden, dass Markus Jesus in seinem Leiden und Sterben in enge Verbundenheit zu Gott stellt und in ihm den Messias, den Christus, Erlöser der Menschheit und endzeitlichen Richter sieht. In einem abschließenden Schritt könnte erörtert werden, dass sich im hellenistisch geprägten Milieu und im Rahmen der entstehenden Staatskirche in der Folgezeit die Vorstellung von dem einen Gott in drei Hypostasen (Vater, Sohn, Geist) herausgebildet hat, formuliert im Trinitätsdogma auf den Konzilien von Nikaia 325 und Konstantinopel 381, bis heute gültige Lehre der christlichen Kirchen. Auch die Vision am Jordan ist später trinitarisch ausgelegt worden

### Zu M 9 a bis c, S. 17–19 Das Bild Muhammads in den islamischen Traditionsquellen

*M 9 a:* Bei den Quellen wurde hinsichtlich der Berufung Muhammads die Überlieferung in den Annales at-Tabaris, die Watt (vgl. Quellenangabe im Buchtext unter der Quelle) für den ältesten Bericht hält, ausgewählt (M 9 a). An der Überlieferungskette können die Schüler und Schülerinnen mit Hilfe der Anmerkungen erkennen, dass der Bericht auf Erzählungen der Aischa zurückgeht und damit wohl aus der unmittelbaren Umgebung Muhammads stammt.
Der frühe Text trägt die Kennzeichen der mündlichen Überlieferung, was sich insbesondere in den direkten Äußerungen Muhammads, Chadidschas und Waraqas zeigt. Die Erzählung von der Berufung durch den Engel Gabriel am Berge Hira stellt die Angst Muhammads in den Vordergrund; er wird von seiner menschlichen Seite gezeigt, denn er ist verzagt und bedarf der Führung durch seine Frau Chadischa und Waraqa, einen Vetter Chadidschas. Muhammad ist von der Furcht erfasst, in seiner Umgebung den sozialen Rückhalt zu verlieren, wenn er zum „Gesandte(n) Gottes" (Z.18) wird. Die Erzählung endet mit der Prophezeiung des Waraqa, dass die Mekkaner Muhammad als Gesandten vertreiben und dass er damit das Schicksal anderer großer Propheten erfahren wird.
*M 9 b:* In den Texten des Ibn Ishaq wird die Rolle, die Muhammad nach at-Tabari in einem Prozess der Auseinandersetzung angenommen hat, theologisch differenziert und weiter ausgestaltet. Im Text M 9 b handelt Muhammad immer im Einverständnis mit Gott und folgt seinen Befehlen. Die Koranzitate machen die bewusste Gestaltung des Textes deutlich, und mittels eines solchen Zitates fügt Ibn Ishaq Muhammad den Titel des „deutlichen Warners" hinzu. Die Menschen sollen seiner Botschaft folgen, die hier als letztgültige Offenbarung Gottes hingestellt wird (Z. 12 ff.).
*M 9 c:* Die zuletzt genannte Auffassung wird in Quelle M 9 c bestätigt und ebenfalls durch einen Koranvers unterstrichen (Z. 41–47). In diesem Zitat erscheint Muhammad auch als der letzte in der Reihe der Propheten (daher wird er später auch als Siegel der Propheten bezeichnet). Die Erzählung vom Unverständnis des Umar in M 9 c erweckt den Eindruck, als sei sie bewusst konzipiert worden, um geradezu das Unterscheidende zu anderen Propheten, möglicherweise auch gegenüber Jesus, aufzuzeigen. Die Geschichte ist darauf angelegt, Muhammads Sterblichkeit und Endlichkeit, seine Menschlichkeit, zu demonstrieren. Es geht hier insbesondere darum, die Grenze zwischen Gott und Mensch zu ziehen (Z. 36–40). „Muhammad ist nur ein Gesandter" (Z. 41), kein Prophet, der wieder auferstehen kann, und erst recht kein Gott. Diese Erkenntnis soll auf jeden Fall als etwas Unterscheidendes festgehalten werden, denn die Episode endet mit dem dramatischen Sturz Umars, verbunden mit der Einsicht, die er nochmals ausspricht: „Ich wusste jetzt, der Prophet war wirklich gestorben" (Z. 56 f.).
Zusammenfassend kann gesagt werden, dass Muhammad die Botschaft Gottes übermittelt, aber nur

als Gesandter, der als Mensch wirkt und stirbt. Seine wesentliche Aufgabe besteht darin, Gottes Botschaft weiterzugeben und zu verkündigen. Auch wenn die muslimische Tradition ihn als vorbildlichen und außergewöhnlichen Menschen verehrt und überhöht hat, bleibt er ein Mensch, dessen sich Gott in einer letztgültigen Offenbarung bedient hat und über den Gott wirkt.

Varianten: Das Berufungserlebnis ist auch in anderen Texten in deutscher Übersetzung greifbar. Als Bericht der Aischa in:

*Sahih al-Buhari, Nachrichten von Taten und Aussprüchen des Propheten Muhammad, ausgewählt, aus dem Arabischen übersetzt und herausgegeben von Dieter Ferchl, Stuttgart (Reclam) 1991, S. 24 f.*

Als Darstellung findet es sich auch bei Ibn Ishaq in Kapitel 12:

*Ibn Ishaq, Das Leben des Propheten, aus dem Arabischen von Gernot Rotter, Kandern (Spohr) 1999, S. 44–47.*

In einer vergleichenden Gegenüberstellung der beiden Texte lässt sich die Bearbeitung und Intention des ibn Ishaq deutlich erkennen.

*Weiterführende Arbeitshinweise:* Zum Bild Muhammads in den Traditionsquellen des Islam siehe auch den Klausurvorschlag S. 19 f. (ZM 2.1).

## M 8, S. 17
## Buchmalerei: Taufe Christi, um 1000

## M 10, S. 18
## Buchmalerei: Muhammad empfängt auf dem Berg Hira die Offenbarung

*Hintergrundinformation zu M 8:* Die Darstellung der Taufe Jesu im Jordan durch Johannes ist in einer Kölner Malerschule in ottonischer Zeit entstanden und stammt aus dem Evangeliar der Äbtissin Hitda des adligen Frauenstiftes in Meschede (aus dem so genannten Hitda-Codex ).

*Hintergrundinformation zu M 10:* Die Darstellung der Offenbarung auf dem Berg Hira ist einer nicht näher bekannten osmanischen Buchmalerei des 16. Jahrhunderts entnommen. Buchmalereien waren in dieser Zeit im Osmanischen Reich zahlreich zu finden. Nach der Eroberung Konstantinopels (1453) hatten die osmanischen Herrscher aus allen Teilen des Reiches Maler und Zeichner, Kalligrafen und Miniaturmaler an ihren Hof geholt, um türkische, persische und arabische Werke zu kopieren; im Zentrum stand dabei die Herstellung prachtvoll illuminierter Koranhandschriften. Unter Sultan Süleymann I., dem Prächtigen (Reg. 1520–1566), wurden zudem umfangreiche Buchbestände aufgekauft oder beschlagnahmt bzw. gelangten als Gesandtschaftsgeschenke an den osmanischen Hof; auch hierunter befanden sich zahlreiche Koranausgaben. Im osmanischen und persischen Kulturkreis des 15. und 16. Jahrhunderts erreichte die islamische Miniaturmalerei ihren Höhepunkt.

*Zu den Bildern:* Die Darstellungen M 8 und M 10 halten entscheidende Momente der Berufung fest: Jesu Taufe im Jordan mit dem Moment der Herabkunft der Taube und Muhammads Begegnung mit dem Engel Gabriel am Berge Hira. Eine differenzierte Interpretation der Bilder soll nicht angestrebt werden. Der Vergleich kann aber erschließen, dass beide Stifter durch die Aureole und den Flammennimbus und durch die Platzierung im Zentrum herausgehoben werden. Während Jesu Angesicht abgebildet ist, ist Muhammads Gesicht verhüllt.

*Weiterführende Hinweise* zum Bilderverbot in den monotheistischen Religionen: Das Bilderverbot, das im Judentum wurzelt, hat auch das Christentum geprägt. Das frühe Christentum übernahm die jüdische Tradition. Bis ins 9. Jahrhundert teilte sich die christliche Welt in zwei Lager, die Ikonophilen und die Ikonoklasten. Erst ab 843 wurde im Osten und im Westen das Bild, insbesondere das göttliche Abbild, im Allgemeinen akzeptiert.

Im Koran findet sich kein ausgesprochenes Bilderverbot, aber der Islam ist seinem Wesen nach aufgrund seiner Gottesvorstellung nicht bilderfreundlich. Die Ablehnung des Bildes durch den Propheten ist in Hadithen festgehalten. Gott als Schöpfer wird auch als Bildner bzw. Maler bezeichnet. Daraus schließen die Hadithtexte, dass Maler und Bildhauer versuchen, Gott ähnlich zu sein, wofür sie beim Jüngsten Gericht zur Verantwortung gezogen werden.

Die Kalligrafie entwickelte sich vor diesem Hintergrund zu einer spezifisch islamischen Ausdrucksform, vor allem im arabischen Raum. Andere Völker, die den islamischen Glauben annahmen und die über eine reiche Tradition in der Bildkunst, beispielsweise in der Buchmalerei, verfügten (Perser, Mongolen, Türken, Inder), stellten auch muslimische Glaubensinhalte bildnerisch dar. Häufig wurden Muhammad und seine Familie verhüllt dargestellt.

### M 11, S. 19
### Miniatur: Der Prophet Abraham, 1583

*Weiterführende Hinweise* zur Rolle Abrahams (arab. Ibrahim) in Judentum, Christentum und Islam:
Die Geschichte Abrahams ist in der Genesis (12–25), dem ersten der fünf Bücher Moses, aufgezeichnet. Er gilt als Stammvater des jüdischen Volkes.
Im Islam gilt Abraham als Urgestalt des Propheten und als erster Hanif (Gottessucher). Er wird in engem Zusammenhang mit dem Heiligtum in Mekka gebracht. Dem Koran zufolge hat Abraham Gott gebeten, Mekka zum geschützten Ort zu machen und ihm und seinen Nachkommen als Wohnort zu übergeben; dort habe dann Abraham mit seinem Sohn Ismael die Kaaba als Heiligtum des Einzigen Gottes (Allah) errichtet.
Im islamischen Festkalender wird das viertägige Opferfest zum Gedenken an Abraham und seinen Sohn Ismael begangen. Abraham hatte aufgrund eines Traumes dem Herrn gelobt, ihm seinen Sohn Ismael zu opfern. Als Abraham seinen Sohn opfern wollte, erhielt er die Offenbarung, dass seine Bereitschaft zu opfern als Tat angesehen wurde. Anstelle Ismaels opferte Abraham daher einen Widder. Beim muslimischen Opferfest werden aus diesem Grund zur Erinnerung an Ismael Schafe, Ziegen, Rinder oder Kamele geschlachtet.
Wie für alle monotheistischen Religionen ist die Offenbarung Gottes auch im Islam das zentrale Ereignis in der Menschheitsgeschichte. Vor Muhammad hat es andere Propheten gegeben, denen sich Gott offenbarte. Dazu gehören Abraham, Moses und Jesus, die in der jüdischen und christlichen Heilsgeschichte eine zentrale Rolle spielen. Im Islam gelten sie ebenfalls als Propheten Gottes, die den Menschen die Botschaft Gottes übermittelt haben. Die Menschen haben sie aber in den Augen der Muslime oft missverstanden oder verzerrt, sodass es notwendig war, dass sich Gott nach der ersten Offenbarung durch Abraham endgültig und zum letzten Mal in der Menschheitsgeschichte durch den Propheten Muhammad offenbarte.

### M 12 a und b, S. 20
### Bibel und Koran zu Fragen der Ethik

Der biblische Dekalog (M 12 a) stellt nach christlicher Auffassung einen grundlegenden Sittenkodex dar. Ihm lässt sich als Entsprechung innerhalb des Koran am ehesten der Pflichtenkatalog in Sure 17, 22–38 (M 12 b) gegenüberstellen.
Es ist hilfreich die Texte für die Teilnehmer des Kurses zu kopieren, sodass die Schülerinnen und Schüler mit Textmarkern Gemeinsamkeiten und Unterschiede herausfinden und diese grafisch veranschaulichen können. Der Vergleich ergibt, dass Judentum, Christentum und Islam gemeinsame ethische Fundamente haben. Die Kataloge entsprechen sich weitgehend. Dort, wo dies nicht der Fall ist, ist zu ergänzen: Auch der Diebstahl wird im Koran an anderen Stellen verurteilt und im Alten und Neuen Testament wird auch soziale Fürsorge gefordert.

TAFELANSCHRIEB

*Gemeinsame ethische Fundamente:*

- *Ehrung des einen Gottes*
- *Liebe und Güte gegenüber den Eltern*
- *Ablehnung des Mordes/Respekt vor dem Leben*
- *Verurteilung des Ehebruchs*
- *Aufrichtigkeit*
- *Respekt vor dem Besitz des anderen*
- *Soziale Fürsorge*

### M 13 a und b, S. 21
### Glaubensbekenntnisse der Christen und Muslime

### M 14, S. 21
### Schahada-Schrifttafel (undatiert)

*M 13 a:* Das apostolische Bekenntnis gilt der katholischen und evangelischen Kirche noch heute als verbindliches Bekenntnis, ebenso wie das Nikäische. Letzteres hat die Trinitätslehren der Konzilien von Nikaia (325) und Konstantinopel (381) ausformuliert, wohingegen das apostolische Bekenntnis älter, aber auch schon trinitarisch geprägt ist.
Quelle M 12 a enthält eine Zusammenfassung wichtiger Dogmen und Lehren:
Satz 1 beinhaltet das Bekenntnis zum allmächtigen Schöpfergott, zum Vater.
Satz 2 hält die Präexistenz des Sohnes Jesu (eingeboren im Sinne von einzig gezeugten), seine Göttlichkeit fest.
In Satz 3 ist die Jungfrauengeburt Christi aus der Sendung des göttlichen Geistes heraus gemeint.
In Satz 8 wird der Glaube an den Heiligen Geist nochmals betont.
Die Sätze 4 bis 7 halten die Glaubensvorstellungen von Leiden, Tod, Auferstehung und Wiederkunft Jesu fest.

Die Sätze 9 bis 12 machen deutlich, dass jeder Christ über den Glauben an die Kirche zum ewigen Leben finden kann.
*M 13 b:* Die Schahada findet sich nicht direkt im Koran, aber man kann sagen, dass sie sinngemäß darin enthalten ist. Die Doppelformel ist nach Watts Ansicht vermutlich erst nach Muhammads Tod (vgl. Watt, a.a.O., Bd. II, S. 128) gebetet worden (um 700).
Beide Gebete betonen den einen Gott; in der Fatiha werden seine Züge der Macht, der Barmherzigkeit und des Richters in Satz 1 bis 4 entfaltet.
In Satz 5 bis 7 gelobt der Gläubige Gehorsam und fleht Gott um Hilfe für ein gottgefälliges Leben an.
Die muslimischen Gebete sind zwar wesentlich einfacher und kürzer, beinhalten aber dennoch ein umfassendes Bekenntnis zum Islam, d. h. zum Koran und zur Sunna des Propheten.
Die Bekenntnisse wurden ausgewählt, weil hier deutlich die christliche Trinitätsvorstellung gegenüber dem strengen muslimischen Monotheismus hervortritt. Zugespitzt hat man gesagt: „Das Problem der Natur Christi, das die altkirchliche Dogmatik besonders bewegte, hat auch auf die Entwicklung des islamischen Dogmas Einfluss gehabt. Christi Stellung als Logos, als ‚Wort' Gottes, hat auf islamischer Seite die Theorie von der Unerschaffenheit des Koran als des wahren Wortes Gottes befruchtet: Was die Person Christi für das Christentum ist, das ist der Koran für den Islam. Harry A. Wolfson hat daher von der Inlibration gegenüber der christlichen Inkarnation gesprochen." (Annemarie Schimmel, Die Religion des Islam. Eine Einführung, Stuttgart [Reclam] 1990, S. 66.)
Diese Differenz in der Gottesvorstellung der beiden monotheistischen Religionen hat insbesondere die mittelalterliche Theologie bewegt und Anlass zu theologischen Streitgesprächen geboten. Diese sind zum Beispiel unter dem Abbasidenkalifen al-Mamun für das frühe 9. Jahrhundert bezeugt.

### M 18, S. 24
### Hans Küng über Gemeinsamkeiten von Judentum, Christentum und Islam (1994)

Siehe Tafelbild S. 21.

**Aufgabe 3, S. 17**
Siehe die Erläuterungen zu M 8 und M 10.

**Aufgabe 4, S. 19**
Siehe die Erläuterungen zu M 7 a bis c.

**Aufgabe 5, S. 19**
Siehe die Erläuterungen zu M 9 a bis c.

**Aufgaben 6 und 7, S. 20**
Siehe die Erläuterungen zu M 12 a und b.

**Aufgaben 9 bis 11, S. 21**
Siehe die Erläuterungen zu M 13 a und b.

**Aufgabe 16, S. 24**
Siehe die Erläuterungen zu M 18.

**Notizen**

| Zusatzmaterial ZM 2.1 | **Das Bild Muhammads in muslimischen Traditionsschriften** |
|---|---|

**a) Auszug aus dem letzten (72.) Kapitel des Werkes „Das Leben des Propheten" von Muhammad ibn Ishaq (704–767)**

72. Die Beisetzung des Propheten

Nachdem Abu Bakr gehuldigt worden war, kamen die Männer, um die Beisetzung des Propheten am Dienstag vorzubereiten.

Abdallah ibn abi Bakr[1], Husain ibn Abdallah[2] und andere überlieferten mir Folgendes: Ali[3], Abbas ibn Abdalmuttalib[4], dessen beide Söhne Fadl und Qutham sowie Usama ibn Zaid[5] und Shuqran, der Freigelassene des Propheten, übernahmen es, den Propheten zu waschen. Aus ibn Khauli, einer aus dem Stamme Auf ibn Khazradj, der zu den Gefährten des Propheten gehörte und bei Badr[6] gekämpft hatte, beschwor Ali, ihn auch an der Waschung teilnehmen zu lassen, und er erlaubte es ihm. Dann stützte Ali den Kopf des Propheten mit der Brust und drehte zusammen mit Fadl und Qutham den Leichnam herum. Usama und Shuqran gossen Wasser über ihn, und Ali wusch ihn, wobei er ihn mit der Brust abstützte. Der Prophet trug noch sein Hemd, und Ali rieb den Körper damit von außen ab, ohne dass er ihn mit der Hand unmittelbar berührte. Dabei sprach er: „Du, der du mir teurer als Vater und Mutter bist, wie wunderbar bist du doch als Lebender und als Toter!"

Am Leichnam des Propheten sah man nicht die Merkmale, wie sie an gewöhnlichen Toten erscheinen. Als am Dienstag die Vorbereitungen beendet waren, legten sie ihn auf das Bett in seinem Zimmer. Die Muslime hatten sich gestritten, wo sie ihn bestatten sollten. Die einen wollten ihn in der Moschee, die anderen an der Seite seiner verstorbenen Gefährten beisetzen. Abu Bakr aber sprach: „Ich habe den Propheten sagen hören: ‚Alle Propheten wurden dort beerdigt, wo sie gestorben sind.' " Da hoben sie das Bett beiseite, auf dem er gestorben war, und gruben ihm darunter sein Grab. Und die Muslime kamen in Gruppen, um das Totengebet über ihn zu sprechen: zuerst die Männer, dann die Frauen und schließlich die Kinder. Dabei gab es keinen, der das Gebet leitete. Mitten in der Nacht zum Mittwoch wurde der Prophet dann bestattet.

Die Muslime waren vom Tod des Propheten schwer getroffen. Und Aisha – so habe ich gehört – pflegte zu sagen: „Nach des Propheten Tod wurden die Araber abtrünnig, Christen- und Judentum erhoben ihr Haupt, die Heuchelei wurde offenkundig, und die Muslime glichen, da sie den Propheten verloren hatten, einer im Regen einer kalten Winternacht herumirrenden Schafherde, bis Gott sie unter Abu Bakr wieder sammelte."

*Fortsetzung auf Seite 20*

[1] Sohn des Abu Bakr.
[2] Sohn des Abdallah.
[3] Vetter des Propheten.
[4] Onkel des Propheten und Stammvater der Abbasiden.
[5] Naher Freund des Propheten.
[6] Schlacht zwischen den Anhängern Muhammads und den Kaufleuten aus Mekka 624; erster Sieg der Muslime.

| Zusatzmaterial ZM 2.1 | **Das Bild Muhammads in muslimischen Traditionsschriften** |
|---|---|

*Fortsetzung von Seite 19*

**b) Gedicht aus dem 72. Kapitel des Werkes „Das Leben des Propheten" von Muhammad ibn Ishaq (704–767)**

Hassan ibn Thabit[7] beweinte den Tod des Propheten mit den folgenden Versen:
„Unter all den Menschen gibt es keinen, der wie ich sich
müht und diesen Schwur so ohne Falsch und ehrlich spricht:
Nie, bei Gott, ward dem Propheten gleich ein Mann geboren,
der die rechte Leitung seines Volkes so verficht.
Einen, der wie er den Gast beschützte und Versprechen
hielt, schuf vorher Gott in seiner ganzen Schöpfung nicht.
Stets gesegnet war sein Tun, gerecht war seine Führung,
und durch ihn erstrahlte unter uns ein Licht.
Deine Frauen schlagen nicht mehr auf die Pflöcke deiner
Zelte, die sie nun verließen ohne Zuversicht.
Wie die Mönche tragen sie jetzt Lumpenkleider, und sie
wissen, einen Ausweg aus dem Elend gibt es nicht.
O du bester aller Menschen warst ein Strom von Wasser,
ohne den mein Körper nun vor Durst zusammenbricht."

*ZM 2.1 zit. nach: Ibn Ishaq, Das Leben des Propheten, aus dem Arabischen von Gernot Rotter, Kandern (Spohr) 1999, S. 257–259.*

[7] Berühmter Dichter der frühislamischen Zeit; Dichter aus dem Kreis um Muhammad, gest. 659.

**ARBEITS-AUFTRÄGE**

1. a) Zeigen Sie auf, welche Wirkung der Tod Muhammads – gemäß der Darstellung ibn Ishaqs – auf die Muslime hatte (ZM 2.1).
   b) Erklären Sie die historischen Zusammenhänge.
2. Untersuchen Sie das Bild, das ibn Ishaq von Muhammad in ZM 2.1 zeichnet. Deuten Sie dabei auch die Metaphorik des Gedichtes in ZM 2.1.
3. Setzen Sie sich kritisch mit der Bewertung der Person Muhammads auseinander, wie sie ibn Ishaq im 72. Kapitel seines Werkes ausführt.

| Tafelbild zu M 18, S. 24 | **Islam, Christentum, Judentum – verwandte Religionen?** |
| --- | --- |

- *Glaube an den* ***einen*** *und denselben* ***Gott Abrahams****,*
  *des Stammvaters aller drei Religionen;*
  **Monotheismus**

- *Geschichtlich denkende Religionen:* **Heilsgeschichte**

- *Gott offenbart sich über* **prophetische Gestalten***.*
  *Nicht mystisch, sondern prophetisch geprägte Religionen.*

- *Religionen des Wortes und des Buches –* **Offenbarungsreligionen** *– Heilige Schriften*

- ***Gemeinsames Grundethos.***
  *Dekalog bzw. Entsprechendes*

***Geschichtlicher Ursprung:***
*„Prophetisch geprägtes religiöses Stromsystem nahöstlich-semitischen Ursprungs“ (Hans Küng).*

## Arbeitsbereich III: Die Moschee (Themensonderseite)

**M 15, S. 22**
**Lo Jacono über die Moschee (1997)**

**M 16, S. 22**
**Foto: Inneres einer Moschee zur Zeit des Freitagsgebetes (um 1990)**

**M 17 a bis d, S. 23**
**Fotos: Typische Bestandteile von Moscheen**

Siehe die Erläuterungen zu den Aufgaben 12 bis 15.

**Aufgaben 12 bis 15, S. 23**

Diese Themensonderseite bietet sich sowohl als Ergänzung als auch als Einsteig oder Variante zu den Untersuchungen der Traditionsquellen und der Glaubenslehre an. Eine Ausweitung der Arbeitsformen (z. B. Projektarbeit) zur Untersuchung der Glaubenspraxis, insbesondere in vergleichender Form, ist bei langfristiger Vorplanung möglich.
Im Gegensatz zu den Fotos M17 a bis d zeigt Foto M 16 die Trennung von Männern und Frauen im Gebetsraum. Auch diesen Aspekt können die Schüler und Schülerinnen vergleichend hinterfragen.

**Notizen**

## Arbeitsbereich IV: Frauen im Christentum und im Islam

Literaturhinweis zur Geschichte der Frau im Christentum:

*Monique Alexandre, Die Frau im frühen Christentum, in: Pauline Schmitt-Pandel (Hg.), Geschichte der Frauen, Bd. 1: Antike, Übers. Andreas Wittenburg, Frankfurt/M. u. a (Campus) 1993, S. 451–490.*

**M 19 a bis c, S. 24 f.**
**Aus den Briefen des Apostels Paulus (1. Jh.)**

*Didaktische Hinweise:* Die ausgewählten Textstellen spiegeln zum einen das egalitäre Ethos des frühen Christentums (M 19 a) sowie den bedeutenden Anteil, den die Frauen in der frühchristlichen Verkündigung hatten (M 19 b). Zum anderen wird aber auch eine Tendenz deutlich, die hier bereits von Paulus gefördert wird, die Frauen zurückzusetzen und in ihrem Einfluss in den Gemeinden einzuschränken (M 19 c). Es ist wichtig festzuhalten, dass es in der römischen Kaiserzeit einen ersten Höhepunkt der Frauenemanzipation gab. Die Frauen der Oberschicht bewegten sich im Alltag freier, unternahmen beispielsweise selbstständige Reisen, nahmen am kulturellen Leben teil, übten einträgliche Berufe aus und führten eigene Vermögen. Rechtlich war damit in wichtigen Bereichen die altrömische Vollmacht des „pater familias" aufgehoben. Die Rolle der Frauen im frühen Christentum ist vor diesem Hintergrund zu analysieren und zu beurteilen.
Mittels der Paulustexte kann der Einfluss der Frauen im frühen Christentum erarbeitet werden. Es empfiehlt sich – anknüpfend an M 19 c – die Zurückdrängung der Frau im Übergang von den Formen charismatischer Leitung zur Entwicklung der kirchlichen Ämterhierarchie am Beispiel des Diakonates einzubeziehen. Dies kann z. B. über ein Kurzreferat erfolgen.
Die Analyse der Grußliste in M 19 b lässt sich auch erweitern. Angesprochen werden kann die Breite des Adressatenkreises und damit die in der frühen Gemeindebildung gesellschaftlich egalisierende Rolle der Christianisierung.
*M 19 a und c:* Galater- und 1. Korintherbrief sind vermutlich ungefähr zeitgleich in Ephesus verfasst worden, d. h. im Jahre 55, 56 oder 57.
Der Vergleich von M 19 a und c macht deutlich, dass Paulus im 1. Korintherbrief hinter den Gleichheits-

gedanken aus dem Galaterbrief zurückgeht. Zwar verweist Paulus mit dem Schleiergebot auf die herrschende Sitte (Z. 40f.) und gibt nicht vor, den Einfluss der Frau im kirchlichen Leben einschränken zu wollen (Z. 10), dennoch begründet er das Gebot, indem er eine angeblich in Christus begründete Hierarchisierung von Mann und Frau aufzeigt (Verse 3 und 7 bis 9), was er jedoch in Vers 11 im Sinne seiner Aussage im Galaterbrief abschwächt. Seine Argumentation trägt keine offenen sexualfeindlichen Züge, wie sie in späteren Quellen, z. B. bei Tertullian, auftreten mit den extremen Hinweisen auf die verführerische Wirkung der entschleierten Frau, ist aber unterschwellig davon geprägt, wenn er beispielsweise unlogische Vergleiche zur Geschorenen zieht (Z. 11–13).
Die Briefstelle in M 9 c macht deutlich, dass Konflikte in der Gemeinde entstanden sind, über die wir konkret zu wenig wissen; dass Frauen im Gemeindeleben Einfluss hatten und Freiheiten für sich beanspruchten, die hier zurückgedrängt werden sollten. Die Widersprüche, in die sich Paulus verwickelt, lassen erkennen, dass er der im Galaterbrief geäußerten Auffassung im Gemeindeleben Grenzen setzt.
Zu bedenken sind darüber hinaus die Wirkungen, die diese Formulierungen für die Folgezeit gehabt haben, wo mit der Autorisation des Apostels eine Unterordnung der Frau im kirchlichen Dienst und deren Ausschluss aus der Hierarchie begründet werden konnte. Dies kann mithilfe einer ergänzenden Quelle (siehe Zusatzmaterial ZM 2.2, S. 28) herausgearbeitet werden.

Literaturhinweis zu den Texten Tertullians:
*Tertullian, De Virginibus velandis (Über die Verschleierung der Jungfrauen), Übersetzung, Einleitung, Kommentar, Frankfurt/M. (Herbert und Peter Lang) 1974 (= Europäische Hochschulschriften, Reihe 23 Theologie).*

*M 19 b:* Eine ausführliche Kommentierung der Grußliste des Römerbriefes findet sich bei
*Ulrich Wilckens, Der Brief an die Römer, EKK VI/3, Bd. 3, Zürich u. a. (Benzinger Verlag und Neukirchener Verlag) 1982, S. 131–138.*
Die vorliegende Grußliste M 19 b leitet den Schluss des Römerbriefes ein. Paulus nimmt mit diesem Brief um 55/56 von Korinth aus Kontakt mit der römischen Gemeinde auf, die ihm noch unbekannt ist. Damit erklärt man die ungewöhnlich lange Liste, in der er ihm bekannte Christen und Christinnen besonders grüßt. Erst die frauengeschichtliche Forschung der letzten Jahrzehnte hat den Anteil der weiblichen und männlichen Adressaten genau erkannt und insbesondere den noch immer in fast allen Bibelausgaben präsenten Junias als eine Junia zweifelsfrei identifizieren können. Die weiblichen Namen sind im vorliegenden Text alle kursiv gedruckt (Hinweis: Aquila ist der Name für einen Mann).
Im Text befinden sich unter den namentlich Gegrüßten allein acht Frauen. Mit dem ersten Satz wird erstmals quellenmäßig eine Diakonin, Phoebe, bezeugt, die von Paulus offensichtlich vorausgeschickt worden ist und als Überbringerin des Briefes anzusehen ist. In der nachapostolischen Zeit entwickelte sich die Diakonie bis 451 zu einem Amt für Männer und Frauen. Das heißt, die Diakonie war mit sakramentaler Weihe und der Verpflichtung zum Zölibat verbunden und stellte damit die unterste Stufe des Klerus dar. Mitwirkung bei der Taufe, Katechese und Armenfürsorge waren die wichtigsten Dienste. Nach dem 5. Jahrhundert büßten die Diakoninnen an Ansehen ein, da die Erwachsenentaufe zurückging und damit die Notwendigkeit, Taufanwärterinnen zu unterweisen. Im Westen hat sich die weibliche Diakonie nicht durchgesetzt, im Osten hat sie bis ins Mittelalter hinein bestanden (bis ca. 1000).
Paulus rühmt die Arbeit der Gefährtinnen in der Mission, teilweise als Vorstand von Hausgemeinden (so Priska zusammen mit ihrem Mann Andronikus), teilweise als Reisebegleitung und Beistand in den Gefahren der Verfolgungszeit. Besonders sticht hier der Gruß an Junia hervor, der er apostolischen Rang zubilligt und die er gemeinsam mit ihrem Mann zu den ersten Christen zählt (Vers 7). Nimmt man zu diesen Ausführungen den Hinweis auf das Prophetentum im Korintherbrief hinzu, so kann erkannt werden, dass Frauen im frühen Christentum wichtige charismatische Aufgaben wahrgenommen haben.
Die Analyse weiterer Namen macht deutlich, das Paulus Juden- und Heidenchristen nennt, Freie und Sklaven. Als Sklavennamen lassen sich Ampliatus, Urbanus und Stachys identifizieren (Näheres bei Wilckens, a. a. O.).

Literaturhinweise zum Diakonat:
*Anne Jensen, Gottes selbstbewusste Töchter, Freiburg 1999, S. 141 ff.*
*Dies., Artikel „Diakonin", in: Elisabeth Gössman u. a. (Hg.), Wörterbuch der feministischen Theologie, Gütersloh (Gütersloher Verlagshaus) 1991, S. 58–60.*

**M 20 a, S. 25 f.**
**Hans Küng zur Frau im Christentum (2001)**

**M 20 b, S. 26 f.**
**Hans-Werner Goetz zur Frau im christlichen Früh- und Hochmittelalter (1997)**

Die Sekundärtexte von Küng und Goetz sind Beispiele für Bilanzierungen, die der Einordnung der Befunde aus den Quellenanalysen dienen sollen. Küng (M 20 a) beleuchtet die innerkirchliche Entwicklung, d. h. den geistlichen Bereich, und betrachtet die Frage aus katholischer Perspektive.
Goetz (M 20 b) berücksichtigt neben dem kirchlichen auch den profanen Bereich und ist als Ergänzung gedacht, um Einseitigkeiten in der Beurteilung entgegenzuwirken.
*M 20 a:* Küngs Resümee baut auf den Ergebnissen seiner eigenen kritischen sowie auf der feministischen Theologie auf. Er fasst im Wesentlichen Ergebnisse seiner Schülerin Jensen zusammen.
Küng fragt nach der Einlösung des von Jesu verkündeten „egalitären Ethos" und macht dies zum Maßstab seiner Beurteilung. Er ist der Ansicht, dass die „wahre Emanzipation" (Z. 56) der Frau in der frühen Kirche verhindert worden sei, stuft die Kirche als frauenfeindlich ein und spricht von einer „zunehmende[n] Diskriminierung des weiblichen Geschlechtes in der Geschichte der abendländischen Christenheit" (Z. 51). Der vorliegende Text führt dafür keine Beispiele an. Die Schüler und Schülerinnen können hierfür aber auf Paulus und den Ausschluss der Frauen aus der Ämterhierarchie verweisen. Als Ursachen für diesen Prozess nennt Küng den Auschluss der Frauen aus dem sakralen Bereich, als sich in der Kirche hierarchische Strukturen bildeten; die Sexualfeindlichkeit und die Abwertung von Bildung werden als weitere Faktoren hinzugefügt (Z. 62–82). Die Kursteilnehmer könnten diese Faktoren kritisch hinterfragen. Dabei könnte insbesondere deutlich werden, dass die genannten Faktoren noch nicht hinreichend erklären, warum sich in der Kirche männlich bestimmte Machtstrukturen durchgesetzt haben. Ferner können mit Hilfe der Diskussion der Frage 23 b die Prämissen seiner Beurteilung verdeutlicht werden.
*M 20 b:* Goetz betont aufgrund seines anderen Ansatzes die kulturellen Leistungen von Frauen im monastischen Bereich (Z.13–41), die weitgehend passive Partizipation der Frau am kultischen Geschehen, die Verbesserung der Bildung adliger Frauen im Hochmittelalter, die Rolle von Liebe und Zuneigung im Eheideal und in der Praxis (Z. 41–85). Abschließend stellt er den politischen Einfluss der karolingischen und ottonischen Königinnen und Kaiserinnen heraus, insbesondere auch die Rolle der *consors regni*; in diesem Zusammhang kann die Themensonderseite im Schülerband S. 46 hinzugezogen werden (Theophanu als *consors regni*). Wichtig für die Diskussion von Aufgabe 24 b ist dann seine Schlussaussage, dass diese Stellung der Frau in erster Linie auf ihrer adligen Herkunft beruhe.

**Aufgaben 19 bis 22, S. 27**
Siehe die Erläuterungen zu M 19 a bis c.

**Aufgabe 23, S. 27**
Siehe die Erläuterungen zu M 20 a.

**Aufgabe 24, S. 27**
Siehe die Erläuterungen zu M 20 b.

Forschungsstand zur Geschichte der Frauen im Islam:
Während in den letzten Jahrzehnten zur Rolle der Frau im christlichen Kulturkreis eine breite Forschungstätigkeit zu verzeichnen ist, die auch in ersten Synthesen ihren Niederschlag gefunden hat, liegen die Verhältnisse für den islamischen Kulturkreis anders, da frauengeschichtliche Arbeiten erst allmählich in Angriff genommen werden und sicher in Zukunft noch erwartet werden können.
Obwohl die Forschungsbasis also noch „dünn" ist, kann mithilfe der vorliegenden Materialien ein Vergleich durchgeführt werden. Deutlich wird dabei, dass sich für Frauen durch den Islam neue gesellschaftliche Möglichkeiten boten. Dies war einerseits durch die Botschaft bedingt und andererseits durch das Verhalten und die Wertschätzung, die Muhammad den Frauen seiner Umgebung entgegenbrachte; auch spielten die Prophetengattinnen oder die Frauen seiner Freunde eine wichtige Rolle.
Die muslimische Tradition hat die Rolle der Prophetenfrauen nicht völlig marginalisiert. Zu wichtig hat man die Sunna des Propheten und damit seine Familie und Gefährten und Gefährtinnen genommen. Der Koran kennt keine Erbsünde, die durch Eva verschuldet worden ist. Außerdem machte die islamische Gesellschaft das asketische Ideal nie zur allgemeinen oder gar obersten Norm.
Doch der Koran ist nicht nur eine göttliche Offenbarung, sondern zugleich eine Quelle des Rechts, die für den Mann eine überlegene Position in der Ge-

sellschaft festschreibt. Die hier ausgewählten Quellen und die Sekundärliteratur zur Rolle der Frau im Islam geben Aufschluss über die Grundlagen der geschlechterspezifischen Rollenzuweisungen und zeigen darüber hinaus exemplarisch längerfristige Wirkungen auf.

### M 21 a bis e, S. 28
### Der Koran zur Rolle der Frau

Die ausgewählten Koranstellen machen deutlich, dass der Koran Männer und Frauen als Gläubige vor Gott gleichstellt. M 21 a lässt sich auch mit Galater 3, 26–29 (M 19 a) vergleichen.
Der Koran verpflichtet die Gatten zu gegenseitiger Zuneigung und Fürsorge (vgl. die Metapher vom Kleid in M 21 c), hält aber auch fest, dass die Frau aus dem Manne hervorgegangen ist (vgl. M 21 b, Z. 1–2). Die Sure in M 21 e nimmt dies zum Ausgangspunkt, um die Überlegenheit des Mannes gegenüber der Frau und ein Züchtigungsrecht zu begründen sowie Unterordnung und Gehorsam von der Frau zu verlangen. Hier ergeben sich Ähnlichkeiten mit Paulus' Aussagen im Korintherbrief (M 19 c).
Die Sure in M 21 c ist im Kontext der in der Schlacht von Badr gefallenen Gefährten zu verstehen. Der Text nimmt ausdrücklich Bezug auf die Waisen und Witwen, gesteht eine Zahl von bis zu vier Frauen zu und macht die Größe des Harems von den wirtschaftlichen Möglichkeiten des Ehemannes abhängig.
Insgesamt enthalten die Koranstellen kein einheitliches Frauenbild. Neben der Betonung der Gleichheit tritt auch die Unterordnung der Frau unter den Willen des Mannes hervor. Fatema Mernissi hat dies als Bruch in der Zeit Muhammads interpretiert und insbesondere auf den Einfluss Umars, des Gefährten Muhammads und späteren zweiten Kalifen, zurückgeführt. Siehe dazu:
*Fatema Mernissi, Der politische Harem, Frankfurt/M. (Dagyeli-Verlag) 1989.*

### M 22, S. 28
### Miniaturmalerei: Al-Wasiti, Predigt in einer Moschee (1237)

Literaturhinweis zu al-Wasiti:
*Richard von Ettinghausen, Arabische Malerei, Lausanne (Skira) 1962, S. 104–124.*
Das Werk des Malers al-Wasiti stellt einen Höhepunkt der arabischen Malerei dar. Die in Bagdad entstandenen Maquamat-Illustrationen sind in einer Pariser und in einer Leningrader Handschrift erhalten. Das vorliegende Pariser Blatt stammt von 1237 und zeigt den Schelmen Abu-Zayd, der sich in dem Maquamat des Dichters al-Hariri in immer neuen pikaresken Abenteuern zu behaupten weiß.
Der Bezug zwischen den erzählten Episoden und der dargestellten Szene ist nicht leicht zu finden, und dieser kann daher hier nicht in die Deutung einbezogen werden. Das Bild gibt aber Aufschluss über die Rolle der Frauen beim Moscheebesuch. Al-Wasiti hat hier die reich gekleideten und verschleierten Frauen auf die Galerie platziert, während die Männer die Predigt des Abu-Zayd, ihm zu Füßen sitzend, aufmerksam verfolgen. Abu-Zayd hat die Position des Predigers auf der Minbar eingenommen und unterstreicht gestenreich seine Worte. Ettighausen ist der Ansicht, dass die Bilder Aufschluss über das Leben in Bagdad um 1237 geben und dem Alltag nahe kommen.
Um dies voll bestätigen zu können, müsste der mediale Charakter der Malerei genauer bestimmt werden und man müsste auf vergleichbare Quellen zurückgreifen können. Das Bild gibt aber einen Anhaltspunkt dafür, dass Frauen am Gottesdienst teilgenommen haben.

### M 23, S. 29 f.
### Al-Buchari über Aischa (9. Jh.)

Beim Hadith der Aischa, der von al-Buchari für „gesund" befunden wird, handelt es sich um eine parabelhafte Erzählung; sie stammt aus der nächsten Umgebung des Propheten und überliefert einen Ausspruch des Gesandten, der sich damit als eine Richtschnur für die Muslime erweist. Das Reizvolle an der Erzählung ist die Offenheit und Redseligkeit, mit der die verschiedenen Frauen die Charaktere ihrer Ehemänner in drastischen und überspitzten Formulierungen zur Sprache bringen. Das Thema der Sexualität in der Ehe wird offen angesprochen. Die Frauen sprechen aus, dass sie auch in dieser Hinsicht Erwartungen an den Ehemann haben. Zunächst werden „die Versager" vorgestellt. Dann werden die Ehemänner in höchsten Tönen gelobt. Den Schluss bildet der Bericht der Umm Zar, der fast die Hälfte der Parabel ausmacht. Die Pointe erstaunt: Der Gesandte Gottes kommentiert, dass er zu Aischa sei wie Abu Zar zu Umm Zar. Der humorvolle und leicht ironische Text lässt menschliche Schwächen, aber auch Vorzüge bei Männern und Frauen erkennen. Zu den Vorzügen des Abu Zar gehören zweifellos seine Fürsorge für seine Frau auf der einen Seite und seine Nachsicht und Großzügigkeit auf der anderen. Er wird noch nach der Scheidung von seiner Frau geliebt und gerühmt und dem neuen Mann, mit dem

sie in großem Wohlstand lebt, innerlich vorgezogen. Dennoch hat Abu Zar sich von ihr geschieden. Möglicherweise wird dadurch das Fehlverhalten der Umm Zar erklärt, die sich nicht um das Haus gekümmert und ihre Pflichten vernachlässigt hat (Z. 74–79). Ob sich Muhammads Bemerkung darauf bezogen hat, ist nicht leicht zu entscheiden. Es können hier jedoch keine Kommentierungen des Hadith herangezogen werden. Eine gewisse Zurückhaltung bei der Interpretation der Worte Muhammads scheint insofern angebracht.
Wesentliches Kriterium ist sicherlich die ungebrochene Liebe der Umm Zar zu Abu Zar, ihr inneres Glück, das sie durch seine Fürsorglichkeit, Nachsichtigkeit und Großzügigkeit empfunden hat.
Der Hadith beleuchtet mit den freimütigen Äußerungen der Frauen deren Erwartungen und Ansprüche an die Ehemänner. Nicht nur materielle Versorgung wird erwartet, sondern persönliche Zuwendung, Sinnenfreuden und persönliche Wertschätzung seitens des Ehemannes. Auch materieller Überfluss und gesellschaftliches Ansehen allein können das Glück der Frau nicht begründen. Von diesem spricht allein Umm Zar. Die Erzählung macht deutlich, dass es an Zuwendung und Wertschätzung mangelte, aber der Anspruch darauf wird mit der Autorität des Propheten zur Norm erklärt.

### M 24, S. 30
### Miniaturmalerei: Frauen im Gefolge des Propheten Muhammad (16. Jh.)

Zur osmanischen Miniaturmalerei im 16. Jahrhundert siehe oben die Erläuterungen zu M 10.
Weiterführende Literatur:
*Annemarie Schimmel, Meine Seele ist eine Frau. Das Weibliche im Islam, München (Kösel) 1995.*
*Fatema Mernissi, Der politische Harem, Frankfurt/M. (Dagyeli-Verlag) 1989 (muslimische Perspektive).*

### M 25 a, S. 31
### Tabelle: Lebensläufe in den Handbüchern der Ulama 7.–14./15. Jh.

### M 25 b, S. 31 f.
### As-Sachawi über das Leben der Umm Hani (15. Jh.)

Die Auflösung der Tabelle M 25 a und die Hinweise zur Tabelle machen deutlich, dass die Tätigkeit von Frauen als Hadithgelehrte, hier dem Vorbild Aischas folgend, zu Lebzeiten Umm Hanis keine Seltenheit war. Bemerkenswert ist aber, dass in dem Lebensbericht (M 25 b) über das Leben der Tochter Umm Hanis keine Bemerkungen gemacht werden, dass Umm Hani ihrerseits die sorgfältige Erziehung einem Manne, ihrem Großvater mütterlicherseits, verdankt, dass als ihre weiteren Ausbilder ausschließlich Gelehrte genannt werden und dass es wiederum ein Schüler ist, der ihr dieses ehrende Denkmal setzt. Aus der Quelle geht hervor, dass Umm Hani wie andere Gelehrte viele Reisen unternommen hat, dass sie das Leben einer Ehefrau und Mutter und das einer Gelehrten miteinander vereinbaren konnte und dass sie insbesondere als Witwe die größte wirtschaftliche und persönliche Unabhängigkeit gewinnen konnte.
Die Quelle macht deutlich, mit welcher Selbstständigkeit eine vermögende Frau der Oberschicht im Leben agieren konnte, lässt aber auch die Erkenntnis zu, dass Umm Hani dies ihrer hohen Begabung und der privaten Förderung durch ihren Großvater verdankt, auf dessen Erbe auch ihre spätere materielle Unabhängigkeit zurückging.
Es ist die Intention des Biografen, seiner Lehrerin ein ehrendes Denkmal zu setzen sowie die wichtigsten Lebensumstände Umm Hanis dabei zu berücksichtigen. Ihre Leistungen als Hadithgelehrte stehen dabei im Vordergrund, aber auch ihre Frömmigkeit wird ausgiebig gepriesen.
Weitere Information zum Handbuch as-Sachawis bei:
*Francis Robinson (Hg.) Islamische Welt, übers. von Cennaro Ghiradelli, Frankfurt/M. u. a. (Campus) 1997, S. 210–218.*

### M 26, S. 32 f.
### Albrecht Noth über Frauen im frühen Islam (1994)

Die Ausführungen Noths lassen sich leicht zusammenfassen, und ihr Verständnis ist bereits durch die Arbeit an den Quellen entsprechend vorbereitet worden. Die Ergebnisse der Quellenarbeit können nun zur Erläuterung des Sekundärtextes und zu seiner Überprüfung herangezogen werden. Dennoch muss nochmals betont werden, dass die vorhandenen Synthesen (z. B. *Wiebke Walther, Die Frau im Islam, Stuttgart u. a.* [*Kohlhammer*] 1980) noch nicht auf breitere Einzelforschungen zur Frauengeschichte zurückgreifen können und dass Rückschlüsse aus der Moderne den Blick auf die Geschichte verstellen.
Welches Leben Musliminnen in der Vergangenheit tatsächlich geführt haben, ob und wie „vergleichsweise bedeutsame Möglichkeiten" (Z. 108) umgesetzt worden sind, muss weiter erforscht werden.

**Aufgaben 25 und 26, S. 28**
Siehe die Erläuterungen zu M 21 a bis e.

**Aufgabe 27, S. 28**
Siehe die Erläuterungen zu M 22.

**Aufgabe 28, S. 30**
Siehe die Erläuterungen zu M 23.

**Aufgabe 29, S. 30**
Siehe die Erläuterungen zu M 24.

**Aufgaben 30 und 31, S. 33**
Siehe die Erläuterungen zu M 25 a und b.

**Aufgaben 32 und 33, S. 33**
Siehe die Erläuterungen zu M 26.

**Notizen**

| Zusatzmaterial ZM 2.2 | **Frauen in der frühen christlichen Kirche** |
|---|---|

**Zum Frauenbild in den „Apostolischen Konstitutionen" (3, 6 , 1–2 und 3, 9, 1–4)**

*Die „Apostolischen Konstitutionen" sind eine Sammlung kirchenrechtlich-liturgischer Bestimmungen. Sie stammen aus Syrien und sind vermutlich um 380 entstanden. Behauptet wird, dass es sich um Aussagen der Apostel handelt. Die „Apostolischen Konstitutionen" stellen eine erweiterte Sammlung der „Didaskalia" dar, einer in Syrisch überlieferten Kirchenordnung des 3. Jh.:*
Wir gestatten es den Frauen nicht, in der Kirche zu lehren, sondern nur zu beten und den Lehrmeistern zuzuhören. Denn auch er selbst, unser Lehrmeister und Herr Jesus Christus, hat, als er uns, die Zwölf, aussandte, die Völker und Nationen zu belehren, keine Frauen zur Verkündigung ausgeschickt, obwohl sie ihm nicht fehlten; denn bei uns befanden sich Maria Magdalena und Maria, Mutter des Jakobus, und Martha und Maria, die Schwestern des Lazarus, und Salome und einige andere. Wenn es für die Frauen notwendig gewesen wäre zu lehren, hätte er wohl als Erster diesen mit uns befohlen, die Völker zu unterrichten. Und wenn „der Mann das Haupt der Frau" ist (1 Kor 11, 3), dann ist es nicht recht, dass der übrige Körper über das Haupt herrscht. [...]
[Zur Erteilung der Taufe durch Frauen:] Das ist gefährlich oder vielmehr gegen das Gesetz und unfromm. Denn wenn „der Mann das Haupt der Frau" ist und er für das Priesteramt (hierosyne) vorgesehen ist, dann ist es nicht recht, die Schöpfung zu übergehen und, indem man den Ursprung beiseite lässt, in die äußersten Teile des Körpers zu gehen. Denn die Frau ist der Körper des Mannes aus seinen Rippen, und sie ist dem unterworften, aus dem sie herausgetrennt wurde, um Kinder hervorzubringen (vgl. Gen 2, 21-23). „Er aber", so heißt es, „wird über dich herrschen" (Gen 3, 16). [...] Wenn wir ihnen aufgrund des Voranstehenden nicht gestatten zu lehren (1 Tim 2, 12), wie könnte ihnen jemand wider die Natur zugestehen, Priester zu sein (hierateusai)? Denn das ist der Irrtum der Griechen in ihrer Gottlosigkeit, dass sie Priesterinnen für weibliche Gottheiten wählen, aber das geschieht nicht nach der Gesetzgebung Christi. Wenn von den Frauen hätte getauft werden sollen, dann wäre sicher auch der Herr von seiner eigenen Mutter getauft worden und nicht von Johannes, oder als er uns zum Taufen ausschickte, hätte er wohl mit uns auch Frauen dazu ausgeschickt. [...] er erkannte sehr wohl die Folgerichtigkeit der Natur und die Würde der Handlung, war er doch sowohl Schöpfer der Natur wie Urheber der Gesetzgebung.

*Zit. nach: Monique Alexandre, Die Frau im frühen Christentum, in: Pauline Schmitt-Pandel (Hg.), Geschichte der Frauen, Bd. 1: Antike, Übers. Andreas Wittenburg, Frankfurt/M. u. a (Campus) 1993, S. 480.*

# Kapitel 3: Kaiser, Päpste und Kalifen: Religion und Staat

**Hinweise zur Arbeit mit den Materialien**
Siehe den Kasten im Schülerband S. 39.

### M 1, S. 36
### Karte: Das Frankenreich unter Karl dem Großen

### M 2, S. 38
### Karte: Abbasiden-Kalifat 8.–11. Jh.

Als Einstieg und geografischer Überblick bietet sich Karte M 2 an, da sie die drei großen Kulturkreise des Kapitels im Überblick darstellt: den islamischen Kulturkreis im Abbasidenreich, den griechisch-orthodoxen im byzantinischen Kaiserreich und den lateinisch-römischen Kulturkreis im Frankenreich.
Die Strukuren des Abbasidenreichs sind in M 2 relativ detailliert dargestellt. Eine detailliertere Karte für das Frankenreich bietet M 1. Eine Detailkarte zum byzantinischen Reich findet sich bei Bedarf in einem historischen Weltatlas.
Siehe auch die Erläuterungen zu M 7 a und b.

**Notizen**

## Arbeitsbereich I: Weltliche und geistliche Macht in Byzanz und im Frankenreich

### M 3, S. 39 f.
### Brief des Patriarchen von Konstantinopel, Antonius, an den Großfürsten von Moskau (1393)

Die Quelle stammt zwar aus späterer Zeit, stellt aber ein Schlüsseldokument dar, das über das Verhältnis von Kirche und Staat im Byzantinischen Reich grundlegende Aufschlüsse gibt. Antonius' Darstellung betont die universelle Geltung des byzantinischen Kaisers für die Christenheit (Z. 63–65). Er verweist
- auf den römischen Ursprung des Amtes (Z. 36),
- auf die leitende Funktion des Kaisers bei Konzilien und Synoden ( Z. 17–22),
- auf dessen gesetzgeberische Rolle und Initiative bei der Einbindung der Kirche in den Staat (Z. 23–26).

Die wesentlichen Aufgaben und Pflichten der Kirche seien daher, so Antonius, den Kaiser zu weihen und zu salben und seiner im Gebet und in der Liturgie zu gedenken (Z. 34–40). Mit der Kaiserweihe und -salbung spricht Antonius allerdings Zeremonien an, die erst seit dem 7. Jahrhundert in Brauch kamen. Der Patriarch macht die unauflösliche Identität von Kaiser und Kirche deutlich, indem er sagt, dass nur derjenige, der den Kaiser ehrt und anerkennt, sich auch Christ nennen dürfe. Damit beschreibt er zutreffend die spezifische Stellung, die der Kaiser in der orthodoxen Kirche einnahm. Der Kaiser, als Erbe des antiken Gottkaisers und als Kaiser von Gottes Gnaden, verkörperte die weltliche und geistliche Repräsentation. Als dem Rechtsnachfolger Konstantins I. verblieb die höchste Autorität in kirchlichen Fragen beim Kaiser, dem Patriarchen verblieben die innerkirchlichen Aufgaben. Der von der älteren westlichen Geschichtsschreibung dafür geprägte Begriff des Cäsaropapismus wird von der Byzantinistik als unzutreffend zurückgewiesen.
Die Universalität der kaiserlichen Herrschaft wird von Antonios strikt verteidigt und das westliche Kaiser- und damit auch Papsttum verworfen. Der Schlusssatz, „Seines [des byzantinischen Kaisers] allein gedenken die Christen überall und keines anderen",

trifft allerdings nicht die Strukturen der Ökumene, da sich seit dem Jahre 800 die Teilung in den lateinisch-römischen Westen und in den griechisch-orthodoxen Osten angebahnt hatte und bereits 1054 das Schisma eingetreten war. Diese Entwicklung kann auch mithilfe des darstellenden Textes in ihren wichtigsten Stadien nachvollzogen werden (vgl. Darstellung S. 35–37).

### M 4, S. 40
### Silbermünze Kaiser Konstantins I.

### M 5, S. 40
### Byzantinische Goldmünze Kaiser Justinians II.

### M 6, S. 40
### Byzantinische Goldmünze Kaiserin Irenes

*M 4:* Die Münze Konstantins, geprägt nach dem Sieg über seinen Rivalen Maxentius im Jahre 312, ist Zeichen einer Zeitenwende. Einerseits ist die Münze überwiegend von Symbolen des römischen Imperiums bestimmt. Mit der linken Hand trägt Konstantin in Feldherrnuniform einen Schild, auf dem die römische Wölfin mit den Zwillingen Romulus und Remus abgebildet sind. Mit der rechten führt er ein Pferd am Zügel. Hinter dem Schild sieht man ein Szepter mit Querstange und Globus.
Die Umschrift lautet:
IMP(perator) CONSTANTIUS P(ius) F(elix) AUG(ustus).
Sie zitiert Bestandteile der Kaisertitulatur, die seit dem 2. Jahrhundert in Gebrauch waren. Der mit Rosetten verzierte Helm zeigt das Christogramm. Dieser Hinweis lässt erkennen, wem Konstantin seinen Sieg zu verdanken glaubt. In der Folgezeit leitete er die Entwicklung des Christentums zur römischen Staatsreligion ein.
*M 5:* Auf dem Münzbild Kaiser Justinians II. trägt dieser den Loros, das Diadem mit dem Kreuzeszeichen, in der linken Hand den Globus mit einem Patriarchalkreuz und der Aufschrift PAX. Seine rechte Hand umfängt ein Krückenkreuz mit gestuftem Fuß. Die Münze wurde 705/06 geprägt; es handelt sich um eine Sonderemission aus Konstantinopel aus den Anfängen der zweiten Regierungszeit Justinians II. Die Umschrift lautet:
D(ominus) N(oster) IUSTINIANUS MULTUS ANN (für multos annos).
*M 6:* Kaiserin Irene trägt auf der Münze, die zwischen 797–802 geprägt wurde, ebenfalls den Loros und die Krone mit Spitzenverzierung, wie sie für die mitregierende Augusta oder Basilissa üblich war. Die Krone ist mit einem Kreuz und besonders langen Pendilien versehen. In der linken Hand hält sie den Globus mit dem Kreuz, in der rechten ein Patriarchalkreuz.
Die Umschrift lautet:
EIRIRNH BASILISSH (Irene Kaiserin).
Zur Rolle der Frau als Herrscherin im byzantinischen Reich und im lateinisch-römischen Westen vgl. die Darstellung auf der Methodensonderseite 46 „Christliche Herrscherbilder".
Die beiden Münzen M 5 und M 6 belegen die tragende Rolle der christlichen Religion im byzantinischen Staat. Zurückgehend auf die konstantinische Wende wird das Kreuz als Symbol des Sieges, nicht des Leidens geführt. Davor treten römische Symbole zurück. Kaiser und Kaiserin sehen sich als Sachwalter des Christentums. Die Entstehung des griechisch-orthodoxen Kulturkreises wird im Wandel der Titulatur, in ihrer Gräzisierung und der Aufnahme des Basileusbegriffes deutlich, wie dies bei Irene besonders klar hervortritt.

### Aufgaben 1 und 2, S. 40
Siehe die Erläuterungen zu M 3.

### Aufgabe 3, S. 40
Siehe die Erläuterungen zu M 4 bis M 6.

### M 7 a, S. 41
### Päpstlicher Eid des Bonifatius (722)

### M 7 b, S. 41
### Reformgesetz zur Reorganisation der fränkischen Kirche (743)

Die vorliegenden Dokumente M 7 a und b („Überreste" im Sprachgebrauch Droysens und Bernheims) geben Aufschluss über den kirchlichen Führungsanspruch des römischen Bischofs als Papst und die Anfänge der Verbindung zu den späteren Karolingern. Sie stehen den „Monumenten" („Traditionen" im Sprachgebrauch Droysens und Bernheims) in M 8 b und M 8 c gegenüber.
Die Unterschiede der Quellengattungen sollten im Unterricht thematisiert und für eine eventuelle Methodenschulung genutzt werden; siehe dazu auch die Grafik auf der Wiederholungsseite im Schülerbuch S. 205 sowie hier unten die Erläuterungen zu M 8 b; zur Klassifizierung von Quellen siehe neuerdings auch:

*Hans-Jürgen Pandel, Geschichte in Quellen, Schwalbach (Wochenschau-Verlag) 2000, S. 12–18.*
Während im Osten die Kirche in die bestehenden staatlichen Strukturen hineinwuchs und dadurch entsprechend geprägt wurde, war die Kirche im Westen an vielen Staatenbildungen beteiligt. Auf diese Weise festigte sie die staatlichen Strukturen, so wie umgekehrt diese Staaten, insbesondere das fränkische und das deutsche Reich, das Papsttum als weltliche und geistliche Macht stützten.
*M 7 a:* Das Formular des Papstes lässt erkennen, dass Bonifatius als Gesandter des Papstes tätig ist, dass er ihn als das Oberhaupt der Kirche anerkennen und sich ihm unterstellen muss. Der Text sieht den Papst in der Petrusnachfolge (Z. 9–11) und spielt auf Mat. 16,18, das heißt auf die Binde- und Lösegewalt an (Z. 27–28). Heilige Zeichen päpstlicher Legitimation sind nicht zuletzt die Petrusreliquien (Z. 40–42), auf die Bonifatius seinen Treueid zu schwören hat. Das Dokument drückt das päpstliche Selbstverständnis aus, begründet es und ist Instrument seiner politischen Durchsetzung. Die erfolgreiche Missionstätigkeit des Bonifatius hat den Einfluss der römischen Kirche ausgedehnt, gleichzeitig wurde die hierarchische Gliederung der Kirche schärfer ausgeprägt.
*M 7 b:* In dieselbe Richtung gehen auch 743 die Reformen des Karlmann in der fränkischen Kirche, wie sie im vorliegenden Gesetz vorgesehen sind. Karlmann räumt dem Bonifatius ein Kontrollrecht über die fränkischen Diözesen ein (Z. 24–26); ebenso sollen die Bischöfe im Sinne der römischen Vorschriften die Pfarrer genauer beaufsichtigen.
Beide Dokumente M 7 a und b machen deutlich, dass der Papst an Macht ebenso gewinnt, wie er den Einfluss des hier als Herzog und Fürsten der Franken bezeichneten Karlmann stärkt.
Dieser Prozess der Wechselwirkung und der damit im Westen entstehende Dualismus zwischen Kaiser und Papst lässt sich mittels der Darstellung S. 36 f. und der Karten M 1 und M 2 in den historischen Zusammenhang einordnen.

**Aufgaben 4 und 5, S. 42**
Siehe die Erläuterungen zu M 7 a und b.

## M 8 a, S. 42
## Herrschertitel Karls des Großen

*Didaktischer Hinweis:* Die Erörterung der Funktionen der Herrschertitel (M 8 a) sollte sinnvollerweise mit einer Rekapitulation von Karls Expansionspolitik verknüpft werden. Die Schüler und Schülerinnen könnten hierzu z. B. auf entsprechende Hilfsinstrumente wie Atlanten und Datenleisten zurückgreifen.
*M 8 a:* Die Titel belegen, dass sich Karl zunächst als fränkischer König verstand, gleichzeitig auch als Schutzherr der Kirche. Im ersten Zusatz wird klar, dass Karl mit der Eroberung des Langobardenreiches nach 774 seine Souveränität auf das Volk der Langobarden ausdehnte und den bereits von seinem Vater ererbten Titel eines Schutzherrn der Römer reaktivierte; das Schenkungsversprechen des Kirchenstaates wurde erneuert. Karl konnte bereits vor seiner Kaiserkrönung seine Macht gegenüber den Sachsen behaupten, auch wenn die Auseinandersetzungen noch nicht abgeschlossen waren, und den bayrischen Stammesherzog Tassilo besiegen. Sein Reich war damit zu einer bedeutenden Hegemonialmacht aufgestiegen.
Mit der Annahme des Kaisertitels seit 800, auf den er auch zwei Jahre später seine Untertanen vereidigen ließ, knüpfte er an die Traditionen des römischen Kaisertums an. Mit dem Titel *imperator Romanum gubernans imperium* beanspruchte er die Herrschaft über das ehemalige Römische Reich. Wie weit er diesen Herrschaftsanspruch erheben wollte, lässt sich nicht so ohne weiteres sagen und muss wohl offen bleiben. Vermutet wird darin eine Abgrenzung gegenüber dem byzantinischen Kaiser, vor allem auch deshalb, weil er den vom Papst angeblich ausgerufenen Titel *imperator Romanorum* (vgl. den Bericht der Reichsannalen in M 8 c) nicht angenommen hatte. Dieser erscheint seit 812 regelmäßig in der Titulatur der byzantinischen Kaiser (griech. *ton Romaion*). Dass er das Kaisertum aber eigenständig, als Erneuerer, fortzusetzen gedachte, ist der Devise von der *Renovatio Romani imperii*, die er auf die Kaiserbullen setzen ließ, zu entnehmen. Dass er sich dabei als christlicher Herrscher verstanden hat, verdeutlichen einige Bestandteile seiner Titulatur wie *ecclesiae defensor, a deo coronatus* u. Ä.

## M 9, S. 43
## Silbermünze Karls des Großen (Vorder- und Rückseite)

*M 9:* Das Münzbild kann ergänzend einbezogen werden. Die neuere Forschung hat hierzu herausgestellt, dass als unmittelbares Vorbild für diese Münze keine konstantinische Münze in Frage kommt, auch wenn das Münzbild gewisse Züge mit konstantinischen Münzbildern gemeinsam hat. Das Münzbild entspricht den Kaiserporträts der Prinzipatszeit. Auffallend anders im Vergleich zu konstantinischen

Münzen sind die Ausrichtung der Büste, der Lorbeerkranz, die weniger prächtige Raffung des Paludamentum (Feldherrenmantel) und die schlichtere Agraffe (Schmuckstück zum Zusammenraffen des Mantels). Ebenso ist auf der Rückseite ein römischer Tempel übernommen, in den und auf dem die Kreuzsymbole eingetragen sind. Damit bezeugt auch das Münzbild die Vorstellung von einem christlichen Herrscher des Römischen Reiches.
Literaturhinweis:
*Antikenrezeption am Beispiel der Münzen Karls des Großen, in: Geldgeschichtliche Nachrichten 32, 1996, Heft 176, S. 264–273.*
Da quellenmäßig so gut wie keine Selbstaussagen Karls über sein Herrschaftsverständnis überliefert sind, hat man die Herrschertitel als solche Selbstaussagen gewertet. Sie sind es nur bedingt und ihr Aussagewert bleibt begrenzt. Dies könnte abschließend diskutiert werden.
Das Herrschaftsverständnis Karls wird im Übrigen an seiner realen Politik gemessen. Hier ist festzuhalten, dass er sich auf seine Hauptpfalz Aachen konzentrierte und Rom nach 802 nicht mehr aufgesucht hat; außerdem hat er mit Byzanz ein Einvernehmen und eine Abgrenzung der Interessensphären herbeigeführt (siehe unten).
Ferner kann auf die weitreichenden Reformen verwiesen werden, die er in Angriff nahm, um sein Reich neu zu ordnen, und die sich in seiner Gesetzgebung niederschlugen. Dies vor allem wird als Ausdruck des Renovatio-Gedankens interpretiert. Es ist möglich, an diese Aspekte einen weiterführenden Arbeitsauftrag zu knüpfen, da diese Differenzierungen über die hier zu erabeitenden grundlegenden Strukturen hinausführen würden.

## M8b, S. 42
## Kaiserkrönung Karls des Großen nach den karolingischen Reichsannalen des Jahres 800/801

## M8c, S. 43
## Karl der Große und Byzanz nach den karolingischen Reichsannalen der Jahre 810–812

Über die Kaiserkrönung Karls des Großen 800 sind zahlreiche Quellen überliefert, die auch leicht zugänglich sind (zum Beispiel in der Sammlung „Geschichte in Quellen" [bsv]). Ein Quellenvergleich mit M 7 a und b bietet die Möglichkeit, die Besonderheiten der Annalen als Quellengattung herauszuarbeiten und die Perspektivität der Quellen deutlicher hervortreten zu lassen.
*M 8 b:* Der Auszug konzentriert sich auf das Empfangszeremoniell und die Szene in der Weihnachtsmesse. Um die Quelle angemessen verstehen zu können, muss in den unmittelbaren Ereigniszusammenhang eingeführt und die bedrängte Situation des Papstes Leo III. geschildert werden, der 799, vom stadtrömischen Volk vertrieben, nach Paderborn flüchtete und Karl in seiner dortigen Pfalz um Beistand bat. Der Papst wurde mit fränkischer Begleitung nach Rom zurückgeführt; dort wurde eine Untersuchung eingeleitet, und die Verschwörer wurden verhaftet. Ende des Jahres 800 traf Karl dann selbst in Rom ein, um die gegen Leo erhobenen Vorwürfe zu prüfen. Es wurde kein Gerichtsverfahren eingeleitet *(papa a nemine iudicatur),* sondern der Papst konnte sich durch einen Reinigungseid von den gegen ihn erhobenen Vorwürfen befreien. Karl verurteilte die Aufrührer nach römischem Recht.
Bei der in der Quelle erwähnten Krönungsmesse handelte es sich um den letzten der drei an Weihnachten üblichen Stationsgottesdienste des Papstes, die in der Kirche „St. Peter vor den Toren" gefeiert wurde.
Z. 1–25: Im Empfangszeremoniell werden Karl durch dem Papst bereits kaiserliche Ehren erwiesen.
Z. 26–37: Der Vorgang der Erhebung zum Kaiser ist in folgenden Schritten festgehalten: Krönung durch den Papst, Akklamation durch das Volk, Ehrung durch die päpstliche Proskynese.
Der Vorgang macht das Zusammenwirken von Kaiser und Papst deutlich. Der Kaiser befindet sich in der machtpolitisch eindeutig überlegenen Position. Der Papst hat alles persönliche Interesse daran, Macht und Ansehen Karls zu erhöhen. Gleichzeitig erreicht er, dass er dabei, so wie bereits seit 754, entscheidend mitwirkt. In der Intention des Papstes lag es sicherlich, Karls Kaisertum durch die päpstliche Krönung konstitutiv werden zu lassen. Tatsächlich bestimmte in dieser Phase der Kaiser (Karl) den weltlichen und geistlichen Bereich. Bereits vorher hatte er die fränkische Kirche seiner Herrschaft unterworfen und sich sogar in theologischen Fragen über die Reichsgrenzen hinaus als kompetent angesehen (z. B. Frankfurter Konzil 794).
*M 8 c:* In diesem Auszug aus dem Reichsannalen wird deutlich, dass mit der Italienpolitik und der Rompolitik Karls ein starker Konfliktpunkt mit Byzanz gegeben war. Dabei ging es sowohl um die von Byzanz erstrebte universale Geltung des einen (ost)römischen Kaisers für die christlichen Völker als auch um

den mit der Politik Karls verbundenen Prestigeverlust in Italien, um Karls Sieg über die Langobarden und die Bestätigung des Kirchenstaates. Byzanz musste dem arabischen und bulgarischen Druck an seinen Grenzen standhalten und konnte mithin nicht selbst die an die Langobarden verlorenen Gebiete zurückerobern. Der Friede, von dem im Quellentext die Rede ist, weist darauf hin, dass es zwischen den Franken und den Byzantinern sogar zum Krieg (seit 806) um noch in Italien verbliebene byzantinische Besitzungen (Venetien und Dalmatien) gekommen war; Karl wollte diese Gebiete erobern, leistete aber im hier angesprochenen Frieden letztlich Verzicht, womit er im Gegenzug die Anerkennung seines Kaisertums erreichte. Allerdings wollte Byzanz darin nicht die prinzipielle Zustimmung zu einem fortbestehenden zweiten Kaisertum sehen.

**Aufgaben 6 und 7, S. 43**
Siehe die Erläuterungen zu M 8 a und M 9.

**Aufgaben 9 bis 11, S. 43**
Siehe die Erläuterungen zu M 8 b und c.

**Notizen**

## Arbeitsbereich II: Urkundenfälschung (Methodensonderseite)

**M 10, S. 44**
**Horst Fuhrmann zu mittelalterlichen Urkunden und zur „Konstantinischen Schenkung" (2000)**

**M 11, S. 44 f.**
**Auszug aus der „Konstantinischen Schenkung"**

**M 12, S. 45**
**Fresko aus dem Zyklus der Konstantinslegende (1246)**

*M 11:* Bei der Quellenanalyse wird deutlich werden, dass der Kaiser den Papst in die Stellung eines Kaisers und obersten Kirchenfürsten des Westreiches einsetzt: Dazu gehören
- die oberste Leitung der Kirche und ein letztes Entscheidungsrecht in kirchlichen Angelegenheiten (Art. 12),
- ferner die Ausstattung mit allen kaiserlichen Symbolen (Art. 14),
- die kaisergleiche Macht in allen weltlichen Angelegenheiten im Westen des Reiches, insbesondere in Rom und Italien (Art. 17).

Mehrfach wird die gegenüber dem Kaiser herausgehobene Stellung unterstrichen und ihm ein Ehrenvorrang in weltlichen Belangen eingeräumt (Art. 17). Der Kaiser verpflichtet sich zum Stratordienst (d. h. der Kaiser als Zügelhalter des päpstlichen Pferdes; Art. 16; vgl. Abbildung M 12), einer Aufgabe, die eigentlich ein Lehnsverhältnis voraussetzt, bei dem der Kaiser der Lehnsmann wäre. Im letzten Absatz wird die grundsätzliche Überlegenheit des Papstes gegenüber dem Kaiser ausgeführt. Der „Fürst der Priester und das Haupt der christlichen Religion" vertreten das Reich Gottes, der Kaiser aber nur das Reich „dieser Welt". Dies ist nach Pkt. 18 auch der Grund, warum sich der Kaiser nach Konstantinopel zurückzieht und dem Papst das Abendland überlässt: Es geziemt sich nicht für einen weltlichen Herrscher, dort zu residieren, wo auch der Papst („Kaiser des Himmels"; Z. 60) residiert.

M 11 ist vor dem Hintergrund der Entstehung des päpstlichen Machtanspruches im 8. Jahrhundert zu sehen. Der Text setzt die Entstehung des Kirchenstaates seit der Pippinischen Schenkung 754 voraus. Ansprüche des Papstes im Westreich gegenüber dem

byzantinischen Kaiser sollen offensichtlich damit gesichert werden. Gleichzeitig grenzt sich der Papst mit dieser angeblich auf Konstantin zurückgehenden Schenkung auch gegen das fränkische Königshaus ab, mit dem es im Bündnis steht, und hat immer die Selbstständigkeit der päpstlichen Stellung im Auge. Die Verfasserintention liegt offensichtlich darin, Macht und Ansehen des Papstes, insbesondere mithilfe einer theokratischen Begründung, gegenüber jeder weltlichen Form von Herrschaft zu steigern.
Die ungeheure Großzügigkeit Konstantins steht für den modernen Leser in keinem Verhältnis zu dem durch Silvester bewirkten Wunder (vgl. M 10 und das Fresko M 12, das aus einem Zyklus stammt, in dem die angebliche Heilung Konstantins durch Silvester I. beschrieben wird). Das mögen gläubige Menschen des Mittelalters anders empfunden haben, für die die Wunderlegende eine andere Bedeutung hatte.
Kritisch können die Schüler und Schülerinnen aber an folgenden inhaltlichen Punkten ansetzen: Die Geschenke des Kaisers erscheinen nicht als ein Ausdruck kaiserlicher Dankbarkeit, sondern als ein fortwährender Ausdruck kaiserlicher Unterwerfung. Der Eindruck, dass der Text aus päpstlichen Kreisen kommt und die Form einer Selbsterhöhung hat, drängt sich insbesondere in Artikel 18 auf. Dort erscheint die Herrschaft des Papstes als göttliche Stiftung, obwohl sie sich der Schenkung des Kaisers verdankt. Dies ist ein nicht auszuräumender Widerspruch. Der Kaiser selbst bezeichnet sich lediglich als „Kaiser dieser Welt" (Z. 63 f.). Das war er nach dem mittelalterlichen Selbstverständnis nicht, und eine solche Form der Unterordnung ist insofern eigentlich nicht denkbar.
Die Urkunde, die als Kopie überliefert ist, hat erst ab 1053 Wirkung entfaltet und wurde bis zum Spätmittelalter päpstlicherseits zur Begründung päpstlicher Machtansprüche eingesetzt. Leo IX. setzte sie zur Begründung des päpstlichen Primates ein, Innozenz III. und Gregor IX. haben territoriale Forderungen aus der Konstantinischen Schenkung abgeleitet. Nikolaus von Kues hat 1433 die formale Unechtheit nachgewiesen, Lorenzo Valla hat 1440 mit sprachlichen Argumenten den Fälschungscharakter aufgezeigt. Hutten und Luther verbreiteten diese Erkenntnisse in der Refomation. Ob die anfängliche Zurückhaltung gegenüber dem angeblichen Privileg im frühen Mittelalter mit einem Fälschungsverdacht zusammenhängt, ist ungewiss.
*M 12:* Das Bild stellt den im Artikel 16 (vgl. M 11) angesprochenen Marschalldienst des Kaisers dar. Die Darstellung auf dem Fresko von 1246 erhöht den Papst vor dem Kaiser.
Er reitet, wie es zum kaiserlichen Zeremoniell gehörte, auf einem weißen Schimmel, er trägt die kaiserliche Haube (Phrygium) und, wie Konstantin, einen purpurfarbenen Mantel. Vor dem Gefolge seiner Bischöfe reitend, erkennbar an den Mitren, die diese tragen, und wie im kaiserlichen Zeremoniell von einem Begleiter beschirmt, hebt er segnend die Hand. Die Gruppe ist gegenüber dem Kaiser erkennbar höher im Fresko angeordnet. Der Papst wird zur zentralen Figur: Seine drei Bischöfe, ebenfalls zu Pferde sitzend, weisen mit der Linken auf ihn. Konstantin, die Kaiserkrone, Loros und Purpurmantel tragend, ist ihm mit dem Blick zugewandt und führt das päpstliche Pferd mit der rechten Hand am Zügel. Er weist mit der linken Hand dem Papst den Weg in den Lateranpalast, ebenso der hinter dem Kaiser stehende kaiserliche Schwertträger. Im Palast wird der Papst bereits von einem Bediensteten erwartet.

### Aufgaben 12 bis 14, S. 45

Siehe die Erläuterungen zu M 10 bis M 12.

**Notizen**

## Arbeitsbereich III: Christliche Herrscherbilder (Methodensonderseite)

### M 13, S. 46
### Elfenbeinrelief: Otto II. und Theophanu (972)

Die dargestellte Gruppe wird durch das kostbare Material und den geschnitzten Rahmen (Baldachin auf zarten Spiralsäulen, palmettenförmige Eckakroteren, unsichtbar gerafter, geöffneter Vorhang) herausgehoben. Christus, Otto und Theophanu stehen auf jeweils separaten Podesten. Christus ist gegenüber dem Kaiserpaar durch das breitere, höhere und reicher verzierte Podest ausgezeichnet. Dasjenige Ottos ist gegenüber dem der Theophanu leicht erhöht angelegt; sein unterer Rahmen wird durch die in Proskynese (Kniefall) verharrende, vielfach mit Johannes Philagothos identifizierte Person verdeckt. Die Reverenz des Johannes bezieht sich auf Otto II.

Das Bildnis stellt Christus, in der Mitte zwischen dem Herrscherpaar stehend, mit Kreuznimbus dar; er ist mit Tunika und Mantel sowie Sandalen bekleidet und legt die rechte Hand auf das Haupt Ottos und die linke auf das Haupt Theophanus. Das kaiserliche Paar ist gegenüber Christus wesentlich kleiner dargestellt, Kaiser und Kaiserin sind jedoch gleich groß. Beide tragen Bügelkronen mit Pendilien sowie prachtvolle Gewänder im Stil des byzantinischen kaiserlichen Ornates.

Man hält es für möglich, dass die Tafel anlässlich der Vermählung des Paares 972 entstanden ist, die Inschriften sind auf jeden Fall nach 982 hinzugefügt worden. Von da ab gebrauchte die kaiserliche Hofkanzlei den Titel *Imperator Romanorum.* Otto starb schon am 7. Dezember 983. Diese unsicheren Datierungen erschweren es, die Aussage der Bildtafel eindeutig zu bestimmen.

Die Bildtafel steht in der Tradition byzantinischer Darstellung des Kaiserpaares, setzt die so genannte Romanos-Eudokia-Tafel von 945 voraus und ist in dieser Form im westlichen Kulturkreis ohne Vorbild. Insofern ist M 13 immer wieder herangezogen worden, um die spezifische Rolle der Theophanu als Herrscherin zu untersuchen.

*Didaktische Hinweise:* Die Themensonderseite bietet sich auch als Anstoß für ein schriftliche Hausarbeit oder auch für eine Facharbeit an.

Literatur:

*Anton von Euw u. a. (Hg.), Kaiserin Theophanu. Begegnung des Ostens und Westens um die Wende des ersten Jahrtausends, 2 Bde., Köln (Stadt Köln) 1991.*

*Michael Brandt u. a. (Hg.), Bernward von Hildesheim und das Zeitalter der Ottonen, 2 Bde., Hildesheim u. a. (Bernward Verlag/Philipp von Zabern) 1993.*

*Amalie Fößel, Die Königin im hochmittelalterlichen Reich, Stuttgart (Thorbecke) 2000.*

### Aufgaben 18–21, S. 46

Siehe die Erläuterungen zu M 13.

**Notizen**

## Arbeitsbereich IV: Religion und Herrschaft im islamischen Kulturkreis

**M 14, S. 47**
**Al-Buchari über die Berufung Uthmans (9. Jh.)**

**M 15, S. 47 f.**
**Abu Yusuf in seinem Werk „Guter Rat für einen Kalifen" (8. Jh.)**

**M 16, S. 48**
**Münzbild: Dirham des Umaiyaden-Kalifen Abd al-Malik (um 700)**

**M 17 a, S. 48 f.**
**Bernard Lewis über die Aufgaben des Kalifen (1997)**

**M 17 b, S. 49**
**Bernard Lewis über die Aufgaben muslimischer Gottesmänner im Vergleich zum Klerus (1993)**

*M 14:* Der Quelle lässt sich mithilfe der Darstellung (insb. S. 14) historisch einordnen. Zu beachten ist die Überlieferung als Hadith. Die Quelle gibt Einblicke in die Strukturen des Kalifates in der Zeit der rechtgeleiteten Kalifen. Abu Bakr verstand sich als Stellvertreter des Propheten *(chalifat rasul allah)*. Umar fügte die Bezeichnung Anführer der Gläubigen *(amir al-mu'minim)* hinzu. Abu Bakr und Umar kamen aufgrund ihres Ansehens, ihrer Verdienste um die Gemeinschaft der Gläubigen ins Amt, Abu Bakr durch Akklamation, Umar durch Designation von Seiten Abu Bakrs. Für Uthman und Ali entschied man sich durch Wahl, dabei spielten sowohl ihre Verdienste als auch ihre Abstammung eine Rolle. Ali stammte direkt aus der Sippe des Propheten (Haschim), Uthman aus der in vorislamischer Zeit den Stamm der Quraisch führenden Sippe Schams. Der Quellentext lässt jedoch diesen Zusammenhang nicht erkennen, sondern er betont die Verdienste Uthmans.
Die Quelle gibt einen Einblick in das Auswahlverfahren *(schura)* einer patriarchalisch strukturierten Gemeinschaft, in der ein kleines Wahlgremium und die Gruppe der muhagirun den Ausschlag geben.
Die einzelnen Gruppen der Umma leisten den Gefolgschaftseid (siehe den Schluss von M 14). Die Ermordung Uthmans und die Wahl Alis führten in den Bürgerkrieg, in dem sich die gesellschaftlichen Spannungen, die sich aus Veränderungen der Expansionszeit herleiteten, entluden. Die frühe Form des Kalifates konnte nicht mehr zu einem konsensfähigen Kandidaten führen und stabile politische Verhältnisse schaffen.
*M 15:* Im Weiteren konzentrieren sich die Quellen und Sekundärtexte auf das sunnitische Kalifat. In der Folgezeit nahm dieses Kalifat monarchische Züge an. Der Kalif legitimierte sich durch die Abstammung (Umaiyaden/Sippe Schams und Abbasiden/Abbas, Onkel des Propheten, Sippe Haschim). Außerdem setzte sich das dynastische Prinzip durch. Basis der Herrschaft war die militärische Macht, d. h. die Usurpation. In Quelle M 15 lassen sich diese Strukturen auf verschiedenen Ebenen nachweisen. Sie sind an den untertänigen einleitenden Segenswünschen des Richters erkennbar (vgl. Z. 1–11), ebenso an den Drohungen und Warnungen, die er am Schluss an den Herrscher richtet, gottgefällig zu handeln und sich vor Tyrannei zu hüten (Z. 30 ff.). Außerdem ist die Herrschaft jetzt direkt von Gott abgeleitet (Z. 12–15), und die Kalifen nannten sich auch Stellvertreter Gottes (chalifat allah). Als wichtigste Aufgaben des Herrschers werden die Rechtsprechung und die Überwachung der rechten Glaubenspraxis genannt (Z. 18–27).
*M 17 a und b:* In den Sekundärtexten M 17 a und b zieht Lewis Vergleiche zwischen den Machtstrukturen im christlichen und islamischen Kulturkreis. In M 17 a hält er insbesondere fest, dass es die Aufgabe des Kalifen war, den Glauben aufrecht zu halten, zu bewahren und zu schützen, nicht aber, ihn zu interpretieren (Z. 55–62). In M 17 b stellt er in den Mittelpunkt, dass der muslimische Staat keine kirchlichen Strukturen kennt.

**Aufgaben 22–29, S. 49**
Siehe die Erläuterungen zu M 14 bis M 17 b.

**Aufgabe 30, S. 49**
Der Vergleich der Strukturen kann auf der Basis der darstellenden Texte und der Quellenarbeit beispielsweise in eine Zusammenfassung münden, wie sie in Tafelbild S. 37 dargestellt ist.

**Notizen**

| Tafelbild zu Aufgabe 30, S. 49 | **Religion und Staat im christlichen und im islamischen Kulturkreis um 800** |
|---|---|

| Kulturkreise | islamisch-sunnitisch | griechisch-orthodox | lateinisch-römisch |
|---|---|---|---|
| **Herrschaftsform** | *Kalifat* | *Kaisertum* | |
| | *Monarchische Systeme:*<br>*– von Gott verliehene, universal verstandene Herrschaft*<br>*– Repräsentanten der Einheit von Glauben und Staat*<br>*– Schutzmacht und Bewahrer des Glaubens* | | |
| **Glaubensstrukturen** | *Ulama* | *Kirche* | |
| | *– Kalif als Bewahrer des Glaubens*<br>*– Ulama legt Koran aus, jedoch nicht letztverbindlich*<br>*– Gelehrte, um Unabhängigkeit vom Kalifen bemüht* | *– Kaiser wacht über den rechten Glauben und die verbindliche Auslegung*<br>*– Kaiser als religiöse Autorität*<br>*– Unterordnung der Kirche unter den Kaiser* | *– Dualismus zwischen Kaiser und Papst beim Einfluss auf Staat und Kirche*<br>*– Papst als geistlicher und weltlicher Herrscher*<br>*– Anspruch des Papstes auf Primat in Glaubensfragen und verbindliche Auslegung des Glaubens* |
| **Religiöse Grundlagen** | *Koran und Sunna* | *Bibel und kirchliche Lehre* | |

## Arbeitsbereich V: Religiöse Minderheiten im islamischen Kulturkreis

### M 18 a, S. 50
### Abu Yusuf über die Stellung von Nicht-Muslimen im Abbasidenreich (Ende 8. Jh.)

### M 18 b, S. 50
### Yahya al-Antaki über Nicht-Muslime im Fatimidenreich (11. Jh.)

Die Materialien M 18 a und M 18 b zeigen, dass im islamischen Kulturkreis die Vertreter der Buchreligionen (Juden, Christen und Zoroastrier) die Stellung von Schutzbefohlenen *(dhimmi)* einnahmen.

*M 18 a:* Umar beruft sich auf den Koran und argumentiert pragmatisch (Z. 15–22 und 25–30). Seine gesamte Argumentation ist von den Notwendigkeiten, die sich aus der historischen Konstellation der Expansion ergeben, geprägt. Die Muslime waren keine Ackerbauern, daher war es klug, von den Unterworfenen Steuern zu fordern *(dschizya)* und ihnen ihren Besitz und ihren Glauben, d. h. ihre Freiheit zu belassen (Z. 6–13). Umars Tenor ist im Übrigen geringschätzig (z. B. das Zitat aus Sure 9, 29; „Diener der Muslime" in Z. 35 f.) und resultiert aus dem Bewusstsein eines siegreichen Islam (Z. 36). Seine Intention ist es aber auch, Unterdrückung und wirtschaftliche Ausbeutung zu verhindern.

Umars Anweisung stellte politisch gesehen eine entscheidende Weichenstellung dar, an der sich die muslimische Welt in seiner Nachfolge orientierte. Der Text, dessen Quellenwert von der Forschung nicht in Zweifel gezogen wird, ist zu unterscheiden von einem anderen Text, dem so genannten Umar-Abkommen, das dem zweiten Kalifen zwar zugeschrieben wird, eine reiche Überlieferung und Verbreitung hatte, vermutlich aber nicht von diesem stammt. Es steht mit seinen Christen diskriminierenden Bestimmungen im Widerspruch zur Tendenz in M 18 a.

Eine Einführung in die Problematik der Überlieferung, eine kritische Auseinandersetzung und deutschsprachige Übersetzungen der Fassungen des Umar-Abkommens finden sich bei

*Adel Theodor Khoury, Toleranz im Islam, München u. a. (Kaiser) 1980, S. 81–86.*

*M 18 b:* Al-Antakis Wiedergabe des Erlasses des ägyptischen Fatimidenkalifen vom Beginn des 11. Jahrhunderts zeigt az-Zahir als einen Herrscher, der den Minderheitenschutz für Juden und Christen als seine herrschaftliche Aufgabe bekräftigt. Unter Rückgriff auf Sure 2, 256 (Z. 17 f.) betont er die Religionsfreiheit von Christen und Juden und schärft seinen Beamten ein, dass sie Recht und Gerechtigkeit zu beobachten hätten ( Z. 4–11). Der Erlass gibt Hinweise darauf, dass es zu Übertritten aus opportunistischen Gründen kam, demgegenüber betont az-Zahir die Gewissensfreiheit (Z. 22–26), die allerdings in der muslimischen Gesellschaft nicht für Heiden und Muslime galt: Heiden mussten zum Islam konvertieren und Muslime durften nicht von ihrem Glauben abfallen (zu Letzterem vgl. Z. 27–31). Auf Zuwiderhandlung stand die Todesstrafe. Ebenso ist die Quelle ein Beleg dafür, dass sich Juden und Christen in der Praxis offensichtlich einem Bekehrungszwang ausgesetzt sahen.

### M 19 a, S. 50 f.
### Aus der Biografie Hugeburcs über Willibald (778)

### M 19 b, S. 52
### At-Tabari über Nicht-Muslime im Abbasidenreich (um 900)

### M 19 c, S. 52 f.
### Asch-Schabuschti über einen Besuch al-Mamuns in einem Kloster (um 1000)

Die Quellen M 19 a bis c werfen unterschiedliche Schlaglichter auf die tatsächliche Situation von Christen unter muslimischer Herrschaft. Dabei ist die Stellung des Pilgers noch von der der Dhimmi zu unterscheiden.

*M 19 a:* Der Text beinhaltet den Bericht der Nonne Hugeburc aus dem Kloster Heidenheim aus dem Jahre 778. Er handelt von der Palästinareise des angelsächsischen Mönchs Willibald von 723/27, einem Verwandten der Hugeburc.

*M 19 b:* Dieser Text gibt eine Anordnung des Abbasidenkalifen al-Mutawakkil aus dem Jahre 850 zur Situation der Dhimmi wieder, überliefert durch den zeitgenössischen Theologen und Geschichtsschreiber at-Tabaris.

*M 19 c:* An dieser Stelle wird geschildert, wie der Abbasidenkalif al-Mamun um 800 ein Kloster in Mossul am Tigris besuchte. Die Erzählung wurde vom ägyptischen Geschichtsschreiber Asch-Schabuschti um das Jahr 1000 verfasst.

Es empfiehlt sich, die unterschiedlichen Überlieferungsformen, Zeiten, Räume und Perspektiven von

M 19 a bis c vor Beginn der Gruppenarbeit bewusst zu machen. Die Auswertung der Ergebnisse der Gruppenarbeit wird ergeben, dass es Schwankungen im Umgang der Muslime mit den Christen gegeben hat. Der Reisende, auch der Handelsreisende hatte, sofern ihm ein Visum erteilt wurde, Gastfreiheit und wurde in seinen Rechten geschützt. Der Bericht der Hugeburc (M 19 a) demonstriert, dass diese Rechte zwar gegeben, aber nicht verlässlich gesichert waren. Für die Gruppe der Dhimmi ist festzustellen, dass es Zeiten der Freiheit und Sicherheit, aber auch der Unsicherheit, Zeiten der Annäherung, aber auch solche der bewussten Demütigung oder gar gewaltsamen Auseinandersetzungen gegeben hat.
Für die Diskussion des Dhimmi-Konzeptes ist eine Zusammenstellung der wichtigsten Aspekte, wie z. B. im Tafelanschrieb unten, hilfreich.
Die Frage, wie sich das Zusammenleben in der Praxis überwiegend gestaltet hat, kann noch nicht abschließend beantwortet werden. Das Thema selbst ist vergleichsweise zu wenig erforscht, um zu generalisierenden Urteilen gelangen zu können.
Zu bedenken ist aber,
- dass das Zusammenleben von Muslimen und Schutzbefohlenen über Jahrhunderte hin Bestand gehabt hat,
- dass die Gruppe der geschützten Minderheiten einen wichtigen finanziellen Faktor im muslimischen Staat darstellte und von daher auch von muslimischer Seite materielles Interesse daran bestand, die Gruppe zu respektieren.

Die Frage, inwieweit hier von Toleranz im Umgang mit den geschützten Minderheiten gesprochen werden kann, kann in der Diskussion erörtert oder im Rahmen von Kapitel 6, Aufgabe 50, S. 104 angegangen werden.
*Didaktischer Hinweis:* Weitere Möglichkeiten einer Einbindung der Diskussion um den Dhimmi-Status bieten im Schülerband die folgenden Kapitel:
- Kapitel 5, S. 98 ff. (im Rahmen der Kreuzzüge),
- Kapitel 6, S. 129 ff. (im Rahmen der muslimischen Herrschaft im maurischen Spanien),
- Kapitel 7, M 18, Aufg. 15, S. 162 (im Rahmen der osmanischen Herrschaft).

**Aufgaben 31 und 32, S. 53**
Siehe die Erläuterungen zu M 18 a und b.

**Aufgaben 33 und 34, S. 53**
Siehe die Erläuterungen zu M 19 a bis c.

## M 20, S. 53
## Ölgemälde: Harun ar-Raschid empfängt die Gesandtschaft Karls des Großen 786 (1864)

Zwischen Harun ar-Raschid und Karl dem Großen gab es einen mehrfachen Gesandtenaustausch. Beide Herrscher schätzten sich als die mächtigsten Männer ihrer Kulturkreise. Die diplomatischen Beziehungen zwischen ihren Reichen dienten auch der Intensivierung des Handels.
Zu den diplomatischen Kontakten beider Herrscher siehe auch:
*Michael Borgolte, Der Gesandtenaustausch der Karolinger mit den Abbasiden und mit dem Patriarchen von Jerusalem, München (Arbeo-Gesellschaft) 1976.*

Das Gemälde von Julian Köchert ist eine Historienmalerei des 19. Jahrhunderts. Schülerinnen und Schüler sollten sich bewusst machen, dass die Historienmalerei, die sich in der Renaissance herausgebildet hat und im Zuge der Nationalstaatsbildung des 19. Jahrhunderts ihren Höhepunkt erlebte, weniger an einer detaillierten wahrheitsgetreuen Abbildung des dargestellten Ereignisses oder der dargestellten Zeit interessiert ist. Vielmehr interpretiert sie die Ereignisse in starkem Maße aus ihrer jeweiligen Zeit heraus.

TAFELANSCHRIEB

*Sonderstellung der Dhimmi*

***Die Schutzbefohlenen***
- *durften ihre Religion behalten,*
- *behielten Eigentum,*
- *blieben frei.*

***Aber:***
- *waren von Staatsämtern ausgeschlossen,*
- *zahlten eine Sondersteuer,*
- *unterlagen im Eherecht besonderen Beschränkungen (ein Muslim durfte sich z. B. nicht mit einer Christin vermählen),*
- *waren im Strafrecht in vielen Fällen den Muslimen nicht gleichgestellt,*
- *durften keine neuen Kulträume errichten,*
- *mussten sich in ihren religiösen Kulten in der Öffentlichkeit vor den Muslimen zurückhalten (z. B. kein Glockengeläut, keine Ratschen, keine Prozessionen).*

Im Zuge der Romantik und der Nationalstaatsbewegung des 19. Jahrhunderts wurde der islamische Kulturraum als Beispiel einer verfallenden Epoche, aber auch als magischer Orient gedeutet, in den Europa exotische Wünsche, Leidenschaften und Phantasien projizierte (vgl. in diesem Zusammenhang auch das Harems-Gemälde M 30 in Kapitel 6, S. 137).

**Notizen**

## Arbeitsbereich VI: Recht im Islam (Themensonderseite)

### M 21, S. 54
### Bernard Lewis zum islamischen Rechtssystem (1997)

Der Text kann als Ausgangspunkt dienen, um sich über die *scharia* zu informieren. Im islamischen Kulturkreis entstand nach dem Tode des Propheten ein Recht, das von der Ulama in Übereinstimmung mit den Prinzipien des Koran und der Sunna und mithilfe der gelehrten Methoden des Konsenses und Analogieschlusses geschaffen wurde: das religiös fundierte Gesetz der *scharia*. Diese Form der Gesetzgebung stand den späteren Kalifen nicht zu, vielmehr war die Ulama Hüterin der *scharia*. Stattdessen erließen die Herrscher Verordnungen in den Fällen, wo neue Probleme zu lösen waren. Lewis expliziert Grundzüge der *scharia* (Z. 15–56) und zählt Beispiele für andersartige Rechtssetzungen durch den Kalifen auf (Z. 56–78). Bei der Analyse der Rahmenhandlung wird deutlich, dass der Text aus einem westlichen Überlegenheitsgefühl heraus verfasst worden ist (Z. 80–85).
Der Text provoziert aus heutiger Sicht, auch wenn dies nicht direkt ausgesprochen wird, die Frage, ob sich die islamischen Staaten zu Demokratien im westlichen Sinne entwickeln können. Voraussetzung einer solchen Entwicklung wäre die Säkularisierung des Staates. Islamisten heute oder auch einige moderne islamische Staaten lehnen dies ab und bestehen auf einer engen Verbindung von Islam und Staat. Sie wollen unter anderem die *scharia* wieder einführen.
Der Frage, ob sich islamische Staaten säkularisieren können bzw. inwieweit sie bereits säkularisiert sind, geht der Islamwissenschaftler Heinz Halm in dem Auszug in Zusatzmaterial ZM 3.1 nach, der als Vertiefungstext herangezogen werden kann; ebenso der Text des Politikwissenschaftlers Dietrich Jung zur Scharia-Debatte (siehe Zusatzmaterial ZM 3.2, S. 43 f.).

| Zusatzmaterial ZM 3.1 | **Zum Recht im islamischen Staat** |
| --- | --- |

**Der Islamwissenschaftler Heinz Halm zum Recht im islamischen Staat (2002)**

*Nachdem Halm die verschiedenen muslimischen Herrschafts- und Staatsformen bis ins 16.Jahrhundert vorgestellt hat, führt er weiter aus:*

Eine spezifisch islamische Herrschafts- oder Staatsform gibt es also nicht; das aus den historischen Umständen erwachsene Kalifat ist wieder verschwunden, ohne eine Lücke zu hinterlassen. Den Nachfolgereichen war indes stets gemeinsam, dass ihre Herrscher Muslime waren – von einigen Mongolen abgesehen – und dass der Islam die herrschende Religion blieb, während Anhänger anderer Religionen, vor allem die Christen, den Status von zwar durch das Gesetz geschützten, aber eindeutig minderprivilegierten Schutzbürgern *(ahl al-dhimma)* hatten. Die religiös fundierte islamische Rechtsordnung, die *scharia*, dominierte selbstverständlich, aber sie war keineswegs für alles zuständig. So regelten die nicht-muslimischen Minderheiten ihre inneren Angelegenheiten weitgehend selbstständig und nach ihren eigenen Gesetzen; soweit nicht Muslime mitbetroffen waren, galt die *scharia* für sie nicht. Zudem regelte die *scharia*, deren juristische Grundlagen im 8. und 9. Jahrhundert durch Privatgelehrte entwickelt worden waren, keineswegs alle Lebensbereiche.

So bezog etwa der islamische Staat seine Einkünfte nicht nur aus Steuern, die von der *scharia* für erlaubt erklärt waren: die Kopsteuer der Nicht-Muslime, die Armensteuer der Muslime und die Erntesteuer vom bebauten Boden, denn deren Erträge reichten für die Bedürfnisse des Staates schon bald nicht mehr aus. Das islamische Ägypten, das seit der Gründung Kairos 969 zur Großmacht im östlichen Mittelmeer aufstieg, bezog den weitaus größten Teil seiner Einnahmen vielmehr aus den religiös unzulässigen Durchgangs- und Binnenzöllen, die auf den Warenverkehr zwischen dem Indischen Ozean und dem Mittelmeer erhoben wurden. Religiöse Bedenken konnten gegen diese Praxis ebenso wenig ausrichten wie heutzutage solche gegen das Zinswesen der Banken; bekanntlich verbietet der Koran das Zinsnehmen.

Auch das seit dem 10. Jahrhundert aufgekommene Militärlehen, das in der Gesellschaft und der Ökonomie der nahöstlichen Länder bis in die Neuzeit eine bedeutende Rolle spielte, wird von der *scharia* einfach ignoriert. Es erschien zu spät, um in die theoretischen Überlegungen der frommen Juristen einbezogen zu werden.

Ein weiteres, gewissermaßen *scharia*-freies Feld ist die Politik. Dem islamischen Herrscher wird für die Ausübung seiner Pflichten ein weiter Ermessensspielraum eingeräumt, in dem er schalten und walten kann, wie es ihm für das Wohl des Gemeinwesens angemessen erscheint; die *scharia* macht ihm da so wenig Vorschriften, wie sie beispielsweise dem Schuster vorschreibt, wie der sein Handwerk ausüben soll (dass der Herrscher als Muslim Gott verantwortlich bleibt, versteht sich von selbst). Diesen Freiraum haben die muslimischen Herrscher stets weidlich genutzt. Ihre Erlasse und Dekrete, Richtlinien und Gesetze unterscheiden sich folglich nicht grundsätzlich von denen europäischer Herrscher. Man durfte sie nur nicht „Gesetze" nennen, denn nach der frommen Theorie ist Gott der alleinige Gesetzgeber. Also nannte man sie „Richtlinien", *canones* (arabisch *qanun*). Der osmanische Sultan Süleymann der Prächtige (1520–1566) hat denn auch wegen seiner Gesetzeskodifikation den türkischen Beinamen Qanuni. Schon sein Vorgänger, Sultan Mehmed II. (1444–1446 und 1451–1481), der Eroberer Konstantinopels, hatte auf diese Weise das Strafrecht geregelt, das in der *scharia* nur ansatzweise entwickelt ist; Süleymann fügte in seinen Gesetzen umfangreiche Bestimmungen zum

*Fortsetzung auf Seite 42*

| Zusatzmaterial ZM 3.1 | **Zum Recht im islamischen Staat** |
| --- | --- |

*Fortsetzung von Seite 41*

Boden-, Finanz- und Fiskalrecht hinzu. Die Osmanen-Sultane verfuhren also in ihrer Gesetzgebertätigkeit wie säkulare Herrscher, auch wenn die religiöse Theorie das nicht wahrhaben wollte.

Wir sollten überhaupt vermeiden, die Theorien der islamischen Religionsgelehrten, der ulama, mit der historischen Wirklichkeit zu verwechseln. Die Säkularisierung des Staates hat auch in der Geschichte der islamischen Völker selbst weit zurückreichende Wurzeln, selbst wenn die modernen islamistischen Ideologien dies vehement bestreiten.

*Heinz Halm, Islam und Staatsgewalt, in: Damals Nr. 3, 2002, S. 31–35.*

| Zusatzmaterial ZM 3.2 | **Religion und Politik: Die Rolle der Scharia** |
| --- | --- |

**Der Politikwissenschaftler Dietrich Jung zur Scharia-Debatte (2002)**

Die Scharia-Debatte

Das islamische Recht erhebt einen qualitativen und quantitativen Absolutheitsanspruch, der rituelle, liturgische[1], ethische und rechtliche Regelungen umfasst. Im Prinzip sollte sich somit das ideale islamische System aus seinem Regelwerk konstruieren lassen. Allerdings war dieser idelle Absolutheitsanspruch der Scharia faktisch von Anfang an defektiv[2]. Beim Tode des Propheten lag keineswegs eine islamische Rechtsordnung vor, und die ersten Kalifen folgten bei der alltäglichen Rechtspflege noch weitgehend vorislamischem Gewohnheitsrecht. Erst im Zuge der territorialen Ausdehnung und dynastischen Stabilisierung sunnitischer Herrschaft entwickelte sich eine islamische Jurisprudenz *(fiqh)*. Interessant ist dabei, dass diese Herausbildung eines religiös fundierten Juristenrechts im Islam jenseits staatlicher Setzung erfolgte und in diesem Sinne privater Natur war.

In der formativen Phase[3] des islamischen Rechts beruhte die Position eines Rechtsgelehrten rein auf fachlicher Reputation[4] und nicht auf politischer Ernennung. In diesem Sinne kannte also schon die klassische islamische Zivilisation eine klare Trennung politischer und religiöser Sphären. Die relativ politikferne Entstehungsgeschichte der Scharia spiegelt sich auch darin wider, dass in ihr Fragen der politischen Ordnung, der öffentlichen Verwaltung oder der Besteuerung eindeutig unterrepräsentiert sind. Stattdessen traten die islamischen Rechtsgelehrten der Politik als „Sachverwalter des prophetischen Erbes gegenüber". Diese Distanz zur politischen Herrschaft schuf erst den gesellschaftlichen Raum, in dem sich das islamische Recht zur „vornehmsten Ausdrucksform der Religion"[Barber Johansen] entwickeln konnte.

Es ist daher auch nicht weiter erstaunlich, dass sich die staatliche Rechtspraxis oft weit von den Idealen der Scharia entfernte. Parallel zu der sich im sunnitischen Herrschaftsbereich abzeichnenden Autonomisierung[5] des Politischen hatte sich eine Art duales Rechtssystem herausgebildet. Als paradigmatisch[6] für den Dualismus von Scharia und staatlich gesetztem Recht können die rechtlichen Verhältnisse im Osmanischen Reich angesehen werden. Dort bildete sich neben der Scharia unter dem Begriff *qanun* ein Komplex staatlich verordneter juristischer Regeln heraus, die Bereiche wie z. B. das Straf-, Land- und Kriegsrecht sowie die Stellung nichtmuslimischer Minderheiten umfassten. Im Zuge der osmanischen Reformpolitik im 19. Jahrhunderts erfolgte dann eine Modernisierung und Rationalisierung des Rechtssystems, welche vielen der arabischen Nachfolgestaaten des Osmanischen Reiches als Vorbild diente. Dabei kam es nicht nur zur Kodifizierung islamischen Rechts, wie z. B. im osmanischen Zivilrecht von 1877, sondern auch zur Übernahme europäischer Gesetzgebung überall da, wo das islamische Recht defizitär war. Im Laufe dieser Legalisierung politischer Herrschaft wurde die Anwendung der Scharia immer stärker eingeschränkt und im Wesentlichen auf die Bereiche des Familien-, Ehe- und Erbrechts sowie religiöser Stiftungen zurückgedrängt. […]

*Fortsetzung auf Seite 44*

| Zusatzmaterial ZM 3.2 | **Religion und Politik: Die Rolle der Scharia** |
|---|---|

*Fortsetzung von Seite 43*

Schlussfolgerung

Das Axiom einer nahezu organischen Einheit von Politik und Religion im Islam lässt sich weder mit Rückgriff auf die medinensische Epoche noch mittels der Quellen der Offenbarung aus der islamischen Geschichte oder mithilfe des islamischen Rechts eindeutig begründen. Wohl bildeten im Handeln des Propheten in Medina politische und religiöse Funktionen eine Einheit, diese zerbrach jedoch mit der notwendigen Veralltäglichung seines prophetischen Charismas. Weder die tribalen[7] Sozialstrukturen der frühislamischen Gemeinde noch ihre ideelle Reflexion in Koran, Sunna und Scharia bieten eine Grundlage für die einheitliche Ausgestaltung eines modernen islamischen Staatswesens. In ihrer Religionspolitik oszillieren[8] die Staaten der islamischen Welt zwischen säkular und religiös legitimierten Regimen. Die islamische Geschichte selbst ist ein Beleg dafür, dass die Frage nach dem Verhältnis von Religion und Politik sich jeweils epochenspezifisch wieder neu stellt.

Die Behauptung, dass im Islam ein Trennung von staatlicher Herrschaft und religiöser Ordnung nicht möglich sei, entbehrt jeder historischen Grundlage. Sie reduziert die kulturelle Vielfalt und historische Komplexität der islamischen Zivilisation auf die imaginäre Einheit „des Islam". Dieses so populäre Axiom[9] der aktuellen Debatte um Religion und Politik im Islam ist daher weniger ein Resultat historisch angeleiteter Analysen als ein Ausdruck des essenzialistisch reduktionistischen Denkens islamistischer Ideologen und westlicher „Islamologen". Damit will der Autor keineswegs unterstellen, es gebe einen universalen, dem europäischen Säkularisierungsprozess folgenden Entwicklungspfad im Verhältnis von Staat und Religion. Wohl aber wird hier behauptet, dass die institutionelle und legale Trennung von staatlicher Herrschaft und religiöser Ordnung in der islamischen Welt nicht prinzipiell ausgeschlossen werden kann. Mehr noch, die Ausführungen haben gezeigt, dass eine Trennung von Religion und Politik sogar ein Teil der geschichtlichen Erfahrung islamischer Gesellschaften ist. Wie diese Trennung institutionell aussieht und ideologisch begründet wird, hängt dabei von dem jeweils historisch spezifischen Kontext ab, in dem sich moderne staatliche Herrschaft etabliert. Es ist nicht weiter verwunderlich, dass die Trennung von Staat und Kirche keine Parallele in Gesellschaften kennt, denen die Institutionalisierung der offiziellen Religion in einer Kirche unbekannt blieb. Im islamischen Raum scheint daher vor allem die Beziehung zwischen islamischem Recht und politischer Herrschaft Aufschluss über das Verhältnis von Religion und Politik zu geben.

*Dietrich Jung, Religion und Politik in der islamischen Welt, in: Aus Politik und Zeitgeschichte, B 42–43, 2002, S. 36–38.*

[1] liturgisch: den Gottesdienst betreffend
[2] defektiv: fehlerhaft, unvollständig
[3] formative Phase: Gründungssphase, Herausbildungsphase
[4] Reputation: Ruf, Ansehen
[5] Autonomisierung: verselbstständigen
[6] paradigmatisch: als Beispiel oder Muster dienend
[7] tribal: auf eine Stammesgesellschaft bezogen
[8] oszillieren: hin- und herschwanken
[9] Axiom: ein als richtig angenommener Grundsatz, aus dem andere Aussagen abgeleitet werden

## Arbeitsbereich VII: *bellum iustum* und *dschihad*

*Didaktischer Hinweis:* An dieser Stelle des Lehrganges soll nach religiösen Grundlagen gewaltsamer politischer Auseinandersetzungen in beiden Kulturkreisen gefragt werden. Im Rahmen dieses Kursheftes gewinnt dieser Aspekt seine historische Konkretisierung in den Kapiteln 5 bis 7.

### M 22 a, S. 55
### Friedrich Prinz zum Krieg im mittelalterlichen Christentum (2000)

### M 22 b, S. 55 f.
### W. Montgomery Watt zur Expansion der arabischen Staaten und zum Dschihad (1980)

### M 23 a, S. 56
### Der Koran zum dschihad (Sure 4, 95)

### M 23 b, S. 56
### Kommentar Rudi Parets zu Sure 9, 73

*M 22 a:* Wie Prinz ausführt, haben die frühen Christen, der Überlieferung des neuen Testamentes und dem Beispiel Christi folgend, den Einsatz von Waffengewalt abgelehnt (Z. 1–7, Z. 37–40). Der Einsatz von Waffengewalt lässt sich, auch nach heutiger Auffassung, durch das Neue Testament nicht legitimieren. Gleichzeitig skizziert Prinz andere, auch religiös motivierte Traditionen und Argumente, die Christen zur Akzeptanz von kriegerischen Mitteln veranlasst haben oder sie gar den Einsatz für den Glauben für besonders verdienstvoll erklären ließen (Z. 11 ff.). Eine Radikalisierung der von Prinz zitierten Rechtfertigungen stellt die christliche Kreuzzugsideologie dar. Darauf bezieht sich Aufgabe 20. Ausführliche Texte zu diesem Komplex bietet Kapitel 5, S. 86 ff. (insb. M 2, S. 89 f., und M 6, S. 93).

*M 22 b, M 23 a und b:* Watt expliziert den Gebrauch des Begriffes *dschihad* und hält fest, dass er im Koran mehrdeutig verwendet wird. Eine Bedeutung beinhaltet die Aufforderung zum bewaffneten Kampf für die Sache Gottes, damit verbunden ist das Versprechen des Paradieses (Z. 10–22). Belegstellen hierfür bieten M 23 a und b. Den Hintergrund für diese Aussagen im Koran sieht Watt im Existenzkampf der Muslime gegen die Mekkaner. Der Einsatz von Waffengewalt wird im Koran nicht ausgeschlossen, sondern gelobt und als besonderes Verdienst angesehen (Sure 4, 95; M 23 a). Darin besteht ein Unterschied zum Neuen Testament. Insofern die meisten Muslime den Koran für das unverfälschte Wort Gottes ansehen, wird der dschihad als göttliche Weisung aufgefasst. Watt führt weiter aus, dass die Eroberungszüge von der Umma als *dschihad* deklariert worden seien (Z. 22–25), ohne dass diese Eroberungszüge allerdings den Charakter von Missionskriegen hatten. Der Autor verweist hier insbesondere auf das Dhimmi-Konzept (Z. 29–38). Er hält dann fest, dass die Theorie vom *dschihad* auch in Verbindung mit der muslimischen Vorstellung von der Zweiteilung der Welt zu sehen sei: Die Muslime unterscheiden zwischen einer Sphäre des Krieges (*dar al-harb*, nichtmuslimisches Gebiet) und des Friedens (*dar al-islam*, muslimisches Gebietes). Das ideale Ziel bestand darin, die Welt unter islamische Herrschaft (Z. 38–52) zu bringen.

Watts Ausführungen kann man wie folgt erläutern: Die Ausarbeitung des *dschihad* zu einem umfangreichen Regelwerk durch die Ulama erfolgte im 7. bis 9. Jahrhundert und fand seinen Ausdruck in zahlreichen Bestimmungen der *scharia*. Es entspricht dem Wesen der scharia, dass es durch die verschiedenen Schulen zu unterschiedlichen Ausformungen von Dschihad-Konzeptionen gekommen ist. Folgende gemeinsame Grundsätze wurden aber vertreten: Zum *dschihad* konnte nur der Kalif aufrufen, wenn er den Glauben bedroht sah. Vernichtung der Feinde oder Eroberungen von Land durften nicht das Ziel bilden. Am Schluss seines Textes macht Watt deutlich, dass langfristig mit der Vorstellung von der pax islamica keine prinzipiell offensiv-aggressive Eroberungsmentalität verbunden war. Ziel war vielmehr die jeweils aus muslimischer Sicht günstigste pax islamica, die situationsbedingt sehr verschiedene Formen haben konnte (Z. 53–58).

Der Vergleich der Texte M 22 a und b lässt folgende Schlussfolgerungen zu: In beiden Kulturkreisen ist der bewaffnete Kampf im Mittelalter religiös motiviert worden, und aus dieser Motivation heraus sind auch Eroberungskriege geführt worden. Das Neue Testament konnte dazu keine Grundlage bieten, wohl jedoch der Koran. Wie dieser Sachverhalt aus historischer Sicht zu beurteilen ist, kann im Rahmen der Behandlung der Kapitel 5, 6 und 7 begründet erfolgen. Für die aktuelle Problematik des Islamismus sei auf die Texte in Kapitel 9 verwiesen.

### Aufgaben 38 bis 41, S. 56
Siehe die Erläuterungen zu M 22 a bis M 23 b.

# Kapitel 4: Wirtschaft, Gesellschaft und Stadt im islamischen und im christlichen Kulturkreis des Mittelalters

**Hinweise zur Arbeit mit den Materialien**
Siehe den Kasten im Schülerband S. 63.

### M 1, S. 58 Karte: Mittelmeerhandel und Karawanenrouten nach Asien im 12. und 13. Jh.

*Weiterführender Hinweis:* Herausgestellt werden kann neben dem Umfang der Handelsbeziehungen im Früh- und Hochmittelalter die Mittlerfunktion des islamischen Kulturkreises zwischen Ostasien und Europa. „Durch den chinesisch-islamischen Kontakt", schreibt der Sinologe Jacques Gernet, „gelangten manche ostasiatische Erfindungen in die islamische Welt und nach Europa. Das bekannteste Beispiel ist das Papier: Die Papierherstellungsverfahren, die in China seit dem 2. Jahrhundert n. Chr. perfektioniert wurden, breiteten sich von Samarkand über Bagdad und Damaskus nach Ägypten, den Maghreb und schließlich im 10. und 11. Jahrhundert ins islamische Spanien aus. In Italien wurde das erste Papier Ende des 13. Jahrhunderts hergestellt." (Jacques Gernet, Die chinesische Welt [1972], Übers. Regine Kappeler, Frankfurt/M. [Insel] 1979, S. 241.)
Im Gegensatz zum christlichen Europa erlebten sowohl der islamische als auch der chinesische Kulturkreis zwischen dem 7. und dem 13. Jahrhundert eine Zeit der kulturellen Blüte: Die Städte erlangten einen hohen Entwicklungsgrad, ebenso Handel, Literatur, Wissenschaft und Technik. Die islamischen Reiche der Umaiyaden und Abbasiden (662–1258) und das chinesische Reich der Tang und Song (618–1279) gehörten derselben historischen Epoche an und waren beide in ihrer Zeit Europa weit überlegen.
Siehe auch die Erläuterungen zu M 2 a.

**Notizen**

## Arbeitsbereich I: Zeitgenössische Stadtbeschreibungen (Einstieg)

### M 2, S. 63 Al-Muqaddasi über die Stadt Fustat (um 985)

### M 3, S. 64 Aeneas S. Piccolomini über Städte in Deutschland (1458)

*M 2:* Al-Muqaddasi (um 945–nach 1000), weit gereister Geograf und bedeutender Gelehrter, berichtet um 985 über al-Fustat. Al-Fustat trat 641 an die Stelle des ägyptischen Babylon, als dieses vor den Arabern kapitulierte. Ursprünglich Militärlager der Araber, wuchs die Stadt sehr schnell zur Metropole Ägyptens heran, in deren unmittelbarer Nachbarschaft 969 Kairo durch die Dynastie der schiitischen Fatimiden (909–1171) gegründet wurde. Al-Fustat wurde in das aufblühende Kairo einbezogen, das die politische, wirtschaftliche und religiöse Konkurrenz der Fatimiden gegenüber Bagdad und den sunnitischen Abbasiden symbolisierte.
Al-Muqaddasi setzt zu einer systematischen und ausführlichen Beschreibung der Stadt und des städtischen Lebens an, wobei er den Bericht nach deutlich erkennbaren spezifischen Kriterien abhandelt, durch die sich Kairo als „Metropole in jeder Hinsicht" (Z. 1 f.) auszeichnet. Maßgeblich für diese Einstufung ist die Tatsache, dass Kairo Residenzstadt des obersten Herrschers und der Sitz der Staatsverwaltung ist (Z. 2–12). Der Bericht ist ein sprechendes Zeugnis für die hoch entwickelte Stadtkultur der islamischen Welt und der geografischen Wissenschaft. Die Merkmale der muslimischen Metropole können von den Kursteilnehmern detailliert herausgearbeitet werden, und an den Vergleichen, die Muqadassi zieht, kommt der islamische Wirtschaftsraum in den Blick; die Karte M 1 kann zur Orientierung einbezogen werden.
*M 3:* Der bedeutende, aus Italien stammende Humanist und spätere Papst hebt lobend den wirtschaftlichen Wohlstand und die hoch stehende Kultur in den deutschen Landen und Städten hervor. Mit seinen Ausführungen wollte er in Deutschland auch

um Sympathien für seine Wahl zum Papst werben. Lange Zeit stand er beim deutschen König Friedrich III. im diplomatischen Dienst und kannte daher Deutschland aus eigener Anschauung. Dieser völlig andere Hintergrund macht den grundlegenden Unterschied zu der in wissenschaftlicher Absicht verfassten Reisebeschreibung al-Muquaddasis aus. Aeneas Silvius bleibt weitgehend enumerativ und panegyrisch, die Auswahl der erwähnten Städte und Gebäude ist durch persönliche Vorlieben bestimmt. Dennoch ist der Text geeignet, die Blüte der städtischen Kultur im spätmittelalterlichen Europa zu belegen, und er bringt, wenn auch nicht systematisch, zentrale Institutionen der abendländischen Stadt in den Blick.
Mit Hilfe der Darstellung S. 58–62 können die Quellen M 2 und M 3 den zeitlich unterschiedlichen Prosperitätsphasen islamischer bzw. abendländischer Stadtentwicklung zugeordnet werden.

**Aufgabe 1, S. 64**
Siehe die Erläuterungen zu M 2 und M 3.

**Notizen**

## Arbeitsbereich II: Aleppo und Freiburg (Städtevergleich)

Grundlegend für das Verständnis der Materialien zum Stadtvergleich sind die von Wirth zusammengestellten Merkmale der orientalischen Stadt:
*Eugen Wirth, Die orientalische Stadt im islamischen Vorderasien und Nordafrika, 2 Bde., Mainz (Philipp von Zabern) 2000.*
Grundlegend für Aleppo:
*Heinz Gaube/Eugen Wirth, Aleppo, 2 Bde., Wiesbaden (Reichert) 1984.*
Die von Wirth (a. a. O.) zusammengestellten Merkmale gelten für die Städte Vorderasiens und Nordafrikas:

*Degenerierung des Stadtgrundrisses:*
Ursprünglich regelhafte Grundrisse sind in späterer Zeit stärker überformt worden als diejenigen der europäischen mittelalterlichen Städte; das beweist aber auch, dass die Städte nicht zufällig oder regellos gewachsen sind.

*Sackgassenstruktur:*
Zentren verfügen über Hauptverbindungsachsen und ein verhältnismäßig weitmaschiges Straßennetz, das zu den Toren und Quartieren führt. Diese Quartiere haben eine Sackgassenstruktur, die bewusst geplant ist. Das islamische Recht stuft diese Sackgassen als gemeinsamen Privatbesitz der Anlieger mit entsprechenden Nutzungsbeschränkungen ein.

*Innenhofhaus:*
Das Haus ist zu einem Innenhof hin orientiert, zu den Straßen hin fensterlos (allenfalls kleine Luftöffnungen mit Jalousetten). Der Zugang erfolgt von der Gasse aus durch einen mehrfach abgeknickten Korridor, sodass in jedem Falle der Blick in den Innenhof verwehrt ist.

*Quartierstrennung:*
Die Stadt besteht aus streng voneinander getrennten Vierteln, die in der Regel durch Tore geschlossen werden können; die Stadt zerfällt in getrennte Wohnquartiere verschiedener Nationen, Konfessionen, Sprachgemeinschaften, Sippen. Für das Mittelalter gab es in Aleppo noch keine grundsätzlich getrennten Wohnviertel für Juden und Christen.

*Innerstädtische Unsicherheit:*
Die Größe der Städte, deren multikulturelle Bevölkerung, fehlender Schutz bei Schwäche der Zentralgewalt führten dazu, dass Konflikte im Innern nicht selten waren.

*Zentraler Basar:*
Die großen Handelsstädte haben ein Geschäftszentrum mit monumentaler Handelsarchitektur und einem institutionalisierten sozioökonomischen Netzwerk.
*Vielgliedrige architektonische Großkomplexe:*
Gebäude sehr unterschiedlicher Zweckbestimmung sind zu Großkomplexen, auch architektonisch einheitlich geplant, verbunden. Sie können wirtschaftliche, religiös-karitative oder herrschaftlich-militärische Bedeutung haben.
Die genannten Merkmale sieht Wirth zumeist in der Tradition der vorislamischen orientalischen Stadt als gegeben an und prägt daher für diesen Stadttyp den Begriff der orientalischen Stadt, der er den europäisch abendländischen Stadttyp gegenüberstellt. Für spezifisch islamisch stuft er die Ausbildung großer Basare (Zentralbasar) ein.

**M 5, S. 65**
**Zeitleiste zu Aleppo**

**M 7, S. 65**
**Zeitleiste zu Freiburg**

*M 5:* Die Zeitleiste zu Aleppo verdeutlicht die wechselvolle Geschichte einer in den Anfängen altorientalischen Stadt, die nach der Eroberung durch die Araber mit der Errichtung einer bedeutenden Moschee um 715 eine erste Blüte als arabische Stadt erlebte. Das heutige Stadtbild wurde geprägt durch den Zangidenherrscher Nur ad-Din, der unter anderem die Große Moschee, die Zitadelle und den Basar erneuerte (vgl. die Modellansicht in M 4). Durch den Aufstieg Venedigs wurde Aleppo ab 1207 zu einem Knotenpunkt des Levantehandels und stieg in osmanischer Zeit zu einer Drehscheibe des Levante- und Welthandels auf. Aleppo ist eine der am längsten besiedelten Plätze der Erde; im Rahmen der Blütezeit der islamischen Stadtkultur kam die Stadt in deren Spätphase zu einer Prosperität, die sich in der Neuzeit fortsetzte.
*M 7:* Die Erhebung der vorstädtischen Siedlung zu einer Stadt durch herzogliche Privilegierung und Errichtung eines Marktes um 1120 ist ein für die mittelalterliche europäische Stadtgeschichte typischer Vorgang. Im weiteren Verlauf ihrer Geschichte konnten sich die Freiburger Bürger von ihren ursprünglichen Stadtherren unabhängig machen und ihre Geschicke durch den Rat weitgehend selbst bestimmen. Freiburg blieb eine Stadt des Regionalhandels, erlebte aber eine hohe Kontinuität in ihrer Entwicklung mit einer kulturellen Blüte im 15. Jahrhundert unter den Habsburgern. Im Vergleich zu Aleppo ist Freiburg zwar kein Beispiel für eine abendländische Stadt des Fernhandels, steht aber modellhaft für Entstehung und Aufstieg der europäischen Städte des Mittelalters, deren spezifische Verfassungen und spätmittelalterlichen Höhepunkt.

**M 4, S. 64**
**Modell des mittelalterlichen Stadtzentrums von Aleppo**

**M 6, S. 65**
**Plan des Straßennetzes der mittelalterlichen Innenstadt von Aleppo**

**M 8, S. 66**
**Foto: Luftbild von Freiburg (1917)**

**M 9, S. 66**
**Plan des Baubestandes von Freiburg um 1300**

**M 10, S. 67**
**Foto: Münstermarkt in Freiburg (1906)**

*M 8 bis M 10:* Freiburg hat einen klar erkennbaren Grundriss. Leicht unregelmäßig verlaufende Hauptachsen kreuzen die Stadt, Seitenstraßen und Gassen umgrenzen die annähernd quadratisch angelegten Viertel. Die Häuser sind zur Straße hin orientiert und besitzen nach hinten hinaus Höfe oder Gärten, die wiederum an die Gärten und Höfe der Häuser der Parallelstraßen grenzen. Der zentrale Marktplatz um das Münster ist gut zu erkennen, Gewerbe und Handelshäuser formieren sich an bestimmten Straßenzügen (z. B. Marktgasse) in ihren Werkstätten und Läden. Krankenhaus, städtische Klöster, Münster und Rathaus, Kornhaus und Gerichtslaube sind zu differenzieren. Stadttore und Stadtmauer umgrenzten im Mittelalter die Stadt (siehe Zeitleiste M 7), sind auf den Abbildungen aber nicht zu erkennen. Die Burg der ehemaligen Stadtherren liegt nicht innerhalb der Stadt.
*M 4 und M 6:* Demgegenüber ist auf den Plänen zu Aleppo deutlich abzulesen, dass ein klarer Grundriss aufgegeben worden ist. Im Bazarbereich sind noch die Straßenzüge, die das Zentrum durchqueren und wieder an die Peripherie führen, zu erfassen. Daneben schließen sich die Wohnquartiere mit Sackgassenstruktur an. Dominierend sind Gebäudekomplexe und Wohnhäuser mit Innenhöfen. Prägend

sind die Große Moschee, an der der in West-Ost-Richtung lang gezogene Basar vorbeiführt. Auch an die Südostseite schließt sich ein Teil des Basars an. Zahlreiche Khane, in größeren Baukomplexe eingebunden, liegen hinter den Basarstraßen, die auf die das Stadtbild dominierende Zitadelle des Herrschers zulaufen. Auch Aleppo hatte eine Stadtmauer und Stadttore, was den Plänen nicht zu entnehmen ist.

**M 11, S. 67**
**Grundriss eines mittelalterlichen Handwerkerhauses in Freiburg**

**M 12, S. 67**
**Foto: Dürerhaus in Nürnberg (ca. 1960)**

**M 13, S. 68**
**Skizze: Quartier und Nachbarschaft in einer muslimischen Stadt**

**M 14, S. 68**
**Foto: Innenhof eines Hauses in Aleppo (ca. 1990)**

**M 15, S. 69**
**Skizze: Erdgeschoss eines mittelalterlichen Wohnhauses in der Altstadt von Fes/Marokko**

**M 16, S. 69**
**Foto: Portal und Straßenfront einen mittelalterlichen Hauses in Fes/Marokko**

*M 11 und M 12:* Die Quartiere in Freiburg öffnen sich zur Straße und zu Plätzen hin, die öffentlicher Raum sind, in denen sich „das Leben abspielt". Der Hausgrundriss M 11 zeigt die Verbindung von Gewerbe/Handel und Wohnen auf. Das Haus kann von der Straße aus direkt betreten werden und ist nur durch die Schwelle davon getrennt. Deutlich zu erkennen ist dies auch am prächtigen Dürerhaus von 1450 und den benachbarten Häusern (M 12), die zeigen, das die Straßenseite auch die Schauseite darstellt und eine repräsentative Funktion hatte.
*M 13 bis M 16:* Quartiere der muslimischen Städte weisen die erwähnte Sackgassenstruktur auf und lassen sich durch Tore abschließen (M 13). Die an einer Sackgasse gelegenen Häuser haben versetzte Eingänge, sodass man nicht ins Innere des Nachbarhauses sehen kann, wenn die Bewohner gleichzeitig die Türen öffnen.

Das Wohnhaus aus Fes (M 15) ist das typische Innenhofhaus, das nur zu Wohnzwecken dient; es ist mit einem Säulenumgang versehen; zur Straße hin weist es nur einen Eingang auf (siehe auch M 16). Beim Betreten des Hauses durchquert man einen Vorraum in einem Winkelzug, bevor man die Tür des Innenhofes erreicht, sodass man als Außenstehender nicht ungebeten ins Haus schauen kann. Zum Innenhof hin öffnen sich die umliegenden Wohnräume.
Das aleppinische Haus (M 14) weist eine besonders reiche ästhetische Gestaltung des Iwans auf mit Fenster und Wanddekor am Haus, einer Estrade für Musikanten und einem davor liegenden flachen Brunnenbecken im Hof; die Estrade liegt axial zur Öffnung des Hofes, sodass die dort sitzende Familie bei Festen und Geselligkeiten das Schauspiel besonders gut sehen kann.

**Aufgabe 2, S. 69**
Siehe die Erläuterungen zu M 5 und M 7.

**Aufgabe 3, S. 69**
Siehe die Erläuterungen zu M 4, M 6 und M 8 bis M 10.

**Aufgabe 4, S. 69**
Siehe die Erläuterungen zu M 11 bis M 16.

**Aufgaben 5 und 6, S. 69**
Die Arbeit mit M 4 bis M 16 könnte als Ergebnis zu einer Gegenüberstellung wie in Tafelbild S. 50 führen. Sofern die Lerngruppe Probleme hat, sich zur Frage nach den Lebensformen (Aufgabe 6) zu äußern, kann ein zusätzlicher Text eingesetzt werden oder – als Denkanstoß – ein Zitat aus diesem Zusatzmaterial (siehe ZM 4.1).

**Notizen**

| Tafelbild zu Aufgabe 5 u. 6, S. 69 | **Strukturmerkmale orientalischer und abendländischer Stadtanlagen** |
|---|---|

| *Orient* | *Okzident* |
|---|---|
| Stadtgrundrisse zerfasern sich; klare Straßennetze münden in unregelmäßig zugeschnittene Quartiere. | Klar erkennbare Grundrisse, Verkehrsadern und Verkehrsachsen. |
| Sackgassenstruktur, Sackgasse als privater Raum. | Klar erkennbares, ziemlich regelmäßiges Straßennetz; Straßen und Plätze als öffentlicher Raum. |
| Innenhofhaus, streng abgeschirmt zu den Gassen; Trennung von Arbeiten und Wohnen; dekorative Gestaltungselemente im privaten Bereich des Innenhofes. | Haus zur Straße geöffnet; Hinterhöfe; Arbeiten und Wohnen vereint; repräsentative Straßenfronten. |
| Öffentlicher Raum: Moschee, Basar, Hauptstraßen, Hammam, Hospital | Öffentlicher Raum: Kirche, Rathaus, Markt, Straßen, Hospital |
| Zentraler Basar | Markt und Straßen mit Läden |
| Sicherung der Stadt nach innen und außen: abgeriegelte Quartiere und Basare, Stadtmauer und Stadttore, Truppen des Herrschers | Sicherung der Stadt nach außen: Stadtmauer, Stadttore, Bürgerwehr. |

***Gründe für die im Vergleich zu Europa „andersartigen" Stadtanlagen und Wohnformen im Orient:***

- Klima
- Sicherheitsbedürfnis/größere Städte/unterschiedliche Kulturen in einer Stadt
- geringeres Regelungsbedürfnis des Staates bei Bauvorhaben
- spezifische Lebensform, Einfluss des Islam

| Zusatzmaterial ZM 4.1 | **Stadtleben in Orient und Okzident** |
| --- | --- |

**Eugen Wirth über Lebensformen in der orientalischen und in der abendländischen Stadt (2000)**

Auf den ersten Blick sind es [in der orientalischen Stadt] insbesondere die Wohnviertel, in denen starke Tendenzen in Richtung auf Absonderung, Zurückgezogenheit und Privatheit hervortreten. Das gilt aber keineswegs nur für diese. Auch andere Bereiche der Stadt – die in der griechisch-römischen Antike und im christlichen Abendland selbstverständlich öffentlich und damit allgemein zugänglich sind – werden im Orient häufig als privat angesehen, und die Zutrittsmöglichkeiten werden entsprechend eingeschränkt. In den großen Metropolen Vorderasiens, die durch die Wirtschafts-, Sozial- und Rechtsordnung des Osmanischen Reiches und des Safawidenreiches geprägt wurden, lassen sich solche Tendenzen zur „Privatisierung" erst bei genauerer Betrachtung erkennen. Ganz augenfällig treten sie aber in den Städten des Maghreb, vor allem Marokkos hervor. Die Stadt Fes, mit der ich mich seit etwa 1975 intensiver befasst habe, möge als Beipsiel dienen.

Während man auch als Ungläubiger Moscheen im Bereich des sunnitischen Vorderasiens meist ohne ins Gewicht fallende Restriktionen besuchen darf, ist es in Marokko Europäern und arabischen Chris-ten streng verboten, Moscheen zu betreten; dieses Verbot ist in den Jahren der französischen Protektoratsherrschaft sogar bekräftigt worden. Man mag das zunächst einmal mit den Regelungen des malikitischen Ritus[1] erklären; aber ebenso abgeschirmt und unzugänglich sind in Marokko die großen Bezirke der Königspaläste, selbst wenn sich hinter deren hohen, abweisenden Mauern kein intimes Familienleben und keine Geheimnisse verbergen, sondern nur Baumhaine oder Ödland oder unaufgeräumte Lagerplätze. Diese Zugangsbeschränkung gilt auch, wenn der König und sein Gefolge gerade anderswo leben, und sie gilt auch gegenüber der einheimischen städtischen Bevölkerung. […]

Auch bei den Moscheen und religiösen Bauten, die grundsätzlich für alle Gläubigen öffentlich zugänglich sein sollten, lassen sich in Fes Tendenzen zur Absonderung, Absperrung und „Privatisierung" erkennen. Mit Ausnahme der großen Freitagsmoscheen sind alle anderen Moscheen außerhalb der fünf Gebetszeiten abgesperrt. Quartiermoscheen sollen üblicherweise nur von den Bewohnern des betreffenden Viertels betreten werden. Und neben den etwa 150 zumindest im Prinzip für alle Muslime offenen Moscheen gibt es in der Medina von Fes eine ähnlich große Zahl von speziellen Koranschulen und Medresen, Zawiyas[2], Rawdas und Khanqahs (Klöstern) sowie von anderen Versammlungsorten und Betplätzen religiöser Bruderschaften, die nur dem begrenzten Kreis der jeweils Zugehörigen offen stehen. […]

Damit gelten in der Medina von Fes bis zum heutigen Tag als öffentlicher Bereich, d. h. ohne alle Restriktionen zugänglich, nur die größeren Durchgangsachsen und passantendurchströmten Verbindungsgassen zwischen dem Stadtzentrm und den Toren sowie der zentrale Marktbezirk der Kisariya mit den angrenzenden Hauptgeschäftsstandorten. Es sind also letztlich nur die Sachzwänge des innerstädtischen Verkehrs und der wirtschaftlichen Interaktion, welche die privaten Areale aufbrechen. Zumindest halbprivat sind sogar die Einrichtungen der Quartiersuqs sowie die Hammams, Brunnen, Mühlen, Bäckereien und Kaffeehäuser der Wohnviertel. Nur die ökonomischen Standorte des Stadtzentrums stehen allen offen; hier müssen auch Fremde die Möglichkeit einer fast beliebigen Kontaktaufnahme haben. […]

Vermutlich durch Vermittlung der oberitalienischen Städte ist [das griechisch-römische] Primat der Öffentlichkeit gegenüber der Privatheit in das Selbstverständnis und die Organisation der

*Fortsetzung auf Seite 52*

| Zusatzmaterial ZM 4.1 | **Stadtleben in Orient und Okzident** |
|---|---|

*Fortsetzung von Seite 51*

abendländischen Stadt übergegangen. Auch in der Stadt unseres europäischen Mittelalters und der Neuzeit sind grundsätzlich alle Areale und Standorte öffentlich und damit allgemein zugänglich. Wer in der Stadt über Haus- und Grundbesitz verfügte, war Bürger und hatte überallhin Zutritt. Die städtische Bürgergemeinde ist eine grundsätzlich öffentliche Einrichtung, und die Privatbereiche waren dementsprechend reduziert.

Abgeschirmte Privatheit und Zutrittsbeschränkungen gab es eigentlich nur beim jüdischen Ghetto und bei den Klosterbezirken. Die Kirchen hingegen waren selbstverständlich allgemein zugänglich und erst recht die Rathäuser, die Zunfthäuser usw. Es war ja auch die gesamte Bürgergemeinde gewesen, die diese öffentlichen Gebäude errichtet und finanziert hatte. Selbst Haus und Wohnung, ja die Stube als Aufenthaltsort der Familie standen Mitbürgern und auswärtigen Geschäftsfreunden offen. Beschränkend wirkte allenfalls, dass der Fremde vom gleichen Stand sein musste. [...]

Die städtische Architektur des Abendlandes ermöglich immer schwellentypische Begegnungen, seien diese nun zwischen Fremden, Bekannten oder Nachbarn. Ein halb öffentlicher Zwischenbereich zwischen Familienwohnung und Straße gibt Gelegenheit für mannigfache Kommunikation und Interaktion: Vorgärten, die nur niedrig eingefriedet sind, Flure und Treppenhäuser, Sitzterrasse, Eingangsloggia usw. „Als Übergang von Innen und Außen verhindern solche Zwischenräume, dass die einzelnen Räume fremd und einander beziehungslos gegenüberstehen. Die Räume diesseits und jenseits dieser Schwelle sind nie gleichwertig. Schwelle ist nicht nur der Ort der Scheidung, von dem man ‚fortgeht' und ‚zurückkehrt' und durch ihn einen festen Halt im Raum gewinnt. Die Schwelle ist aufgrund ihrer räumlichen Ausdehnung auch eine „Plattform" zur Vermittlung von Kontaktchancen und Begegnungsmöglichkeiten; sie ist eben dadurch ein Kriterium für Urbanität." [K.-J. Krause]

Wie dem auch sei – für unsere Fragestellung kommt es auf die Gewichtung, auf das „mehr oder weniger" an. Und das ist anhand unseres Vergleichs von Fes mit den Städten des westlichen Abendlandes deutlich geworden: In den Städten des islamischen Orients hat Privatheit sehr oft einen höheren Stellenwert als Öffentlichkeit; dementsprechend ist der größere Teil des städtischen Areals als Privatsphäre dem allgemeinen Zutritt entzogen, und die öffentlichen Bereiche und Standorte haben nur geringes Gewicht. In den Städten der klassischen Antike und des westlichen Abendlandes hingegen wird den öffentlichen Einrichtungen, Gebäuden und Bezirken ein herausgehobener Rang zugebilligt; dementsprechend tritt die Privatsphäre sowohl als ein Aspekt des politischen, sozialen, wirtschaftlichen und kulturellen Lebens als auch als ein räumlich abgegrenzter Bezirk sehr zurück.

*Eugen Wirth, Die orientalische Stadt im islamischen Vorderasien und Nordafrika, Mainz (Philip von Zabern) 2000, S. 325–331.*

[1] Malikitischer Ritus: Die Schule der Malikiten stellt eine der vier Rechtsschulen dar, die sich im sunnitischen Islam seit dem 8./9. Jh. herausgebildet haben; ihr Name geht auf Malik ibn Anas (gest. 795) zurück; sie hat sich vor allem in Nordafrika und Spanien ausgebreitet.

[2] Zawiyas: Orte der Einkehr (häufig verbunden mit kleineren Heiligengräbern), in denen unter Anleitung eines Vorbeters der Koran rezitiert wird.

## Arbeitsbereich III: Der Basar in der orientalischen Stadt (Vertiefung)

*Didaktische Hinweise:* Die Entwicklung des Basars erreicht in osmanischer Zeit einen Höhepunkt. Insofern kann die Einheit zum Basar auch bei der Behandlung der osmanischen Zeit (Kapitel 7) eingesetzt werden.
Es erscheint sinnvoll, die Entwicklung des Basars als Institution im unten beschriebenen Sinne zunächst anhand von M 17, M 20 und M 21 sowie M 22 und M 24 zu beginnen.
*Zum Begriff Basar:* Die Begriffe suq (arabisch), bazar (persisch) oder carsi (türkisch) bezeichnen in ihrer heutigen landessprachlichen Bedeutung den Ort des Einkaufs allgemein, sowohl den traditionellen Basar als auch modern-westliche Einkaufszentren und anderes. Demgegenüber verstehen westliche Besucher des Orients darunter den traditionellen Basar. Westliche Reisebeschreibungen konzentrieren sich jedoch zumeist auf das Vordergründige, das Fremdländisch-Exotische. Man schildert das bunte Leben und Treiben der kleinen Leute in den Basargassen, die eindrucksvolle Branchensortierung des Handwerks, die Vielfalt der Waren, die Verkaufsstrategien der Kaufleute.
Demgegenüber soll mithilfe der folgenden Materialien ein Verständnis geweckt werden, dass die Zentralbasare der großen Handelsstädte – und um die geht es dabei – ein äußerst komplexes Gebilde darstellen. Der Basar als Einkaufs- und Gewerbezentrum mit Einzelhandel und Handwerk bildet auf engem Raum ein vernetztes System, das Großhandel, Fernhandel, Im- und Export, Lagerung von Waren, Finanz- und Versicherungsleistungen, Immobilienfirmen, Behörden und Verwaltungen verbindet. Diese Geschäfte spielen sich sozusagen hinter der Kulisse der Basarstraßen und Hallen, insbesondere in den teilweise durch direkte Zugänge mit den Gassen verbundenen Chanen ab (siehe z. B. M 22). Zahlreiche Dienstleistungen für die Geschäftsleute und Kunden sind in den Basar einbezogen, vom Café über den Friseur bis zum Hammam (Bad). Ebenso charakteristisch ist die enge Nachbarschaft religiöser Einrichtungen, insbesondere der großen Freitagsmoschee. Die Basarstraßen selbst dienen als Prozessionswege und sind in regelmäßigen Abständen von kleinen Moscheen oder Heiligengräbern gesäumt. Und im Basar wird auch Politik gemacht, denn die dortigen Geschäftsleute hatten von jeher politischen Einfluss, den sie auch in Form eines Streiks zum Ausdruck bringen konnten.
Zusammenfassend kann zum Basar festgehalten werden:

TAFELANSCHRIEB

***Merkmale der Basare:***
- *Die zentralen Basare der islamischen Städte des Orients stellen ein wirtschaftliches und finanzielles Steuerungszentrum dar.*
- *Vielfältige wirtschaftliche Aktivitäten laufen hier zusammen.*
- *Die Basare haben auch politische und religiöse Funktionen.*

***Architektonische und organisatorische Strukturen der Basare:***
- *Breites System überdachter Basargassen für Einzelhandel und Handwerk*
- *Ein System von Chanen für Großhandel und Gewerbe ist mit Einzelhandel und Handwerk eng verschachtelt.*
- *Trennung von Wohnen und Wirtschaften*
- *Räumliche Sortierung von Branchen und Branchengruppen*

*Zur historischen Entwicklung des Basars:* Die Entstehung des Basars lässt sich nicht mehr leicht zurückverfolgen, muss aber während des Mittelalters abgelaufen sein. Von überdachten Basargassen und Hallen berichten zwar die schriftlichen Quellen, aber archäologische Zeugnisse gibt es davon nicht; wohl gibt es bereits für die frühe Neuzeit eindeutig datierbare Exemplare von steinüberwölbten Basargassen einheitlichen Baubestandes (z. B. in Edirne 1569; in Aleppo ca. 15./16. Jh., d. h. nicht eindeutig datierbar). Diese Chane haben sich wohl aus den vor der Stadt gelegenen Karawansereien entwickelt und haben, als diese in die Stadt verlagert worden sind, am Anfang vermutlich auch noch Beherbergungsfunktion gehabt. Dieser Verlagerungsprozess und die funktionelle Veränderung von der Herberge zum Geschäftssitz muss sich ebenfalls im Laufe des Mittelalters abgespielt haben.
Die wichtigsten Teilfunktionen des Basars und seine hauptsächlichsten Gebäudetypen waren je für sich genommen bereits in der hellenistisch-römisch-byzantinischen Antike bekannt. „Ihre ganz spezifische räumliche und organisatorische Zusammenfassung zu einem im Stadtzentrum gelegenen Baukomplex und zu einem einheitlichen Funktionssystem ist je-

doch eine eigenständige Leistung des islamischen Mittelalters" (Wirth, a. a. O., S. 136).
Gegen Ende des 16. Jahrhunderts bestand der Basar bereits aus einem vielgliedrigen Gebäudekomplex, dem vielfältige, miteinander vernetzte wirtschaftliche Aktivitäten entsprachen. Die Basarkomplexe des 16. Jahrhunderts wurden angereichert mit den eindrucksvollen Erweiterungen des 17., insbesondere dann des 18. und 19. Jahrhunderts.

### M 17, S. 70
### Buchillustration zu „Warqa und Gulschah" (13. Jh.)

Die Miniaturmalerei aus dem 13. Jahrhundert lässt einige wenige Rückschlüsse auf die Entwicklung des Basars zu. Zu berücksichtigen ist die Tatsache, dass die Malerei als Illustration einer Liebesromanze dient und als fortlaufender Fries den Text begleitet. Derartige Geschichten wurden auch im Basar erzählt, und so stellt der Maler eine Basarszene der eigentlichen Geschichte voran. Durch die goldenen Gewölbe und den Nimbus, der alle Personen umgibt, sowie durch die blaue Farbe des Hintergrundes wird eine märchenhafte Atmosphäre evoziert. Die Miniatur gibt aber Anhaltspunkte dafür, dass bereits überwölbte Basargassen in Brauch waren, in denen verschiedene Gewerbe und Händler ihre Dienste und Waren anboten.
In diesem Falle sind von links nach rechts Goldschmiede, Apotheke, Fleischerei und Bäckerei dargestellt. Anzunehmen ist auch, dass sich in Kleidung und Haltung der Personen soziale Verhältnisse der Basarwelt spiegeln.

### M 18, S. 70–72
### Heinz Gaube zum Basar von Aleppo (1984)

### M 19, S. 71
### Plan: Historische Bauschichten von Aleppo

Gaube beschreibt in seinem reflektierenden und von persönlichem Erleben geprägten Text den vielschichtigen und komplexen Aufbau des Basars von Aleppo. Deutlich stellt er die mit Steingewölben und mit wenigen Lichtöffnungen versehenen Basargassen (vgl. auch Abbildung M 36, S. 83) dar, die an der West-Ost-Achse an der großen Moschee vorbeilaufen und sich zu einem System von mehreren parallel verlaufenden Gassen ausweiten. Dazu kommt ein Flächenbasar an der Südostecke der Moschee von neun West-Ost-Gassen und vier Süd-Nord-Gassen. Er erwähnt Chane (Hane), Moscheen, Medresen (Madrasen), Lager, ein Hammam und „viele andere Gebäude" (Z. 29), die von den Suqgassen aus erschlossen werden können. Mithilfe des Plans M 19 lässt sich seine Beschreibung in den skizzierten Grundzügen nachvollziehen, und es sind die Moschee, die reiche Gliederung der Basargassen und die Vielzahl der großen Chane zu erkennen: ein kompliziertes Gebilde, dem komplexe wirtschaftliche Aktivitäten entsprechen. Zugleich können die historischen Bauschichten des Basars genauer unterschieden werden. Klar ist, dass der Basar in seiner heutigen Gestalt auf die spätmamlukische und frühosmanische Zeit zurückgeht. Es ist jene Zeit, in der Aleppo zu einer Drehscheibe des Levantehandels aufstieg. Gleichzeitig belegt die Kartierung bedeutende Erweiterungen bis ins 19. Jahrhundert.

### M 20, S. 72
### Aleppo in einem maurischen Reisebericht (12. Jh.)

### M 21, S. 72
### Aleppo in einem venezianischen Reisebericht (16. Jh.)

### M 22, S. 73
### Grundriss: Chan al-Gumruk in Aleppo um 1574

### M 24, S. 74
### Foto: Der restaurierte Chan al-Ghauri in Kairo von 1504/05

*M 20:* Der weit gereiste Maure ibn Dschubair kennt wahrscheinlich den Basar aus eigener Anschauung. Seinen Ausführungen gemäß hat sich ein mit Holz überdachter Basarkomplex mit offensichtlich mehreren Gassen und zwei Verkaufshallen, die besonders schön verziert sind, entwickelt. Der Basar ist nach verschiedenen Branchen geordnet und in dieser Hinsicht schon sehr differenziert. Unklar bleibt allerdings, wie die Gassen miteinander verbunden sind und was ibn Dschubair unter der erwähnten Kisairyja versteht (Z. 8–10); eigentlich bezeichnete man damit einen abschließbaren und überdachten Komplex (Halle), in dem besonders kostbare Waren gelagert wurden. Ibn Dschubair spricht in diesem Zusammenhang von einem Garten. Man wird diese Textstelle nicht klären können, da archäologische Belege fehlen.

*M 21:* Es ist anzunehmen, dass auch der Venezianer Aleppo selbst bereist hat. Sein Text hebt allgemein die Bedeutung Aleppos als Drehscheibe des Levantehandels und als Zentrum der Seifenproduktion, den Bevölkerungsreichtum und seine schönen Moscheen hervor.
Hinsichtlich des Basars hält auch er die Existenz von überdachten Basargassen fest, und er erwähnt in Z. 28–31 möglicherweise auch eine abschließbare Halle oder einen größeren Komplex. Genauer geht er auch auf die Chane ein, deren Existenz *intra muros* er bezeugt, ohne allerdings den Funktionswandel von der Herberge – er spricht hier von einer Vielzahl von fremden Kaufleuten, die diese benutzen – zum Geschäftszentrum zu erwähnen. Dies kann aber durchaus mit seinen Erfahrungen als Venezianer zusammenhängen, denn bauliche Besonderheiten dieser Häuser scheint er gut zu kennen.
*M 22 und M 24:* Anhand der Abbildungen M 22 und M 24 kann dieser Funktionswandel der Chane erläutert werden. Darüber hinaus lässt sich an der baulichen Struktur verdeutlichen, dass diese geschäftlichen Bereiche dem Einblick des Durchgangspublikums entzogen sind. Der Chan al-Gumruk öffnet sich mit einem einzigen Tor zur Basargasse. Fenster und Arkaden sind alle zum Innenhof ausgerichtet (vgl. das Innenhofhaus M 15), in der Mitte des Hofes befindet sich der Brunnen. In M 24 ist die Konzeption eines solchen Gebäudes anhand eines relativ frühen Beispiels von 1504/05 sehr schön zu erkennen. Untypisch ist hierbei allerdings das zusätzliche Stockwerk mit den Maisonettewohnungen.

## M 23, S. 73
## Eugen Wirth zur historischen Stadtgeografie (2000)

## M 25, S. 74
## Eugen Wirth über den Basar (2000)

Anhand der Quellenarbeit zum Basar konnte der spezifische Erkenntniswert bildlicher (M 17), schriftlicher (M 20, M 21) und archäologischer Quellen (M 18, M 19, M 22) erfasst werden. Ebenso wurden die dazu gehörenden Verfahren der Interpretation angewendet.
Diese Erfahrungen bilden Brücken zu den theoretischen Überlegungen von Wirth in M 23. Er stellt die Erlanger Schule der Stadtgeografie in ihren wesentlichen Ansätzen vor. Dazu zählt unter anderem die Einbettung der Forschungen zur islamischen Stadt in den Umkreis der orientalischen Stadt allgemein unter Einbezug der altorientalischen Städte. Die islamische Stadt wird in dieser Perspektive zu einem Sonderfall innerhalb des orientalischen Typs.
Das Leben in der islamischen Stadt kann anhand der Auseinandersetzung mit der Funktion des Basars exemplarisch vertieft werden (M 25). Eine Diskussion zur Bedeutung des Basars wird sich insbesondere an den Vergleichen mit Europa entzünden, die Wirth am Schluss seiner Ausführungen (M 25, Z. 30–42) formuliert.

**Aufgabe 9, S. 74**
Siehe die Erläuterungen zu M 17.

**Aufgabe 10, S. 74**
Siehe die Erläuterungen zu M 18 und M 19, M 20 bis M 22 und M 24.

**Aufgaben 11 und 12, S. 74**
Siehe die Erläuterungen zu M 23 und M 25.

**Notizen**

## Arbeitsbereich IV: Städtische Selbstverwaltung im muslimischen und im christlichen Kulturkreis

*Zum Forschungsstand:* In der älteren westlichen Forschungsliteratur sind die politischen Rechte der Bürger der abendländischen Stadt als deren Spezifikum herausgestellt worden. Der Vergleich zur islamischen Stadt fiel in diesem Zusammenhang immer negativ aus, so als hätten die Bewohner der islamischen Städte auf ihre städtischen Angelegenheiten keinerlei Einfluss nehmen können. Mittlerweile werden die Formen von Partizipation in der abendländischen mittelalterlichen Stadt kritischer und differenzierter (das heißt insbesondere deren Grenzen) gesehen, und für die islamische Stadt werden die indirekten Wege des Einflusses auf den Herrscher, aber auch Bereiche der Selbstregulierung durch die Bewohner stärker herausgestellt.

### M 26, S. 74 f. Freiburger Stadtrecht um 1218

Die exemplarische Interpretation des Stadtrodels von 1218 kann auf die Schwierigkeiten eingehen, zu verlässlichen Aussagen über die Privilegien der Bürgerschaft zu gelangen, wenn die Originalurkunden nicht mehr vorhanden sind. Im hier vorliegenden Rodel (abgeleitet von Rolle, denn es handelt sich um ein aufgerolltes Schriftstück) haben die Bürger selbst ihre Rechte rekonstruiert und schriftlich fixiert. Das von der Forschung Konrad von Zähringen (im Rodel fälschlicherweise als „Berthold" bezeichnet) zugeschriebene verlorene erste Privileg der Marktgründung, das um 1120 entstanden sein soll, ist in den Rodel um 1218 eingegangen (Z. 1–19).
Die Wiedergabe angeblich erhaltener Privilegien ist formal und inhaltlich klar erkennbar. Die Bürgerschaft hält die in ihren Augen vom Stadtherrn 1120 und bis 1218 erhaltenen Rechte klar fest, deren Sicherung mit diesem Schriftstück offensichtlich gewährleistet werden soll. Inhaltlich kann das gegenüber dem Stadtherrn wachsende Selbstbewusstsein der Bürgerschaft erkannt werden. Das Aussterben der Zähringer war möglicherweise für die Freiburger Anlass, ihre Rechte vor den neuen Stadtherren der Freiburger Grafen zu bekräftigen. Zu diesen Rechten zählten

- der gesicherte Grundbesitz und die damit verbundenen Rechte und Pflichten (Art. 1 und 2),
- das Marktrecht (Art. 2 a, Z. 20–23),
- Sicherung der Stadtbewohner vor Räubern und Haftung des Stadtherrn für dabei geraubtes bürgerliches Gut (Art. 3),
- das Erbrecht (Art. 4 a und b),
- Zollfreiheit (Art. 5),
- Besetzung der städtischen Ämter nach dem Willen der Bürger (Art. 6),
- Rechtsprechung der Bürger in ihren eigenen Angelegenheiten nach Kölner Recht (Z. 6 f.) und
- (Art. 8) Regelung der bürgerlichen Angelegenheiten durch einen Rat von 24 Vertretern.

Die Zusätze belegen

- das Erbrecht für die Frauen (Zusatz 4)
- und regeln die Möglichkeit der Erlangung städtischer Freiheit für Hörige, die sich in der Stadt niederlassen wollen (Zusätze 5 und 6).

Das Dokument belegt die vorhandene Selbstverwaltung und bereits erreichte Unabhängigkeit gegenüber dem Stadtherrn. Diese kommt vor allem in dem aus 24 Männern bestehenden Ratsgremium zum Ausdruck, in dem das Patriziat repräsentiert ist. Der Schultheiß steht der Bürgerschaft vor und wird von dieser vorgeschlagen, das Amt des Bürgermeisters ist in Freiburg noch nicht zu diesem Zeitpunkt, wohl aber im Laufe des 13. Jahrhunderts entstanden. Der Umfang der Rechte des Rates und seines Schultheißen ist durch das Dokument nicht klar erkennbar, aber es ist davon auszugehen, dass der Rat, dessen Mitglieder auf Lebenszeit in ihn aufgenommen waren, auf alle wichtigen Fragen des städtischen Lebens entscheidenden Einfluss hatte.
Unter Einbeziehung der Schaubilder M 27 und M 28 (Strukturen der städtischen Selbstverwaltung und der Gesellschaft im mittelalterlichen Europa) lässt sich sagen: Das Dokument M 26 zeigt die Freiburger Bürgerschaft auf dem Weg zur städtischen Selbstverwaltung; im Verlaufe des 13. Jahrhunderts ringen sie in militärischen Auseinandersetzungen dem Grafen weitere Zugeständnisse ab; im Innern werden 1293 die Zünfte am Stadtregiment beteiligt. Der Bau des Rathauses belegt die weitgehende Unabhängigkeit der Bürgerschaft von den Freiburger Grafen. Die Bürger können sich sogar vom Stadtherrn 1368 loskaufen. Am Stadtregiment waren allerdings die Patrizier und nur die Vertreter der Zünfte, das heißt der besitzende Bürger, Kaufmann und Handwerksmeister, beteiligt.

**M 27, S. 76**
**Schaubild: Entstehung der städtischen Selbstverwaltung in Europa**

**M 28, S. 76**
**Schaubild: Mittelalterliche Gesellschaft in Europa**

Siehe die Erläuterungen zu M 26.

**Aufgaben 14 und 15, S. 76**

Siehe die Erläuterungen zu M 26.

**M 29, S. 77**
**Schutzgeleit des ägyptischen Mamlukensultans (Ende 13. Jh.)**

**M 30, S. 77 f.**
**Ibn Abdun über die Verantwortung des Kadis (12. Jh.)**

**M 32, S. 79**
**Ibn Battuta über Damaskus (14. Jh.)**

**M 33, S. 79**
**Schaubild: Selbstverwaltung in der mittelalterlichen islamischen Stadt**

*M 29:* Die Quelle beleuchtet die Politik des Herrschers, der mit seinem Schutzbrief fremde Kaufleute ins Land holen will. Wichtig ist festzuhalten, dass er den Kaufleuten sehr weit gefasste Rechte zusichert (Gerechtigkeit, Respekt vor ihrer Lebensführung, Schutz ihres Besitzes, geringe Abgaben), wobei er allerdings sehr allgemein bleibt (Z. 32–45). Dabei verfolgt er mit dem Hinweis auf die von ihm gesuchten Mamluken eigene Interessen zur Sicherung seiner Herrschaft. Gleichzeitig kann er damit städtischen Interessen dienen, indem er Fernhandelskaufleute ins Land ruft.

*M 30:* Im Text von ibn Abdun wird deutlich, dass der Kadi der führende städtische Vertreter ist; aus der Ulama kommend, betreibt er für die städtischen Notabeln und Bewohner Politik gegenüber dem Herrscher. Dabei verfügt er nicht über abgegrenzte Rechte, wohl aber über Einfluss, den er mit Diplomatie zur Geltung bringen kann. Ibn Abdun zeigt Wege auf, wie mit dem Kalifen und dem Wesir umzugehen ist, um die Interessen der Stadt zu wahren. Gleichzeitig wird die Macht des Wesirs verdeutlicht: der Wesir kann einerseits als Mittler zwischen Herrscher und Kadi auftreten, aber auch als Gegner des Kadi.

In M 29 und M 30 tritt der Kalif in seiner Mächtigkeit hervor; in M 29 in der Selbstdarstellung als gerechter, um seine Untertanen besorgter Herrscher, in M 30 aus der Sicht des Kadis vor allem in seinen möglichen menschlichen Schwächen bis hin zu tyrannischem und willkürlichem Verhalten.

*M 32:* Ibn Battuta rühmt in seinem Text die Rolle der Stiftungen für die städtische Gesellschaft. Zu erläutern ist hier, dass er allerdings nur auf deren wohltätige Auswirkungen eingeht. Hintergrund dieser von reichen Notabeln oder hohen staatlichen, militärischen oder religiösen Würdenträgern eingerichteten Stiftungen war auch die Absicht, legal oder illegal erworbene hohe Einkünfte vor Enteignungen und vor dem Zugriff des Staates über Generationen zu schützen. Die Stifter konnten auf diese Weise große Stiftungsvermögen in wirtschaftlich rentablen Einrichtungen anlegen, deren Erträge zum Teil sozialen Zwecken zuflossen, im Übrigen aber dem Stifter eine dauerhafte Rendite garantierten, da das Stiftungsvermögen aus religiösen Gründen geschützt blieb. Diese Möglichkeiten haben auch dazu geführt, dass mit dem Stiftungskapital große Bauvorhaben in den Städten finanziert wurden, die sowohl wohltätigen als auch wirtschaftlichen Interessen dienten.

Literaturhinweis: Ausführlich zu den Stiftungen in der islamischen Stadt:

*Eugen Wirth, Die orientalische Stadt im islamischen Vorderasien und Nordafrika, Mainz (Philip von Zabern) 2000, S. 234 ff.*

Wirth zieht auch interessante Vergleiche zum abendländischen Stiftungswesen. Dies soll hier aber nicht weiter verfolgt werden.

Zusammenfassend kann zum Vergleich der Selbstverwaltungsformen festgehalten werden:

Die islamischen Quellen dokumentieren die Macht des Kalifen, die sich unter anderem aus seiner militärischen Präsenz ergeben. Deutlich werden aber auch gemeinsame Interessen und die Bedeutung von städtischer Interessenpolitik. Der Einfluss der städtischen Eliten, das Ansehen der Gelehrtenschicht in der islamischen Gesellschaft und das Geschick des Kadis konnten dazu beitragen, diese Interessen durchzusetzen. Der Privatinitiative kommt für Kultur und Wohlstand der Gemeinschaft im Rahmen von Stiftungen ein hoher Stellenwert zu, und die Bewohner finanzierten und organisierten auf diese Weise zahlreiche Gemeinschaftsaufgaben untereinander. Marktaufseher, Schreiber und Kadi bildeten die Spitze der städtischen Verwaltung.

Die Darstellung S. 60–62 kann für das Resümee herangezogen werden. Demgegenüber verfügten die Städte des Abendlandes über verbriefte Rechte zur inneren Ordnung und äußeren Verteidigung ihres Gemeinwesens. Diese Rechte blieben aber den städtischen Eliten vorbehalten. Den Status des Bürgers kannten die islamischen Stadtbewohner nicht.

**M 31, S. 78**
**Foto: Innenhof der 1323/25 erbauten Attarin-Medres in Fes (ca. 1990)**

Die Kunsthistorikerin Natascha Kubisch schreibt: Die Attarin-Medrese „ist die eleganteste und sicher auch beeindruckendste Medrese der Stadt. Ein über Eck abgewinkelter Eingang isoliert das Studentenleben von dem geschäftigen Leben der Straße. Seitlich des Vestibüls öffnen sich zwei Türen, von denen die eine zum rituellen Reinigungsbad *(midha)*, die andere über eine Treppe zu den Studentenunterkünften in die obere Etage führt. Der Hof wird von seitlichen Galerien umgeben, die durch Bogen, hölzerne Pfeiler und Stuckdekor reich gegliedert sind." (In: Markus Hattstein/Peter Delius [Hg.], Islam. Kunst und Architektur, Köln [Könemann] 2000, S. 312f.)

Zunächst waren Medresen Moscheen angegliedert, später entwickelten sie sich zu eigenständigen Hochschulen.

In den Medresen leben und arbeiten die (ausschließlich männlichen) Studenten und Lehrer gemeinsam. Die Aufsicht über Medresen üben Geistliche aus (d. h. nicht der Staat). In Ländern mit wirtschaftlichen und sozialen Problemen sind Medresen für junge Männer attraktiv, weil die Stiftungen als Finanziers der Medresen den Studenten kostenlose Unterkunft und Verpflegung anbieten. In der Regel werden in Medresen orthodoxe Glaubensrichtungen unterstützt; die religiös-politische Ausrichtung variert allerdings von Land zu Land.

In der Türkei sollte nach der Gründung der türkischen Republik der Einfluss der Geistlichen im Bildungsbereich zurückgedrängt werden; die Medresen wurden daher 1924 per Gesetz aufgelöst und die Bildungsaufgaben dem Staat zugeschrieben. Die Universität Istanbul z. B. ist aus einer Medrese hervorgegangen.

**M 34 a, S. 80**
**Eugen Wirth über städtische Herrschaftsformen im Vergleich (2000)**

**M 34 b, S. 80 f.**
**Peter Feldbauer zur Politik der Notabeln in orientalischen Städten (1995)**

In M 34 a und b setzen sich die beiden westlichen Forscher mit den Bewertungskriterien der älteren Forschung auseinander (siehe oben die einleitenden Ausführungen zum Arbeitsbereich IV), mit denen die politischen Strukturen der abendländischen und orientalisch-islamischen Stadt beurteilt worden sind.
*M 34 a:* Wirth stellt der politischen Autonomie der Bürgerschaft abendländischer Städte, in dem Herrschaftsstrukturen ausgebildet sind, die citadinité der orientalisch-muslimischen Städte, in der sich Gemeinschafts- und Zusammengehörigkeitsgefühl ausgebildet haben, gegenüber. Damit möchte er eine ausschließlich negative Bewertung der politischen Strukturen der orientalisch-muslimischen Stadt vermeiden.
*M 34 b:* Feldbauer hält dagegen: „Der Grad städtischer Freiheit und Selbstverwaltung [war in den Städten des Orients] vielfach wesentlich größer als gemeinhin angenommen, und in manchen Regionen sogar auf Dauer außergewöhnlich hoch" (Z. 33–35); außerdem sieht Feldbauer noch große Forschungslücken. Ferner begründet er auch von ihm eingestandene Unterschiede mit dem jeweils grundliegend unterschiedlichen geschichtlichen Kontexten, relativiert damit die Unterschiede und die auch bei Wirth erkennbaren Wertungen. Es handle sich nicht um „Mängel", sondern um „Entwicklungsunterschiede" (Z. 81 f.).

**Aufgaben 16, 17, 19 bis 21, S. 81**
Siehe die Erläuterungen zu M 29 bis M 33.

**Aufgabe 18, S. 81**
Siehe die Erläuterungen zu M 31.

**Aufgabe 22, S. 81**
Siehe die Erläuterungen zu M 34 a und b.

**Notizen**

## Arbeitsbereich V: Sekundärtexte zur Stadt im Abendland und Orient (Methodensonderseite)

*Didaktischer Hinweis:* Sowohl M 34 a und b als auch M 35 a und b eignen sich, um das auf Seite 82 dargestellte methodische Verfahren zur Analyse von Sekundärliteratur anzuwenden und einzuüben, nachdem das Kapitel zur Stadt bearbeitet worden ist. Es empfiehlt sich allerdings, zunächst die Texte M 34 a und b unter inhaltlichen Fragestellungen gemeinsam im Kurs zu bearbeiten, anschließend das methodische Verfahren zur Analyse von Sekundärliteratur bewusst zu machen und zu systematisieren und abschließend als selbstständige Übung die Texte M 35 a und b einzusetzen.

**M 35 a, S. 83 f.**
**Eugen Wirth (2000)**

**M 35 b, S. 84**
**Peter Feldbauer (1995)**

Die beiden Autoren diskutieren die Frage, ob die abendländische bzw. islamische Stadt als eigene Typen gegeneinander abgegrenzt werden können.
*M 35 a:* Wirth trägt hier seine grundlegende These vom Basar als dem spezifischen Faktor der islamischen Stadt vor.
*M 35 b:* Feldbauer widerspricht insofern, als er entscheidende Gemeinsamkeiten zu erkennen glaubt und von daher begriffliche Abgrenzungen ablehnt. Auch er konzediert zwar Unterschiede, hält diese aber nicht für ausreichend, um zu einer Typenbildung zu gelangen.
Siehe auch die Erläuterungen zu M 34 a und b.

**Aufgaben 24–26 S. 84**
Siehe die Erläuterungen zu M 35 a und b.

**Notizen**

# Kapitel 5: Die Kreuzzüge – Kriege im Namen Gottes

**Hinweise zur Arbeit mit den Materialien**
Siehe den Kasten im Schülerbuch S. 89.

## Arbeitsbereich I: Die Kreuzzüge – Aufruf und Umsetzung

### M 2, S. 89 f. Ansprache Papst Urbans II. (1095)

Siehe die Erläuterungen zu Aufgabe 1.

### M 3, S. 91 Historische Karte von Jerusalem (ca. 12./13. Jh.)

Siehe die Erläuterungen zu Aufgabe 2.

### M 5, S. 93 Buchmalerei: Kreuzfahrer stürmen Jerusalem 1099 (1460)

Siehe die Erläuterungen zu Aufgabe 4.

### M 6, S. 93 Simon Lloyd zur Umsetzung des Kreuzugsgedankens (1999)

Siehe die Erläuterungen zu Aufgabe 3.

### M 7 a bis d, S. 94 Quellensammlung Frauen und Kreuzzüge

Siehe die Erläuterungen zu den Aufgaben 5 und 6.

### M 8, S. 95 Miniaturmalerei: Frauen im Kreuzfahrerlager (um 1490)

Siehe die Erläuterungen zu den Aufgaben 5 und 6.

**Aufgabe 1, S. 90**
Die Quellenlage zum Kreuzzugsaufruf ist schwierig. Der Wortlaut des päpstlichen Aufrufs ist nicht genau überliefert. Die Berichte von Augenzeugen und Chronisten variieren nach der Bedeutung, die sie dem Ereignis einräumen, und nach den Akzenten, mit denen sie die Rede versehen. Die jeweilige persönliche und politische Haltung beeinflusste die Darstellung erheblich. Robert schrieb rund zehn Jahre nach dem Konzil; selbst wenn er die Rede gehört hat – er behauptet, dabei gewesen zu sein –, konnte er sie nicht mehr wörtlich wiedergeben. Vermutlich wurde er auch durch die Predigten und Propagandaschriften, die nach dem Konzil abgefasst wurden, beeinflusst. Im Gegensatz zu Fulcher unterstellt er in seiner Fassung der Rede den Muslimen Gräueltaten, die die Gläubigen stark emotionalisierten und ein klares Feindbild boten.
Eine genauere Analyse der Quellenlage bietet Gerhard Armanski (siehe Zusatzmaterial ZM 5.1).

**Aufgabe 2, S. 90**
Vom 12. bis zum 15. Jahrhundert stellten Maler und Chronisten Jerusalem als Nabel der Welt dar. Gegen 1180 ist die historische Karte M 3 als Titelblatt einer „Geschichte der Erlösung der Welt" entstanden. Der stark abstrahierte Plan von Jerusalem und seiner Umgebung ist eine von vielen vergleichbaren Darstellungen, die bezeugen, welche wichtige Rolle die heiligen Stätten im religiösen Bewusstsein der Westeuropäer einnahmen. In der unteren Hälfte des Bildes treten die Rotunde der Grabeskirche und der Davidsturm hervor. In Letzterem, ursprünglich eine Festung aus herodianischer Zeit, ließen sich die Könige von Jerusalem einen Palast einrichten. Auch auf den Münzen des Königreichs war der Bau angebildet. Links (im Nordosten) zieht eine Gruppe von Männern aus dem Tal des Josaphat in Richtung auf den Tempel des Herren, und der mit Blut beschmierte heilige Stephan betet.
Als Zusatzmaterial für die Hand der Schüler geeignet ist der folgende Aufsatz aus der NZZ:
*Andreas Kaplony, Jerusalem – Stadt dreier Religionen, in: Neue Züricher Zeitung, S. 16, Oktober 2002.*
Siehe ferner die Materialien in:
*Damals, Heft 12, 2002: „Jerusalem".*

**Aufgabe 3, S. 93**
Der Islam war der erste Feind, gegen den zum Kreuzzug aufgerufen wurde, galt es doch die christlichen Stätten aus muslimischer Hand zu retten. Doch der Kreuzzugsgedanke fächerte aus auf andere Gegner

und damit auf andere Gebiete und wandte sich schließlich auch gegen Häretiker und politische Feinde des Papstes. Er wurde damit zum „ubiquitären Aggressionsargument und -instrument der Papstkirche" (Armanski). Die Ziele der Kreuzzüge veränderten sich in Raum und Zeit, sie waren veränderlich in Bezug auf ihren Inhalt und ihr Wesen. Wesentlich war die päpstliche Proklamation der Unternehmung, da nur die Päpste die erforderliche Legitimation besaßen, einen Kreuzzug auszurufen und die versprochenen Privilegien, spirituelle und materielle, zu gewähren.
Die Kreuzzüge werden bis heute in ideologischen Auseinandersetzungen bemüht. In Europa werden dabei Bilder, Motive und Parolen der Kreuzzüge meist metaphorisch benutzt und haben mit der ursprünglichen Idee wenig zu tun.
Zur Problematisierung in der Diskussion kann die Frage dienen: Die Ausweitung des Kreuzzugsgedankens – Zerrbild oder konsequente Ausdehnung?

**Aufgabe 4, S. 93**

Die Miniatur M 5 zeigt die Eroberung Jerusalems. Ein Augenzeuge berichtet: „Die Unsrigen eilten zu ihrer [der Verteidiger der Stadt] Verfolgung, jagten, töteten und mordeten, bis zum Tempel des Salomo, und dort gab es ein solches Blutbad, dass die Unsrigen bis zu den Knöcheln im Blut der Feinde wateten." (Gesta Francorum, zit. nach: Guy Lobrichon, Die Eroberung Jerusalems im Jahre 1099, übers. von Birgit Marten-Schöne, Sigmaringen [Thorbecke] 1998, S. 119.) Die Kreuzfahrer metzelten fast alle muslimischen und jüdischen Bewohner nieder. Anschließend plünderten sie und gingen zum Gebet ans Grab des Erlösers. Das Massaker von Jerusalem schildern die Chronisten genau und mit Genugtuung. Die Nachricht von diesem brutalen Vorgehen rief in der islamischen Welt Empörung und Entsetzen hervor.

**Aufgaben 5 und 6, S. 94**

Wenn die Lage der Kreuzfahrer verzweifelt war, glaubte man, dass nur noch ein Wunder helfen konnte. Wunder und Visionen waren feste Bestandteile der mittelalterlichen Welt. So hatte ein Priester die Vision, dass es ein göttliches Zeichen geben werde, wenn die Belagerten ihren unzüchtigen Lebenswandel aufgeben würden. Als Reaktion darauf ordnete die Kreuzzugsführung Buß- und Bittprozessionen an, die Frauen wurden außerhalb des Lagers untergebracht, vermutlich waren jedoch die adeligen Damen von dieser Anordnung ausgenommen. „Solche Aktionen gehörten zu den Ritualen, mit denen die Kreuzfahrer Angst, Gefahren, Heimweh. Krankheit, Hunger und die abschreckenden Marschbedingungen bewältigten. Ziel war es, den drohenden Entzug göttlicher Gnade abzuwenden, den, wie man glaubte, Verstöße gegen den Bußcharakter des Unternehmens unweigerlich zur Folge hatten. Mangelnde Enthaltsamkeit wurde von zahlreichen Chronisten seit dem 12. Jahrhundert als Ursache für das Misslingen einzelner Unternehmen ausgemacht. Dabei wurde in aller Regel nicht die Kreuzzugsidee selbst, sondern ihre Umsetzung in Frage gestellt. Ein Stein des Anstoßes war dabei typischerweise die Anwesenheit von Frauen. Ungeachtet all dieser Kritik spielten Frauen jedoch eine wichtige Rolle in der Logistik der Heere. So wird von allen Kreuzzügen berichtet, dass sie Wasser und Munition an die Front brachten." (Sabine Geldsetzer, Gott will es!, in: Damals Nr. 10, 1997, S. 19 f.)
Zum Thema „Frauen auf den Kreuzzügen" siehe auch:
*Regine Pernoud, Frauen zur Zeit der Kreuzzüge, Übers. Lieselotte Lüdicke, Pfaffenweiler (Centaurus) 1993.*
Zur Rolle der Frau im Christentum vgl. auch Kapitel 2.
Zur arabischen Perspektive siehe den Auszug aus dem Bericht von Imad ad-Din über die Eroberung Jerusalems durch Saladin (Zusatzmaterial ZM 5.2, S. 70).

**Notizen**

## Arbeitsbereich II: Die Kreuzzüge und die Gewalt

### M 9 a, S. 95 f.
### Niketas Choniates über den Kreuzzug gegen Byzanz (1204)

### M 9 b, S. 96
### Radulfus Niger über die Kreuzzüge (um 1188)

Siehe die Erläuterungen zu den Aufgaben 7 und 8.

### M 10 a, S. 97
### Guy Lobrichon zur Gewaltfrage (1998)

### M 10 b, S. 97
### Gerhard Armanski zur Gewalt gegen Juden (1995)

Siehe die Erläuterungen zu Aufgabe 9.

**Aufgabe 7, S. 96**

Am 12. März 1204 besetzten die Kreuzfahrer die Mauern von Konstantinopel und zogen dann drei Tage lang plündernd und mordend durch die Stadt. „Unersetzliche Kulturwerte in unvorstellbarer Zahl gingen in den Händen der barbarischen Soldateska zugrunde" (Hans Eberhard Mayer, Geschichte der Kreuzzüge, 9. Aufl., Stuttgart u. a. [Kohlhammer] 2000, S. 179) oder wurden als Beutestücke nach Hause geschafft – wie z. B. die berühmte Quadriga aus dem 6. Jh. v. Chr., die heute die Front des Markusdoms in Venedig ziert. Mit der Gewährung der Sündenvergebung wurde die Eroberung von Byzanz zum richtigen Kreuzzug und kann als Beispiel für die Ausweitung des Kreuzzugsbegriffs dienen. Robert von Clari berichtet von mehreren Messen, in denen die Bischöfe vor dem Hauptangriff predigten: „Der Krieg ist rechtmäßig, denn alle Griechen sind Verräter und Mörder, und sie sind treulos, weil sie ihren rechtlichen Herrn ermordet haben, und sie sind schlimmer als die Juden. [...] Allen wird im Namen Gottes und des Papstes vergeben, die die Griechen angreifen. [...] Habt keine Angst, die Griechen anzugreifen, denn sie sind Feinde Gottes." (Zit. nach: Peter Milger, Die Kreuzzüge. Kriege im Namen Gottes, München [Orbis] 2000, S. 297.)

Den Augenzeugenbericht von Choniates bezeichnet Mayer als „ein ergreifendes Klagelied auf den Fall der Stadt, ein rhetorisch brillantes Dokument ohnmächtigen Hasses, reichlich durchsetzt mit Zitaten aus dem Buch Hiob und den Klageliedern des Jeremias". (Hans Eberhard Mayer, a. a. O., S. 179 f.) Choniates verurteilt die Brutalität der „Lateiner" und kennzeichnet im Vergleich dazu die Muslime als „geradezu menschenfreundlich". Er verweist in diesem Zusammenhang auf die muslimische Rückeroberung Jerusalems, die er als positives Gegenbeispiel darstellt. (Siehe dazu die Ausführungen zu den Aufgaben 13 bis 16 und die Texte auf den Themensonderseiten 102–104 zu Saladin.)

Zur Rolle der Frau: „Männer, die gelobt hatten, keine Frau zu berühren, solange sie das Kreuz auf ihren Schultern trügen", so Choniates (Z. 55 ff.), werden der Vergewaltigung und der Verächtlichmachung byzantinischer Frauen bezichtigt. Robert von Clari berichtet zum Umgang mit Frauen im Vorfeld der Eroberung, dass um jede „Befleckung" der heiligen Kriegshandlungen zu vermeiden, die Huren aus dem Lager entfernt wurden. Sie sollen auf ein Schiff gebracht und weit weggeschickt worden sein. Hier zeigt sich erneut ein Frauenbild, wie es bereits in den Aufgaben 5 und 6 dargestellt wurde.

Die Führer des Kreuzzugs teilten das Reich unter sich auf. Konstantinopel wurde Sitz des zum lateinischen Kaiser erhobenen Grafen Balduin von Flandern, während das Patriarchat den Venezianern zugesprochen wurde. Doch die griechisch-byzantinischen Kräfte regenerierten sich, und nach 1204 wurden drei Nachfolgestaaten gegründet, in Nikaia, in Trapezunt und in Epiros. 1261 kam es schließlich zur Rückgewinnung Konstantinopels durch Nikaia.

**Aufgabe 8, S. 96**

„Deus non vult" – Gott will es nicht! 1188/89, die Predigttätigkeit für den dritten Kreuzzug war in vollem Gange, übte der englische Geistliche Radulfus Niger scharfe Kritik am Kreuzzug. Bis dahin hatten Niederlagen einige Zweifel aufkommen lassen, aber es gab auch Siege. Doch die Eroberung Jerusalems durch Saladin ließ Zweifel am gesamten Unternehmen aufkommen.

Bei der Analyse der Kreuzzugskritik muss unterschieden werden zwischen Kritik an den einzelnen Teilnehmern und Ereignissen und der Kritik an der Idee als solcher. Ebenso ist zu unterscheiden zwischen Kritik aus dem eigenen Lager und Kritik von außen, d. h. vor allem von Griechen und Muslimen.

Die grundsätzliche Frage nach Wesen und Legitimität der Kreuzzüge stellte sich bereits zu Beginn des 12. Jahrhunderts. So versichert ein Brief aus den Jahren 1128–1136 (die Autorschaft ist nicht genau

geklärt) zweifelnden Templern, die von der Behauptung beeindruckt waren, das Töten sei widerrechtlich und eine Sünde, in Wirklichkeit seien Muslime Feinde des Glaubens und des Friedens, was dagegen die Templer täten, sei die Verteidigung von Christen und daher kirchenrechtlich erlaubt. Wenige Jahre später heißt es in einem Dekret bei Gratian um 1140: Ein *bellum justum* sichert den Frieden der Kirche; daher ist auch derjenige, der auf dem Kreuzzug einen Feind tötet, kein Totschläger oder Mörder.
Neben die Kritik an äußeren Erscheinungen trat angesichts von Misserfolgen auch der Zweifel an einer militärischen Lösung des Verhältnisses zwischen Christentum und Islam. Auch stellte sich die Frage, ob es überhaupt Gottes Wille war, dass das Heilige Land in christliche Hand kam, da Gott die Kreuzfahrer nicht unterstützte. Ausführlich dazu:

*Rudolf Hiestand, „Gott will es!" – Will Gott es wirklich? Die Kreuzzugsidee in der Kritik ihrer Zeit, Stuttgart u. a. (Kohlhammer) 1998.*

**Aufgabe 9, S. 96**

Die islamische Präsenz in Palästina wurde als Entweihung heiliger Orte gesehen. Dieser „Besudelung" musste eine „Reinigung" folgen. Deswegen wurden „die Kreuzzüge im Namen der Rache Gottes an jenen in Gang gesetzt, die das Land der Geburt Christi und seiner Apostel schändeten". (Raimund d'Aguilers zit. nach: Gerhard Armanski, Es begann in Clermont, Pfaffenweiler [Centaurus] 1995, S. 27.) Das christliche Liebesgebot schloss den Feind der Kirche aus. Das Blutbad in Jerusalem war nach Ansicht der Chronisten gerechtfertigt. Es war „poetische Gerechtigkeit, dass der Tempel Salomons das Blut der Heiden, die dort Gott so viele Jahre lang gelästert hatten, empfangen sollte". (Raimund d'Aguilers, zit. nach ebd., S. 123.) Diese Rechtfertigung von Gewalt sorgte bei den Kreuzfahrern für ein reines Gewissen. Zusätzlich verschaffte die Argumentation, die Christen seien Alleinerben des Heiligen Landes, die sich ihr Eigentum zurückholten, den Kreuzfahrern eine vermeintliche Rechtsgrundlage.
Armanski (M 10 b) stellt den ersten Kreuzzug in den Zusammenhang mit der Genese der Gewalt in Europa. Für ihn wurde, so formuliert er in der Einleitung seines Buches, in Clermont „der erste Weltanschauungskrieg der europäischen Geschichte aus der Taufe gehoben" (S. VIII). Im Aufbruch zum ersten Kreuzzug fanden die ersten Judenpogrome statt. Sie bezeugen eine neue, feindselige Haltung, die sich bald in der abendländischen Kultur verankert. Es ist der Mythos eines „inneren Feindes", dem jedes kollektive Unheil angelastet werden kann. Die Vernichtung von Ketzern und Verrätern wurde zum Programm.

**Notizen**

## Arbeitsbereich III: Leben in den Kreuzfahrerstaaten

### M 11 a bis d, S. 98 f. Quellensammlung Leben in den Kreuzfahrerstaaten

Siehe die Erläuterungen zu Aufgabe 10.

### M 13 a bis c, S. 100 f. Forschungsmeinungen zum Leben in den Kreuzfahrerstaaten

Siehe die Erläuterungen zu Aufgabe 11.

**Aufgabe 10, S. 101**

*M 11 a:* Fulcher, ein Teilnehmer des ersten Kreuzzugs, schrieb in einer gefährlichen Situation im Jahre 1100 noch: „Ich hätte lieber in Chartres oder Orleans sein wollen", bekannte aber 1124: „Wir sind alle Orientalen geworden." Damit gibt er die neue Bindung eindrucksvoll wieder. Die Kreuzfahrer fühlten sich nicht mehr vorrangig der alten Heimat verbunden. Für das Überleben der neuen Staaten war wichtig, dass die Führungsschichten unterschiedlicher Herkunft durch Heirat bald einen Familienverband mit gegenseitiger Beistandspflicht bildeten.

Dies Quelle M 11 a wird häufig als Beleg für das Vorhandensein einer multikulturellen Gesellschaft in den Kreuzfahrerstaaten angeführt. Berücksichtigt werden sollte bei der Analyse, dass sich zwar die verschiedensten Gruppen einander annäherten, doch diese Annäherung vor allem die Angehörigen der christlichen Konfessionen betraf.

*M 11 b und c:* Usama ibn Munqidh, der in diplomatischem Auftrag und privat oft im Kreuzfahrerstaat Jerusalem unterwegs war, hat mit seinen Erinnerungen ein lebendiges Bild aus muslimischer Perspektive hinterlassen. Anhand der von ihm verfassten Texte können die Schwierigkeiten analysiert werden, die wir heute als Kulturkonflikt bezeichnen würden. So berichtet er von einem Besuch im heiligen Bezirk des Tempels von Jerusalem, der zwar in der Hand der Franken war, den aber zumindest hochrangige Muslime besuchen und als Gebetsstätte nutzen konnten. Die Tempelritter, die die teilweise in eine Kirche, teilweise in ihr Quartier umgewandelte al-Aqsa-Moschee besetzt hielten und die der Emir als Freunde bezeichnete, luden ihn wie gewöhnlich ein, nach islamischem Ritus zu beten. Und sie entschuldigten sich, als ein erst kürzlich aus Europa angekommener Kreuzfahrer ihn störte und aufforderte, nach christlicher Art zu beten. Es störte die Neuankömmlinge, dass die „überseeischen Franken" mit den Muslimen Kontakte pflegten und Handel trieben, dass man den muslimischen Gast beruhigte, er bekomme kein Schweinefleisch vorgesetzt, dass man eine klimatisch und hygienisch angepasste Lebensweise vorzog und muslimischen Ärzten häufig den Vorzug gab. Weitere Beispiele dazu bei:

*Francesco Gabrieli, Die Kreuzzüge aus arabischer Sicht, Augsburg (Weltbild) 2000.*

*M 11 d:* Einen anderen Akzent setzt ibn Dschubair, der das harmonische Zusammenleben von muslimischen Bauern und Franken als Versuchung kennzeichnet, da die Muslime feststellen könnten, dass sie besser leben als ihre Glaubensbrüder unter muslimischer Herrschaft. Die fränkischen Landbesitzer werden von ibn Dschubair als Feinde der Muslime dargestellt, die aber nicht so ungerecht sind wie die Landbesitzer des eigenen Glaubens.

Bereits beim Überqueren der Grenze in die Länder der Kreuzritter findet es der muslimische Reisende bemerkenswert, dass einerseits Kämpfe zwischen den Heeren Saladins und den Kreuzrittern stattfinden, dass aber trotz dieses Krieges der Grenz- und Handelsverkehr zwischen Muslimen und Christen an der palästinensischen Küste ungestört weitergeht. Ibn Dschubair ist ein Maure aus almohadischer Zeit (siehe dazu Kapitel 6), in der al-Andalus sich von der Phase des friedlichen Zusammenlebens von Muslims, Juden und Christen schon entfernt hatte. Wo ibn Dschubair einem solchen Mischleben wie in der Levante begegnete, rief das bei ihm eine gewisse Besorgnis hervor.

**Aufgabe 11, S. 101**

Die drei vorliegenden Texte M 13 a bis c beziehen Stellung zu der Frage, inwieweit sich im Laufe der Zeit eine Kultur der Verständigung und des Dialogs mit der islamischen Welt entwickelte. Sie setzen unterschiedliche Akzente und kommen nicht zuletzt aufgrund unterschiedlicher Fragestellungen zu divergierenden Einschätzungen, die die Schüler ausgehend von der eigenen Quellenarbeit kritisch reflektieren können.

*M 13 a:* Cardini, Professor für mittelalterliche Geschichte an der Universität Florenz, geht davon aus, dass sich in den Kreuzfahrerstaaten eine Kultur des Dialogs mit den Muslimen entwickelte, stellt aber in diesem Zusammenhang den Gegensatz zwischen den „überseeischen Franken", die sich arabisiert hätten, und denen, die neu eintrafen und nur kurz blieben, heraus. Im 12. und 13. Jahrhundert schenkten die neu aus Europa ankommenden Kreuzfahrer den Franken in Übersee kaum Gehör, ja verdächtigten sie der Sympathie mit den Muslimen (siehe dazu M 11 b).

*M 13 b:* Auch Hiestand konzentriert sich in seiner Argumentation auf das Leben in den Kreuzfahrerstaaten. Er betont den multikulturellen Charakter dieser Staaten, vor allem bezüglich der Franken, aber auch im Hinblick auf die anderen Bewohner, die zwar nicht die volle Gleichberechtigung genossen, aber ihren Glauben frei ausüben konnten. Hiestand hebt die Kontakte von vornehmen Muslimen und Franken hervor und verweist darauf, dass sich auch die unteren Schichten Kenntnisse des Arabischen aneigneten.

*M 13 c:* Armanski äußert sich sehr kritisch zur Bedeutung des Kulturkontakts und schätzt den kulturellen Ertrag als gering ein. Sein Argumentationsansatz ist weiter gefasst, da er die Bedeutung des Kulturkontakts für Europa in den Blick nimmt. Kulturelle Einflüsse sieht er nicht durch die Kreuzfahrerstaaten, sondern über Sizilien und das maurische Spanien gegeben. Für den Adel, die Ritterorden und die Handelsstädte konzediert er zwar eine Chance zum Kulturaustausch, doch kaum für die Masse der Bevölkerung. Auch für die Muslime, sei es in den Kreuzfahrerstaaten, sei es in den angrenzenden Reichen, sieht er keinen Anlass, mit den Kreuzfahrern in Kulturaustausch zu treten. Für Armanski festigte, von Ausnahmen abgesehen, die Kreuzzugsära das Bild vom barbarischen Heiden.

Man darf sich das Leben in den Kreuzfahrerstaaten nicht als permanenten Kriegszustand vorstellen. Die Franken der zweiten Generation tendierten aus Eigeninteresse mehrheitlich zu einer Politik des Ausgleichs und der Koexistenz. Als Normalzustand galt die Waffenruhe, die immer wieder von beiden Seiten verlängert wurde. Seit dem ersten Kreuzzug war bei den Kontrahenten die Bereitschaft vorhanden, Verträge miteinander einzugehen. Diese Verträge standen allerdings nicht im Zeichen eines umfassenden Friedens, sondern dienten der jeweiligen Herrschaftsbildung und Machterhaltung. Mit derartigen Verträgen wurde aber die Feindschaft gegenüber den Christen nicht grundsätzlich aufgehoben. Sie waren vor allem ein Instrument zur Durchsetzung politischer Partikularinteressen.

Eine interessante Untersuchung dazu liefert das Buch
*Laila Atrache, Die Politik der Aiyubiden. Die fränkisch-islamischen Beziehungen in der ersten Hälfte des 7./13. Jahrhunderts unter besonderer Berücksichtigung des Feindbilds. Arabica rhema Bd. 1, 1996.*

Atrache gelangt zu dem Fazit, dass die fränkischen Kreuzritter immer noch als Gegner und Feinde wahrgenommen wurden, die es eigentlich zu bekämpfen galt. Trotz mancher Annäherungen, die in den ersten Jahrzehnten des 13. Jahrhunderts zu beobachten seien – sie untersucht in diesem Zusammenhang den Vertrag zwischen al-Malik al-Kamil und Friedrich II. –, könne nicht von einem Feindbildwandel gesprochen werden. Hinter dem Vorschlag al-Kamils, einen friedlichen Ausgleich zu suchen, habe die Sorge um die Stabilität des eigenen Reiches gestanden.

Trotz der vielfältigen Beziehungen kam es nicht zu einer wirksamen geistigen Durchdringung. Das Nebeneinander bewirkte meist nur ein oberflächliches Kennenlernen und vielleicht ein wachsendes Verständnis für den Wert der fremden Kultur.

**Notizen**

## Arbeitsbereich IV: Saladin – Mythos und Realität (Themensonderseite)

**M 15, S. 102 f.**
**Aufruf Saladins (vermutlich um 1191)**

**M 16, S. 103 f.**
**Amin Maalouf über die Einnahme Jerusalems (1983)**

**M 17, S. 103**
**Foto: Reiterstandbild Saladins**

**M 18, S. 104**
**Lorbeerkranz vom Grabe Saladins, 1898**

**M 19, S. 104**
**Hannes Möhring über Saladin-Bilder (1993)**

Siehe die Erläuterungen zu den Aufgaben 13 bis 16.

**Aufgaben 13 bis 16, S. 104**

Schon bald nach seinem Tod priesen Geschichtenerzähler in naiver Form Saladins ritterliche Tugenden. Auch in der mittelhochdeutschen Dichtung wird seine Ritterlichkeit gerühmt. Jahrhunderte später sehen Lessing und Voltaire ihn mit den Augen der Aufklärung, und Walter Scott beschreibt ihn in seinen Ritterromanen im 19. Jahrhundert aus der Sicht des Romantikers. (The Talisman, 1825, spielt während des dritten Kreuzzugs; Haupthelden sind Richard Löwenherz und Saladin.)

*M 15:* Nach dem Verlust Jerusalems rief Papst Gregor VIII. im Oktober 1187 erneut zum Kreuzzug auf. 1191 erschienen Philipp II. von Frankreich und Richard Löwenherz unterstützt von der genuesischen Flotte vor Akko und schlossen die muslimische Besatzung ein. Die Belagerten kapitulierten schließlich, und Richard Löwenherz ließ, als Saladin das geforderte Lösegeld nicht sofort zahlen konnte, 3000 muslimische Gefangene töten. Saladin verzichtete, wohl um die Verhandlungen nicht zu gefährden, auf Vergeltung. Verzweifelt soll er in einem Aufruf (M 15) auf den vorbildlichen Kampfgeist der Ungläubigen hingewiesen und die Gleichgültigkeit der Muslime angeprangert haben. Am 2. September 1192 wurde schließlich ein Vertrag unterzeichnet, der den Status quo sanktionierte. Da Jerusalem muslimisch blieb, konnte Saladin seinen Ruf als Verteidiger der heiligen Stätten bewahren.

*M 16:* Die Anhänger der Aiyubiden unter den muslimischen Geschichtsschreibern belegen Saladin als vorbildlichen muslimischen Herrscher mit den Attributen fromm, rechtgläubig, gerecht, mutig, standhaft, langmütig, gütig und freigebig. Dieses Bild Saladins zeichnet auch Maalouf in seiner Nacherzählung arabischer Quellen. Die Vorstellung vom weisen, toleranten Herrscher ist allerdings fragwürdig. So schreibt Imad ad-Din, dass Saladin gleich nach dem Sieg von Hattin alle gefangenen Johanniter und Templer hinrichten ließ mit Ausnahme des Templergroßmeisters. Die übrigen Gefangenen überließ er seinen Soldaten, die sie als Sklaven verkauften. Einige Soldaten soll Saladin seinen Truppen abgekauft und religiösen Eiferern zur Tötung überlassen haben.

Zur Beurteilung Saladins schreibt Günter Kettermann: „Tatsächlich war er ein fanatischer Sunnit, der die Schiiten bekämpfte und gegen die Christen unduldsam und unnachgiebig vorging. Gelegentlich ritterlich im Kampf gegen die Kreuzfahrer, konnte er auch extrem grausam sein. [...] In der muslimischen Tradition wird Saladin die Vision von einer einheitlichen islamischen Welt zugeschrieben." (Günter Kettermann, Atlas zur Geschichte des Islam, Darmstadt [Wiss. Buchgesellschaft] 2001, S. 80.)

*M 17:* Das Reiterstandbild M 17 zeugt davon, dass Saladin auch heute noch im arabischen Raum hoch geachtet ist. Schon der Beiname an-Nasir („der den Sieg schafft") ermöglicht viele panarabische Anknüpfungsmöglichkeiten.

*M 18:* Auf einer gut sechswöchigen Reise vom 13. Oktober bis 1. Dezember 1898 besuchte Kaiser Wilhelm II. den Nahen Osten. Neben macht- und wirtschaftspolitischen Aspekten (Projekte wie die Bagdadbahn und das Verhältnis zwischen Deutschem und Osmanischem Reich) spielten kirchenpolitische und persönliche Beweggründe eine wichtige Rolle. Eigentlicher Zweck der Reise war die Einweihung der Erlöserkirche in Jerusalem am 31. Oktober 1898. In Damaskus legte er den Bronzekranz zusammen mit einer seidenen Fahne auf Saladins Grab nieder, den er – wie sich selbst – als großen Kaiser und Vorbild ritterlicher Tugenden sah.

*Weiterführende Hinweise:* Zur Analyse des Bildes von Saladin in der Aufklärung kann neben Lessings Nathan auch ein Auszug aus Voltaires Geschichte der Kreuzzüge eingesetzt werden (siehe Zusatzmaterial ZM 5.3, S. 71 f.). Ein Vergleich mit den Ergebnissen der aktuellen Forschung bietet eine Vertiefung und Wiederholung und ermöglicht fächerverbindendes Arbeiten.

## Arbeitsbereich V: Die Kreuzzüge im Urteil der Forschung

### M 20 a, S. 105 Steven Runciman (1950/54)

### M 20 b, S. 105 Jan Nederveen Pieterse (1989)

Siehe die Erläuterungen zu Aufgabe 18.

### Aufgabe 18, S. 107

*M 20 a:* Steven Runcimans Standardwerk über die Kreuzzüge wird oft als Meisterwerk der neueren Geschichtsschreibung gerühmt. Auf 1338 Seiten gelingt es Runciman, die Kreuzzüge in einer umfassenden Gesamtschau vorzustellen. Auch wenn manches nicht mehr dem aktuellen Forschungsstand entspricht, ist die Lektüre lohnend. Sein Fazit: Die ganze Kreuzzugsbewegung war ein einziger Fehlschlag. Aufwand und Ergebnis stehen für ihn in keinem angemessenen Verhältnis. Auch die Bedeutung für die allgemeine Geschichte Westeuropas schätzt er gering ein. Zwar hält er das Zeitalter der Kreuzzüge für eines der bedeutungsvollsten der abendländischen Zivilisation, misst aber den Kreuzfahrern an dieser Entwicklung keinen unmittelbaren Anteil zu. Für die Beziehungen zwischen Orient und Okzident bewertet er die Kreuzzüge als äußerst negative Episode.
*M 20 b:* Anders der Historiker Pieterse. Er stellt die Kreuzzüge in den Zusammenhang mit dem Aufstieg Europas und sieht sie als Teil eines Musters: Wo Europas Handel schwach war, griff man auf Waffengewalt zurück, um die Rückständigkeit auszugleichen. Für ihn markieren die Kreuzzüge eine entscheidende Periode, sie führen zu Europas ersten Überseekolonien. Er sieht in ihnen eine Bündelung der militärischen Macht der lateinischen Christen, die diese befähigte, in die Welt des Islam und Byzanz einzudringen. Zudem bündelten die Kreuzzüge seiner Meinung nach Europas Bewusstsein und brachten es zum Bewusstsein seiner geokulturellen Identität. Als Besonderheit hebt er neben Umfang und Größe der Unternehmungen hervor, dass sie gegen „Ungläubige" in überlegenen Zivilisationen außerhalb Europas gerichtet waren. Er interpretiert die Kreuzzüge als Ausdruck der Rivalität zwischen Rom und Byzanz und verweist auf das mehr oder minder friedliche Zusammenleben der drei Buchreligionen. Die Aggressivität des westlichen Christentums sieht er als mögliche Folge europäischer Rückständigkeit.

## Arbeitsbereich VI: Bedeutung der Kreuzzüge in der Gegenwart

### M 21, S. 106 Entschuldigung des Papstes (2000)

Siehe die Erläuterung zu Aufgabe 19.

### M 22 a, S. 106 f. Amin Maalouf (1983)

Siehe die Erläuterung zu Aufgabe 20.

### M 22 b, S. 107 Äußerung von Präsident George W. Bush (2001)

Siehe die Erläuterungen zu den Aufgaben 20 und 21.

### Aufgabe 19, S. 107

Papst Johannes Paul II. hat sich zu Beginn des von ihm ausgerufenen „Heiligen Jahrs" 2000 in einem öffentlichen Schuldbekenntnis für die Verbrechen entschuldigt, die Söhne und Töchter der Kirche im Namen Gottes je begangen haben. Für viele Kommentatoren war dieser Schritt längst überfällig, einigen ging er nicht weit genug. So schreibt der Spiegel unter dem Titel „Der halbherzige Reformator": „Auch in seinem *Mea culpa* von Rom und Jerusalem schiebt er die Schuld an den im Namen Gottes verübten Verbrechen einzelnen „Söhnen und Töchtern" der Kirche zu. Dass die Kirche selbst als Institution durch ihre geistlichen Anführer und obersten Lehrer, den Papst und die Bischöfe, in die Untaten der Kirchengeschichte verstrickt ist, dass die Oberhirten die Christenkinder vielfach erst zu ihren Verbrechen angestiftet haben – dieses Bekenntnis bringt auch Johannes Paul II. nicht über die Lippen." (Der Spiegel Nr. 17, 2000.)
Borgolte stellt dagegen den Sinn einer solchen Entschuldigung in Frage. Er hält es für fragwürdig, Geschichte an heutigen Maßstäben zu messen. Dass die Geschehnisse möglicherweise auch nach damaligen Maßstäben verurteilenswert waren, zieht er nicht in Betracht. Für Pogrome und Plünderungen der Kreuzzugszeit macht er nicht die Kirche verantwortlich. Diese These kann auf der Grundlage der Arbeitsergebnisse von Kapitel 5 kritisch diskutiert werden.

### Aufgabe 20, S. 107

Mit der Eroberung der letzten Kreuzfahrerstützpunkte hatte die islamische Welt den militärischen

Angriff Westeuropas auf Kernregionen der arabisch-islamischen Welt abgewehrt und setzte später unter osmanischer Herrschaft zur Eroberung großer Teile Südosteuropas an. Trotz der militärisch-politischen Erfolge wird die Ära der Kreuzzüge häufig als Trendwende der ökonomischen, politischen und kulturellen Beziehungen zwischen islamischer Welt und Westeuropa gesehen. Der libanesische Schriftsteller Maalouf resümiert: „Dem Anschein nach hatte die arabische Welt einen epochalen Sieg errungen. Es hat aber nur den Anschein. Denn, mit geschichtlichem Abstand gesehen, drängt sich eine Feststellung auf: Zur Zeit der Kreuzzüge ist die arabische Welt, von Spanien bis zum Irak, noch der Hüter der materiell und intellektuell am weitesten fortgeschrittenen Kultur der Erde. Danach verlagert sich der Mittelpunkt der Welt deutlich nach Westen. Geschieht dies nach dem Gesetz von Ursache und Wirkung? Kann man so weit gehen zu behaupten, dass die Kreuzzüge das Signal für den Aufschwung des westlichen Europa – das nach und nach die Welt beherrschen sollte – gegeben und damit gleichzeitig das Ende der arabischen Kultur eingeläutet haben?" (Maalouf, a. a. O., S. 279.) Der Autor liefert zwar eine differenzierende Relativierung seiner Einschätzung, stellt aber fest, dass seit dem 11. und 12. Jahrhundert parallel zum Aufschwung Westeuropas ein allmählicher Niedergang der arabisch-islamischen Welt zu beobachten ist. Die Gründe der Dekadenz seien, neben der Invasion der Christen, der Aufstieg türkischer Dynastien sowie die Unfähigkeit der Araber gewesen, dauerhafte Institutionen zu schaffen.
Viele Islamwissenschaftler und Orientalisten sehen die Gesellschaften des arabisch-iranischen Raums spätestens ab der Mitte des 13. Jahrhunderts in einer ökonomischen und sozialen Krise, die den Anfang eines jahrhundertelangen Niedergangs darstellt.
Peter Feldbauer kommt in seiner Untersuchung „Die islamische Welt im Zeitalter der Kreuzzüge" zu dem Fazit: „Überblickt man die politische Entwicklung in den wichtigsten Regionen der islamischen Welt in der so genannten, nur aus europäischer Sicht eine sinnvolle chronologische Einheit ergebenden Epoche der Kreuzzüge, so kann trotz der Fragmentierung des riesigen Reichs der Abbasiden keine Rede von einer schweren Krise oder gar Auflösung der staatlichen Ordnung sein. Mit dem Niedergang des Abbasidenkalifats und den zunächst eindrucksvollen Erfolgen der Kreuzfahrer, die territorial immer eng begrenzt blieben, verband sich kein nennenswerter Abstieg von Staatsgewalt und elaborierter, leistungsfähiger Administrationstätigkeit. Auch nach der Jahrtausendwende etablierten sich immer wieder dauerhafte, relativ zentralisierte Staatsgebilde mit effizienten Verwaltungsstrukturen, beachtlicher Finanz- und Militärkraft und – gemessen an der meist großen Ausdehnung sowie den schwierigen naturräumlichen Voraussetzungen – nicht zu unterschätzender Kohäsion und innergesellschaftlicher Verankerung. Obwohl es, besonders im obermesopotamisch-nordsyrischen und im maghrebinischen Raum, immer wieder auch instabile, kurzlebige Fürstentümer mit prekärer Agrar- und Steuerbasis gab, die durch Angriffe westeuropäischer Kreuzfahrerheere und Flotten schwer in Mitleidenschaft gezogen werden konnten, blieben die Kreuzzüge außerhalb Spaniens und der mediterranen Inselwelt für die soziopolitische und auch militärische Entwicklung der islamischen Welt ziemlich peripher. Dass sich die Staatenwelt Westasiens und Nordafrikas in der zweiten Hälfte des 13. Jahrhunderts, also zur Zeit der endgültigen Vertreibung der Franken aus Palästina, gleichwohl in einer kritischen Phase befand, hat nichts mit dem Krieg des Papstes und seiner Kreuzritter zu tun, wohl aber mit dem Zerfall des Seldschukenreiches, dem endgültigen Sturz des Kalifats in Bagdad infolge der Mongoleninvasion und wahrscheinlich auch der erfolgreichen Handelsexpansion des italienischen Kaufmannskapitals im gesamten Mittelmeerraum." (Peter Feldbauer, Die islamische Welt im Zeitalter der Kreuzzüge, in: Beiträge zur historischen Sozialkunde Nr. 3, 1996, S.137–146, zit. nach der Internet-Fassung, S. 5.)
Dass die Kreuzzüge auf islamischer Seite bis heute nicht als längst abgeschlossenes Kapitel der Geschichte betrachtet werden, darauf weist Maalouf eindringlich unter Heranziehung aussagekräftiger Beispiele hin. Wie sensibel die arabische Welt auf die Verwendung des Begriffs Kreuzzug reagiert, zeigen auch die Reaktionen auf Präsident George W. Bushs Äußerungen über einen „Kreuzzug" gegen den Terrorismus (M 22 b).

**Aufgabe 21, S. 107**

Möglicherweise prägt die Erinnerung an die mit der Vertreibung der Franken letztlich für die Muslime siegreich abgeschlossenen Kreuzzüge die Haltung mancher Muslime gegenüber dem Westen in der Gegenwart viel mehr, als man üblicherweise annimmt. Wenn das so ist, dann weist die Beschäftigung mit der Kreuzzugsthematik ein hohes Maß an Aktualität auf.

| Zusatzmaterial ZM 5.1 | **Kreuzzugsaufruf von Papst Urban II. – quellenkritische Hinweise** |
| --- | --- |

**Der Historiker Gerd Armanski schreibt (1995)**

Eine Synopse der Berichte dreier wahrscheinlich Anwesender (Robert der Mönch, Balderich von Dol und Fulcher von Chartres) und eines besonders beredten nachträglichen Berichterstatters, Guibert von Nogent, ergibt in etwa folgenden Inhalt: Der Papst beschwor die türkische Gefahr und die verächtliche Schändung der östlichen Christen und ihrer Kirchen. Hilfe für die Not leidenden Brüder und die bedrückten Pilger wäre dringend erforderlich. Eine bewaffnete Kreuzfahrt als heiliger Krieg in Gottes Auftrag und unter seiner Leitung könnte und sollte hier Abhilfe bringen. Nichts weniger stünde an als die Befreiung von Christi Heimland mit seinem heiligen Mittelpunkt Jerusalem. Ein neuer christlicher Ritter, der das Kreuz auf sich nehme und von Gottes- und Menschenliebe durchdrungen sei, löse den alten egoistischen und gewalttätigen ab. Er wende seine Mühen an ein edleres und reicheres Ziel. Während die Menschen, Urban II. sprach ausdrücklich Hohe und Niedere an, hierzulande doch vor allem Elend und Not erwarte, könnten sie durch den Zug ins Heilige Land weltlich und ewig belohnt werden. Obwohl sie auf dieser Bußfahrt auch und gerade Leid zu gewärtigen hätten, sei ihnen dafür die Vergebung der Sünden (oder der zeitlichen Sündenstrafen) gewiss. Schließlich verlangte der Papst von den Teilnehmern einen besonderen, an jenen der Pilger angelehnten Schwur und stellte sie unter die Kontrolle und den Schutz der Kirche.

Der Korpus dieser Rede ist trotz aller Zweifel daran eindrucksvoll genug. Gelegentlich (vgl. Carl Erdmann) auftauchende Bedenken, Jerusalem wäre gar nicht Gegenstand des Aufrufs gewesen, lassen sich nicht halten. Zu überragend war der Glanz des Namens und zu heftig das Wallfahrtsverlangen dorthin. Im Gegenteil begründete Clermont eine spezifische Politisierung des Mythos von Jerusalem, der dessen Eroberung ideell und materiell rechtfertigte. Sie stand im Kontext einer nach dem erfolgreichen Modellkreuzzug vorgenommenen rückprojizierten Bedeutsamkeit des Aufrufs, dessen medial-propagandistische Aufbereitung bereits um 1100 einsetzte und – mit Ausnahme der „Gesta" – die einschlägigen Berichte beeinflusste. Die ideologische Interpretation des Ereignisses verschmolz Erinnerung, Absicht, Echo und Ergebnis zu einer rituellen Figur, die zur Gründungslegende und politischen Grundausstattung der folgenden Kreuzzugsbewegung gehören sollte. [...]

Der Sache nach verband der Papst die überlieferte Pilgertheorie und -praxis mit dem Heiligen Krieg und dem Verdienstgedanken. Das Verlangen des Ablasses von der Sündenwucht war derartig gewaltig (geschürt), dass es die möglicherweise begrenzten Absichten Urbans II. (nur Erlass zeitlicher Sündenstrafen) überstieg und fortan zum festen Inventar der Kreuzzugspropaganda gehörte. In dieser Konstruktion fiel der eklatante Verstoß gegen das christliche Gebot der Feindesliebe, das dem Vorhaben unterlag, gar nicht mehr auf. Dass die Egalität des Volkes Gottes beschworen wurde, vor allem aber waffenfähige Männer, Ritter gemeint waren, dass schließlich der aus der Taufe gehobene Kreuzzug viel Leid versprach, überraschte auch nicht; beides war man gewohnt.

Der Appell von Clermont bildete ein Gemisch aus klerikalem Kalkül und Spontaneität. Nicht nur beruhte er auf einflussreichen Zeittrends, die eine Militarisierung der Pilgerfahrt nahe legten, und der sorgfältigen Vorbereitung durch den Papst. Seine Arbeit der Zuspitzung und Orchestrierung wäre nicht möglich gewesen ohne eine ebenso lange beeinflusste öffentliche Meinung, die sich nun neue Bahn brach. Beide Elemente wirkten in der Abschlussveranstaltung des Konzils zusammen, die ein evangelistisches Happening und ein Meisterstück an Organisation und angewandter Massenpsychologie war.

*Gerhard Armanski, Es begann in Clermont, Pfaffenweiler (Centaurus) 1995, S. 14 ff.*

| Zusatzmaterial ZM 5.2 | **Eine zeitgenössische arabische Quelle zur Eroberung Jerusalems** |
|---|---|

**Auszug aus dem Bericht von Imad ad-Din über die Eroberung Jerusalems durch Saladin**

In Jerusalem hielt sich eine griechische Prinzessin auf, die sich zu ihrem Trost ganz der Verehrung des Kreuzes gewidmet hatte; sie glühte für das Kreuz als Stärkung in ihrem Unglück und beharrte fest auf ihrem Glauben; hoch stiegen ihre kummervollen Seufzer, und ihre Tränen flossen herab wie die Tropfen einer Wolke. Sie war hohen Ranges, hatte viele Reichtümer, viel Hab und Gut und Gefolgsleute, viel Hausrat und Gesinde. Der Sultan ließ sie mit allen ihren Leuten frei ziehen und erlaubte, dass sie ihren ganzen Reichtum in Taschen und Säcken mitschleppte. Sie zog froh davon, wenn auch ihr Herz von Schmerz verwundet war.
Auch die Frau des gefangenen Königs, Tochter König Amalrichs, wohnte nahe bei Jerusalem mit all ihrem Besitz, ihren Knechten und Mägden. Sie zog frei ab mit allen ihren Begleitern und ihrem Gefolge und allen, die behaupteten, dass sie zu ihren Begleitern und ihrem Gefolge gehörten. Desgleichen wurde die Fürstin, Tochter Philipps und Mutter Honfrois, von der Zahlung befreit, und all ihr Reichtum und ihre Schätze blieben ihr erhalten. [...]
Die meisten begaben sich nach Tyrus und vermehrten dort die Finsternis mit der Finsternis. Etwa fünfzehntausend Menschen blieben zurück, da sie die vorgeschriebene Zahlung nicht erbringen konnten, und wurden, wie vereinbart, zu Sklaven; es waren ungefähr siebentausend Männer, die die ungewohnte Erniedrigung auf sich nehmen mussten und durch die Knechtschaft getrennt und überallhin verstreut wurden; sie verteilten sich über Täler und Höhen bei denen, die sie erworben hatten; Frauen und Kinder zählten achttausend, wir teilten sie unter uns, und das Antlitz des Reiches lächelte über ihr Weinen. Wie viele gut behütete Frauen wurden entehrt, herrschende beherrscht, junge Mädchen geheiratet, Edle verschenkt, wie viele Geizende mussten sich hingeben, wie viele Verborgengehaltene verloren ihre Scham, wie viele Ernste wurden zum Gespött gemacht, Bewahrte hervorgezerrt, Freie in Besitz genommen, Begehrenswerte bis zur Erschöpfung gebraucht, anmutige Mädchen auf die Probe gestellt, Jungfrauen entjungfert, Anmaßende geschändet, Schöne mit roten Lippen ausgesaugt, Braune hingestreckt, Unbezähmbare gezähmt, Zufriedene zum Weinen gebracht! Wie viele Edle nahmen sie zu Beischläferinnen, Glühende gerieten an ihnen in Brand, Ledige befriedigten sich an ihnen, Hungernde sättigten sich, und wie viele Aufgeregte verbrauchten ihre Glut! Wie viele Schöne wurden Besitz eines einzigen Eigentümers, wie viele von hohem Wert wurden zu niedrigen Preisen verkauft, wie viele Nahe entfernt, Hohe erniedrigt, Wilde eingefangen, wie viele an den Thron Gewöhnte unterworfen!

*Zit. nach: Francesco Gabrieli, Die Kreuzzüge aus arabischer Sicht, Augsburg (Weltbild Verlag) 2000, S. 207 ff.*

| Zusatzmaterial ZM 5.3 | **Voltaire über die Geschichte der Kreuzzüge** |
| --- | --- |

**Der französische Philosoph und Schriftsteller Voltaire (1694–1778) schrieb über die Geschichte der Kreuzzüge**

Nach diesen unglücklichen Feldzügen [während des 2. Kreuzzuges 1147–1149] waren die Christen in Asien weit mehr unter einander uneins, als jemals. Eben diese Wuth herrschte unter den Muselmännern. Der Vorwand der Religion hatte weiter keinen Antheil an den politischen Angelegenheiten. [...]
Mitten unter diesen Unruhen kam der große Saladin, ein Neffe des Noradins, Sultans von Aleppo, zum Vorschein; er eroberte Syrien, Arabien, Persien und Mesopotamien. Ein Tempelherr, Namens Melieu, verließ seinen Orden und seine Religion, um unter diesem Bezwinger zu dienen, und trug viel bey, ihm Armenien zu unterwerfen. Saladin, Herr so vieler Länder, wollte mitten unter seinen Staaten das Königreich Jerusalem nicht lassen. Heftig gegen einander erbitterte Parteyen zerfleischten diesen kleinen Staat, und beförderten seinen Untergang. Gvido von Lusignan, gekrönter König, dem man aber die Krone streitig machte, versammelte in Galiläa alle die getrennten Christen, die die Gefahr vereinigte, und marschirte gegen den Saladin. Der Bischof von Ptolemais, der seine Kappe über dem Kürass trug, und zwischen seinen Händen ein Kreuz hielt, munterte die Truppen auf, auf demjenigen Gebiethe, wo ihr Gott so viele Wunder gethan hätte, tapfer zu fechten, nichts desto weniger wurden alle Christen entweder getödtet oder gefangen. [...] Da er vor den Thoren Jerusalems, das sich nicht weiter wehren konnte, ankam, stund Saladin der Gemahlinn des Lusignans, wegen Übergabe der Stadt, einen Vergleich zu, dergleichen sie nicht hoffte. Er erlaubte ihr, sich hinzuwenden, wo sie hin wollte. (1187) Er verlangte von den Griechen, die in der Stadt blieben, keine Ranzion, und von den Lateinern nahm er nur eine geringe. Als er seinen Einzug in Jerusalem hielt, warfen sich eine Menge Weibespersonen zu seinen Füßen, deren einige um ihre Männer, andere um ihre Kinder, noch andere um ihre Väter baten, die er gefangen hielt. Er gab sie ihnen insgesammt mit einer Großmuth, die in diesem Theile der Welt noch kein Exempel hatte, wieder. Saladin ließ durch die Hände der Christen selbst die Moschee, die in eine Kirche war verwandelt worden, mit Rosenwasser waschen. Er ließ 1187 einen prächtigen Lehrstuhl darinnen aufrichten, daran sein Oheim Noradin, Sultan von Aleppo, selbst gearbeitet hatte und über die Thür ließ er diese Worte graben: „Der König Saladin, der Knecht Gottes, setzte diese Überschritt, als Gott durch seine Hände Jerusalem eingenommen hatte." Aber ungeachtet seines Eifers für seine Religion, gab er doch den morgenländischen Christen die Kirche des heiligen Grabes wieder. Wenn man dieses Bezeigen mit der Christen ihrem, als sie Jerusalem einnahmen, in Vergleichung zieht, sieht man leider! wer die Barbaren seyn. Man muss noch hinzu fügen, dass Saladin, nach Verlauf eines Jahres, dem Gvido von Lusignan die Freyheit wieder gab, nachdem er einen Eid von ihm genommen hatte, dass er niemals die Waffen wider seinen Befreyer tragen wollte. Lusignan hielt sein Wort nicht. [...]
Indessen hatten die Christen in Asien nichts mehr, als Antiochia, Tripoli, Joppe und die Stadt Tyr, die ehemalige Beherrscherinn der Meere, damals aber schlechte Zuflucht der Überwundenen. Saladin besaß alles das übrige, theils für sich, theils durch seinen Eidam den Sultan zu Ikonium oder Cogni, der das Land, das wir heut zu Tage Kammanien nennen, beherrschete. Durch das Gerüchte von den Siegen des Saladins, wurde ganz Europa beunruhigt. Der Pabst Clemens der dritte erregte Frankreich, England und Deutschland. [...] Kleinasien war ein Ab-

*Fortsetzung auf Seite 72*

| Zusatzmaterial ZM 5.3 | **Voltaire über die Geschichte der Kreuzzüge** |
|---|---|

*Fortsetzung von Seite 71*

grund, worein sich Europa gestürzet hatte. Nicht allein diese unbeschreibliche Armee des Kaisers Friedrichs war verloren, sondern die englischen, französischen, italiänischen und deutschen Flotten, die noch vor der Ankunft Philipp Augusts und Richards, genannt Löwenherz, anlangten, hatten neue Kreuzfahrer und neue Schlachtopfer herbeygebracht. Endlich kamen die Könige von Frankreich und England in Syrien vor Ptolemais, das man Akre nennt, an. Fast alle Christen im Oriente hatten sich versammelt, diese Stadt, die man als den Schlüssel des Landes ansahe, zu belagern. Saladin war in der Gegend des Euphrats in einen innerlichen Krieg verwickelt. Nachdem die beyden Könige ihre Macht mit der orientalischen Christen ihrer vereiniget hatten, zählte man über dreymal hundert tausend Soldaten. Ptolemais wurde zwar wirklich erobert (1190), allein die Uneinigkeit, die nothwendig zween Prinzen, wie Philippus und Richard, die nach gleichen Ehren und Vortheilen mit gleichem Eifer trachteten, trennen musste, richtete größern Schaden an, als diese dreymal hundert tausend Mann glückliche Thaten verrichteten. Philippus, dieser Trennungen müde, noch mehr aber über die Überlegenheit und über das zu sehr überhand nehmende Ansehen, welches Richard sein Lehnsmann, in allem hatte, verdrüsslich, kehrte in sein Vaterland zurück, welches er vielleicht gar nicht hätte verlassen, itzt aber wenigstens mit mehrerm Ruhm hätte wiedersehen sollen. Richard, der nun Herr von dem Felde der Ehren, nicht aber von dieser Menge der Kreuzfahrer war, die unter einander noch weniger, als die beyden Könige, eins waren, ließ vergebens die heldenmäßigste Tapferkeit sehen. Saladin, der siegreich aus Mesopotamien zurück kam, lieferte den Kreuzfahrern eine Schlacht bey Cäsarea. Man sahe diesen Bezwinger an der Spitze seiner Mahometaner und den Richard an der Christen ihrer, einer gegen den andern, als zween Ritter auf dem Turnierplatze, fechten. Richard hatte die Ehre, den Saladin aus dem Sattel zu heben; und das war fast alles. was er in dieser merkwürdigen Schlacht gewann. Die Strapatzen, die Krankheiten, die kleinen Schlachten, die beständigen Zänkereyen rieben diese große Armee auf, und Richard kehrte zwar mit mehrerem Ruhm, als Philipp August, aber auch auf eine weit unbehutsamere Art zurück. [...] Dieser berühmte Muselmann [Saladin], der mit dem Richard einen Tractat gemacht hatte, vermöge dessen er den Christen die Seeküste von Tyr bis nach Joppe überließ, und das übrige alles für sich behielt, hielt sein Wort, davon er ein Sklave war, redlich. Er starb (1195) funfzehn Jahre darnach zu Damasco, von den Christen selbst bewundert. Er hatte in seiner letzten Krankheit, statt der Fahne, die man vor seine Thüre zu pflanzen pflegte, das Tuch, darinnen man ihn begraben sollte, bringen lassen. Der, welcher die Todesfahne hielt, rufte mit lauter Stimme aus: „das ist alles, was Saladin, der Bezwinger des Orients, von seinen Siegen davon trägt." Man sagt, er habe in seinem Testamente verordnet, gleichgroße Summen unter die armen Mahometaner, Juden und Christen, als Allmosen, auszutheilen, durch welche Verordnungen er habe zu verstehen geben wollen, dass alle Menschen Brüder wären, und man, um ihnen beyzustehen, sich nicht darnach, was sie glaubten, sondern, was sie auszustehen hätten, erkundigen müsste. Er hatte auch niemals um der Religion willen jemand verfolget; er war zugleich ein Bezwinger, ein Mensch, und ein Philosoph.

*Voltaire, Geschichte der Kreuzzüge. Lessings Übersetzungen aus dem Französischen, zit. nach: Erläuterungen und Dokumente. Nathan der Weise, hg. von Peter von Düffel, Stuttgart (Reclam) 1985, S. 78–81.*

# Kapitel 6: „Al-Andalus" – Symbiose von Orient und Okzident im maurischen Spanien?

**Hinweise zur Arbeit mit den Materialien**
Siehe den Kasten im Schülerband S. 114.

*Zur Quellenlage:* Die Darstellung der Geschichte des islamischen Spanien ist auch ein Problem der Quellen. So sind für al-Andalus nur wenige dokumentarische Quellen überliefert. Die Forschung ist in erheblichem Umfang auf erzählende Quellen angewiesen, und die meisten dieser Quellen sind in räumlicher und personeller Nähe zum Herrscher entstanden. Zunehmend wird in neueren Forschungen deshalb auch die Möglichkeit genutzt, nicht-schriftliche, z. B. archäologische Quellen ergänzend zu verwenden. Eine gute Einführung zu diesem Forschungsproblem bietet:

*Bettina Münzel, Feinde, Nachbarn, Bündnispartner. Themen und Formen der Darstellung christlich-muslimischer Begegnungen in ausgewählten historiografischen Quellen des islamischen Spanien, Münster 1994.*

**Notizen**

## Arbeitsbereich I: Phasen islamischer Herrschaft in Spanien und der Kontakt der Kulturen

### M 1, S. 109
### Schaubild: Islamische Dynastien und Gebietsanteile auf der Iberischen Halbinsel

Siehe die Erläuterungen zu Aufgabe 1.

### M 2, S. 111
### Elfenbeinkästchen mit dem Porträt Abd al-Maliks (1004)

Das Medaillon auf der Vorderseite zeigt den Sohn al-Mansurs, Abd al-Malik, als Glaubenskämpfer, der die Feinde des Islam abwehrt (zu al-Masur vgl. die Erläuterungen zu Aufgabe 5). „Der älteste Sohn al-Mansurs hatte sich schon zu dessen Lebzeiten als Heerführer und Großwesir bewährt. 1002 folgte er al-Mansur als Reichsverweser und führte erneut Kriege gegen die Christen im Norden Spaniens. Seinem plötzlichen Tod im Oktober 1008 folgten der Zusammenbruch des Kalifenreiches in Spanien sowie verheerende Bürgerkriege, in deren Verlauf 1013 auch Córdoba und die Palaststadt Medina az-Zahra geplündert und weitgehend zerstört wurden." (Markus Hattstein/Peter Delius (Hg.), Islam. Kunst und Architektur, Köln [Könemann] 2000, S. 217.)
Das Relief des Kästchens ist reich verziert und demonstriert die Macht der muslimischen Herrscher:
- Krieger auf Elefanten und Pferden kämpfend (in den Medaillons auf dem Deckel und an den Seitenwänden rechts und links);
- Abd al-Malik im mittleren Medaillon als Löwenkämpfer (d. h. als Bezwinger der Feinde des Islam); das Motiv variiert das von spätantiken Sarkophagen bekannte Bildthema „Daniel in der Löwengrube", das auf die Unverletzlichkeit des Helden hinweist. Al-Maliks Kleidung, ein kurzes Gewand mit geschnürten Sandalen, ähnelt der Ausstattung eines antiken Helden; in der Hand hält er einen großen Rundschild mit der Inschrift „Segen von Gott, Glück und Wohlergehen";

- Pflanzen- und Tierornamente (Vögel) zwischen den Medaillons auf dem Deckel und an den Seitenwänden; von Tieren belebte Ranken galten nach antiker Tradition als Symbole von Glück und Überfluss;
- ein mit arabischen Schriftzeichen verziertes Schmuckband am unteren Rand des Deckels (zu sehen sind auch die Löcher für die Befestigung der Schlösser oder Riegel).

Auf der Innenseite des Deckels befindet sich die Signatur der Werkstatt: „Faradj mit seinen Schülern".

**M3, S. 113**
**Holzrelief: Zwangstaufe, 1. H. 15. Jh.**

*Zum Künstler:* Felipe de Bigarny (um 1475–1542) war spanischer Bildhauer und Baumeister und Hauptvertreter des Übergangs von der Gotik zur Renaissance. Zu seinen Hauptwerken in Andalusien zählen seine Reliefs mit Szenen der Passion Christi im Chor der Kathedrale von Granada und das Holzretabel (Retabel: Aufsatz oder Rückwand eines Altars) in der Capilla Real.
Siehe zur Reconquista die Darstellung, S. 112 f., den Materialblock M 31 bis M 34 sowie die Referatempfehlung zur Zwangsbekehrung bei den Weiterführenden Arbeitshinweisen S. 143.

**M4a, S. 114 f.**
**„Levante-Vertrag" (716)**

Siehe die Erläuterungen zu den Aufgaben 2 und 3.

**M4b, S. 115**
**Die Schlacht von 711 in der „Primera Crónica General" (um 1289)**

Siehe die Erläuterungen zu Aufgabe 3.

**M5, S. 115–117**
**Abdallah ibn al-Khatib über die Eroberung Santiagos 997 (1372/74)**

Siehe die Erläuterungen zu Aufgabe 5.

**M6, S. 116**
**Karte: Phasen islamischer Herrschaft in Spanien vom 8. bis zum 15. Jh.**

Siehe die Erläuterungen zu Aufgabe 1.

**M7, S. 117 f.**
**Friedensvertrag zwischen Sultan Muhammad II. von Granada und König Jakob II. von Aragón (1296)**

Siehe die Erläuterungen zu Aufgabe 6.

**M8a, S. 118**
**Brigitte Hintzen-Bohlen über das Zusammentreffen der Kulturen im maurischen Spanien (1999)**

Siehe die Erläuterungen zu den Aufgaben 7 und 8.

**M8b, S. 119**
**Richard Fletscher über das Zusammentreffen der Religionen und Kulturen im maurischen Spanien (1999)**

Siehe die Erläuterungen zu Aufgabe 8

**Aufgabe 1, S. 119**

*M 1 und M 6:* Die Herrschaft des Islam auf der Iberischen Halbinsel lässt sich in drei große Phasen einteilen:

- Auf die erste Phase der Dominanz der „Araber" unter den Umaiyaden folgt
- eine Phase des labilen Gleichgewichts zwischen christlichen Rückeroberungen und muslimischen Erfolgen in der Zeit der Taifas und – von diesen zu Hilfe gerufen und sie ablösend – der afrikanischen Dynastien der Almoraviden und Almohaden. Mit dem Verlust Valencias 1238 findet diese mittlere Phase der arabo-hispanischen Geschichte ihren Abschluss.
- Die dritte Phase wird bestimmt durch die letzte spanisch-maurische Dynastie, die Nasriden in Granada, deren Herrschaft ähnlich wie die Umaiyadenherrschaft der ersten Phase rund 250 Jahre andauert. Die Kurve M 1 zeigt für die erste und die dritte Phase eine relative Stabilität des jeweiligen Besitzstandes, in der letzten Phase allerdings auf sehr niedrigem Niveau. Die mittlere Phase ist die Phase der territorialen Verluste für die muslimischen Gebiete.

**Aufgabe 2, S. 119**

*M 4 a:* Die Tatsache eines Vertragsabschlusses geht aus den arabischen und christlichen Quellen eindeutig hervor. Nur bezüglich des Abschlussjahres und folglich auch des muslimischen Vertragspartners gibt es Diskrepanzen. Der hier abgedruckte Vertragstext nennt Abdulaziz ben Musa ben Nusair als Partner Teudemirs und nicht bereits Tarik oder Musa.

Der Vertrag sichert Teudemir, dem „König von Murcia", zu, dass es keine Änderungen zu seinen Gunsten oder Ungunsten geben wird, keine Enteignung, Tötung oder Versklavung, keine religiöse Verfolgung und keine Kirchenplünderung. Dies gelte, solange er folgende Verpflichtungen gegenüber den Eroberern einhalte: Überlassung von sieben namentlich genannten Ortschaften in der Umgebung Murcias und keine Unterstützung von Feinden des Vertragspartners. Dazu kommen bestimmte Abgaben.
Der Vertrag zeigt nach Auffassung vieler Interpreten die neue „Toleranz" der Araber, die Christen und Juden als Angehörigen einer „Religion des Buches" entgegengebracht wurde. Sie waren berechtigt, ihre Religion weiter auszuüben und ein normales Zivilleben zu führen, solange sie sich an bestimmte Vorschriften hielten.
Wenn eine Stadt durch Waffengewalt eingenommen werden musste, galt es als zulässig, die Männer zu töten und die Frauen und Kinder zu versklaven. Die Eroberung von al-Andalus zeigt allerdings, dass solche Grundsätze in der Realität flexibel gehandhabt wurden. So erhielten etwa die Bewohner von Merida, die sich vor ihrer Kapitulation ein Jahr lang zur Wehr gesetzt hatten, auch einen Schutzvertrag.

**Aufgabe 3, S. 119**

*M 4 b:* Alfonso X., der Weise, hat als Herrscher zahlreiche Werke in Auftrag gegeben. Es handelt sich meist um große, kompendienartige Zusammenstellungen, die eine ganze Wissenschaft zu umfassen suchen. Diese Sammelwerke, naturwissenschaftliche Bücher, die auf arabischen Quellen fußen, und geisteswissenschaftliche Zusammenstellungen wie die „Crónica General", wurden von Mitarbeitern des Herrschers verfasst, die er an seinen Hof nach Toledo rief. Doch legte er persönlich den Herstellungsprozess fest und fungierte auch als eine Art Chefredakteur, der sich sogar um sprachliche Korrekturen kümmerte.
Die Entscheidungsschlacht von 711 zwischen den Westgoten unter König Roderich und den Arabern wurde zum Trauma bei den Spaniern, was sich auch in der Quelle widerspiegelt. Aus der Distanz von mehr als fünf Jahrhunderten wird hier eine Sichtweise der Ereignisse niedergelegt, die für das spanische Bewusstsein der folgenden Jahrhunderte bestimmend blieb. Die Darstellung knüpft an Legenden an, mit denen man sich den raschen Zusammenbruch der westgotischen Monarchie zu erklären suchte. Danach wurde die Tochter des Grafen Julian am Hof in Toledo vergewaltigt, und dieser Graf habe sich dafür dadurch gerächt, dass er die Araber rief. Neuere Forschungen identifizieren diesen Julian als Gouverneur von Ceuta. In der „Crónica General" heißt es nicht nur, dass Roderich die Tochter des Grafen „mit Gewalt nahm", sondern dass auch der vorletzte westgotische König Witiza ein ausschweifendes Leben führte.
Historisch belegt ist: Der byzantinische Gouverneur Julian von Ceuta half den Arabern über die Meerenge, seine Motive sind unklar. Für die schnelle Niederlage der Goten spielte es wahrscheinlich eine Rolle, dass Teile des Heeres zu den Arabern überliefen. Ihre Kommandanten waren Anhänger und Verwandte Akhilas, des Sohnes von Witiza, der ein Jahr zuvor im Machtkampf mit Roderich unterlegen war. Typisch für die Zeit der Reconquista ist die Vorstellung vom „edle(n) Gotenvolk" (Z. 71). Das Andenken der Goten blieb unter den Königen von León und Kastilien als ein Bild vergangener Größe lebendig, welche wieder hergestellt werden sollte. Von den Goten abzustammen war für die Spanier bis ins 17. Jahrhundert eine Auszeichnung. Die Sehnsucht nach der idealisierten westgotischen Monarchie ignorierte die Kenntnisse über die brüchige westgotische Gesellschaft.
Der Quellentext entwirft das klassisch gewordene Feindbild vom barbarischen Mauren. Die Mauren werden beschrieben als gefährliche Eroberer mit wilden, schwarzen Gesichtern, die das Land verwüsten – schlimmer als ein Wolf, der nachts in eine Schafherde eindringt. Der Sieg dieser Barbaren über das „edle Gotenvolk" wird erklärt mit der Uneinigkeit der Bewohner, denn die Feinde werden nicht als tapfer beschrieben; sie arbeiten mit List und Täuschung und schützen sich durch Geldzahlungen.
Eine Relativierung des hier konzipierten Feindbildes ergibt sich durch den Vergleich mit den Bestimmungen des Levantevertrags und den Materialien M 8 a und b.

**Aufgabe 5, S. 119**

*M 5:* Muhammad ibn Abi Amir, von 981 bis zu seinem Tod de-facto-Herrscher von al-Andalus, nahm den Titel „al-Mansur" („der durch den Willen Gottes siegreich ist") an (hispanisiert: Almanzor). Er senkte, um seine Position zu stärken, die Steuern, ließ zahlreiche Bauten errichten und vergrößerte den Umfang der Armee, auf der seine Macht beruhte, erheblich. Er ließ Berbersoldaten aus Nordafrika kommen und stellte christliche Söldner ein. Diese Heere mussten beschäftigt und mit Beute versorgt werden. Almanzor führte sie in den Krieg gegen nordspanische Christen: In über 50 Feldzügen, jeweils einen im

Frühjahr und einen im Herbst eines Jahres, erstürmte und zerstörte er Städte wie etwa 985 im 23. Feldzug Barcelona. Sein berühmtester brachte ihn 997 über Coimbra im heutigen Portugal bis nach Galicien, wo er die Kathedrale von Santiago de Compostela zerstörte und die Bischofsstadt plündern ließ. Nur das Grab des Heiligen ließ er unangetastet. Die Glocken der Kathedrale wurden auf den Schultern versklavter Gefangener bis nach Córdoba geschleppt, wo sie zu Leuchtern für die Moschee umgearbeitet wurden.
Die Quelle zeigt das typische Vorgehen auf al-Mansurs Feldzügen: Plünderung und Zerstörung, aber auch gelegentliche Großzügigkeit. Letztere dokumentierte sich auch beim Erweiterungsbau der Moschee in Córdoba. Hier soll er im Bemühen, jegliches Unrecht zu vermeiden, die Hausbesitzer, deren Häuser wegen der Moscheeerweiterung abgerissen werden mussten, über ihre Forderungen hinaus entschädigt haben.
Zu al-Mansurs Sohn, Abd al-Malik (Reg. 1002–1008), siehe auch M 2 (mit Erläuterungen).

**Aufgabe 6, S. 119**
*M 7:* Das kleine Emirat von Granada, Vasall des Königs von Kastilien, profitierte von seiner günstigen Lage an der Schnittstelle von Fernhandelswegen und von den politischen Umständen. Granadas Haltung ist gekennzeichnet durch Pragmatismus und defensiven Realismus. Man verabschiedete sich von den alten islamischen Ansprüchen auf ganz Spanien.
In allen Verträgen, die Granada wie hier mit Aragón abschloss, nahm die Ökonomie eine bevorzugte Stellung ein. Reisefreiheit und Sicherheit des Handels wurden gefordert bzw. garantiert. Sämtliche Untertanen der Vertragspartner sollten sich nach Belieben zwischen den Märkten hin und her bewegen; und bei Zöllen und Abgaben kam es auf das richtige Augenmaß an. Die Wirtschaftskraft Granadas war beträchtlich, wie auch das Interesse der christlichen Nachbarn, vor allem Genuas, zeigt. Als kleines, geopolitisch stark auf das Mittelmeer ausgerichtetes Land kompensierte es die permanente militärische Bedrohung durch schnellen Zugriff auf die Errungenschaften und Ressourcen des Mittelmeerraums. Damit erklärt sich der hohe Stellenwert, den der freie Personen- und Warenverkehr in den Verträgen Granadas mit den mit Kastilien rivalisierenden Mächten einnimmt.

**Aufgabe 7, S. 119**
*M 8 a:* Hintzen-Bohlen stellt die „Toleranz" der muslimischen Herrschaft heraus und verweist auf die Möglichkeiten, die sich auch Christen und Juden unter islamischer Herrschaft boten, trotz fehlender Gleichberechtigung mit den Muslimen. Auf den Sonderstatus von Christen und Juden geht sie allerdings nicht näher ein. Die schnelle Akzeptanz der islamischen Herrschaft erklärt sie aber auch mit der krisenhaften Lage im Westgotenreich und der daraus resultierenden Unterstützung für die Invasoren.
Darüber, dass sich die Westgoten verhasst gemacht hatten, besteht bei den Historikern Konsens. Das Gotenreich war innerlich gespalten, weil die Nachfolge jedes Herrschers durch Kämpfe entschieden werden musste. Die jüdische Bevölkerung wurde zunehmend unterdrückt und verfolgt. So rief der Erzbischof Julian von Toledo 681 zur völligen Christianisierung auf – unter massiven Strafandrohungen wie Verbannung und Konfiskation der Güter. Die Juden verstanden deshalb die arabische Invasion als Befreiung von westgotischer Unterdrückung und unterstützten die Araber.

**Aufgabe 8, S. 119**
*M 8 b:* Während Hintzen-Bohlen (M 8 a) in ihrer Analyse bei der Eroberung im 8. Jahrhundert ansetzt, geht Fletcher in M 8 b von der Geisteshaltung des 12. Jahrhunderts aus, die durch Vorstellungen einer „Rückeroberung in Kreuzzugsmanier" beeinflusst worden sei, und stellt die Frage, ob dieses Gedankengut bereits in den vorausgegangenen Jahrhunderten verbreitet war. Er hält das für „unwahrscheinlich", auch wenn er damit einen nationalspanischen Mythos in Frage stellt. Zwar verweist er auf die zahlreichen Kriege des 10. Jahrhunderts, doch hält er die Vorstellung von einer durchgängig vorhandenen Reconquista-Idee für unglaubwürdig. Hervorstechendste Tatsache der ersten Jahrhunderte islamischer Herrschaft auf der Iberischen Halbinsel ist für ihn das Desinteresse am Islam – ausdrücklich ausgenommen sind nur materieller Reichtum und Wissen der muslimischen Nachbarn.

**Notizen**

## Arbeitsbereich II: Personen und Mythen – Sankt Jakob und El Cid (Themensonderseiten)

### M 9, S. 120
### Die Legende vom heiligen Jakob in der „Primera Crónica General" (ca. 1289)

Siehe die Erläuterungen zu den Aufgaben 9 bis 13; vgl. ZM 6.1, S. 79.

### M 10, S. 120 f.
### Der Jakobskult in dem sog. Pseudo-Turpin (um 1130/40)

Siehe die Erläuterungen zu den Aufgaben 9 bis 13; vgl. ZM 6.1, S. 79.

### M 11, S. 121
### Skulptur des heiligen Jakob in der Kathedrale von Santiago (17./18. Jh.)

Die Skulptur ist eine barocke Darstellung, erkennbar an der farbigen Bemalung der Skulptur, der detailgenauen Darstellung der Bewegungen der Personen und des Pferdes, an dem genau ausgearbeiteten Faltenwurf der Bekleidung sowie an den ausdrucksstarken Gesichtszügen der Personen.
Siehe auch die Erläuterungen zu den Aufgaben 9 bis 13; vgl. ZM 6.1, S. 79.

**Aufgaben 9 bis 13, S. 121**
„Hätte nicht der Islam Spanien überflutet, so wäre der Kult Sankt Jakobs in Galicien niemals zur Blüte gelangt", schreibt Americo Castro in seiner Geschichte Spaniens. Santiago ist in der Vorstellung spanischer Kämpfer auf einem weißen Pferd mit weißer Fahne und blitzendem Schwert vom Himmel herab zur Hilfe gegen die Muslime gekommen. Diese Vorstellung vom Hilfspatron gegen die „moros" (Matamoros = Maurentöter) hat sich über die Jahrhunderte erhalten und ist sogar mit den spanischen Soldaten nach Amerika gelangt. So erschien er 1553 den Spaniern, „denn diese und auch die Indios sahen ihn, wie er auf einem herrlichen weißen Ross ritt" (GraciIaso el Inca, zit. nach: Arnold Hottinger, Die Mauren. Arabische Kultur in Spanien, München 1995, S. 371).
Santiago war eine Gegenfigur, welche die iberischen Christen erfanden, um sie und ihre Macht den Muslimen gegenüberzustellen. Zur Vertiefung eignet sich die Analyse Castros (siehe Zusatzmaterial ZM 6.1).
*Aufgabe 11 und M 10:* Der Pseudo-Turpin sucht das Gedankengut des 12. Jahrhunderts mit dem Zug Karls des Großen auf die Iberische Halbinsel in Verbindung zu bringen. Hierbei unterlaufen ihm sachliche Fehler, die auch die Schüler quellenkritisch erarbeiten können: So werden in Z. 60 die Almoraviden genannt, die zur Zeit Karls noch nicht existieren und die erst 1086 in Spanien eingreifen. Karl der Große wird als Befreier des Grabes des Heiligen und als erster Pilger dargestellt. 1095 hatte Papst Urban den Kampf gegen die Muslime in Spanien als Teil der Kreuzzugsbewegung interpretiert.
*Historischer Hintergrund:* 778 versuchten die Franken ihre Besitzungen über die Pyrenäen auszudehnen. Die Unterwerfung der Basken gelang, doch die Belagerung Zaragossas wurde abgebrochen, da die Nachricht von einem Aufstand der Sachsen zum Rückmarsch veranlasste. Die Nachhut des fränkischen Heeres geriet in einen Hinterhalt der Basken, möglicherweise verstärkt durch muslimische Abteilungen, und wurde vernichtend geschlagen. Unter den Gefallenen war auch Pfalzgraf Roland, der Markgraf der Bretagne. Die Katastrophe von Roncesvalles inspirierte das Rolandslied, das erste „Chanson de geste".
Erst 813 war in Galizien ein Grab gefunden worden mit einem Leichnam, den man für den des Apostels Jakob des Älteren hielt. Nach der Legende wurde der Körper des Apostels nach dessen Märtyrertod in ein Boot gelegt, das an der galicischen Küste landete. Fischer, die den Körper fanden, sollen durch Sterne *(stella)* zu dem Ort *(campo)* geführt worden sein. Nach der Auffindung des Grabes rund 750 Jahre nach dem Tod des Apostels ließ Alfonso II. von Asturien (791–842) dort eine Kirche und ein Kloster errichten, die Keimzelle für den Wallfahrtsort. 844 besiegte Ramiro I. von Asturien und León die Mauren bei Clavigo. Nach der Legende soll während dieser Schlacht der heilige Jakob erschienen sein und die Christen zum Sieg geführt haben.

### M 12, S. 122 f.
### Darstellung des Rodrigo Díaz in dem altspanischen Heldenlied „Cantar de Mío Cid" (um 1140)

Siehe die Erläuterungen zu den Aufgaben 14 bis 18.

### M 13, S. 123 f. Richard Fletcher über Rodrigo Díaz (1999)

Siehe die Erläuterungen zu den Aufgaben 14 bis 18.

### M 14, S. 123 Titelbild der „Crónica del Cid Ruy Diaz" mit einer Darstellung des Cid (um 1498)

Das Bild zeigt den Cid als spätmittelalterlichen Ritter in der zeittypischen Ausstattung:
Ritterzeug sowie Zaumzeug und Sattel des Pferdes sind reich geschmückt.
Hinter ihm ein Tor, vielleicht das Tor eines Klosters, unter dem eine männliche Person steht, vermutlich ein Mönch. Vor dieser Kulisse kann der mit hoch erhobenem Schwert ausreitende Ritter als Verteidiger des Christentums interpretiert werden. Der Schutz der christlichen Kirche gehörte zu den Aufgaben und Idealen des Ritterstandes.

### M 15, S. 123, Standbild aus dem amerikanischen Spielfilm „El Cid" (1961)

Siehe die Erläuterungen zu den Aufgaben 14 bis 18.
*Didaktischer Hinweis:* Historische Spielfilme geben in der Regel weniger Aufschluss über die Zeit, die sie in Szene setzen, als vielmehr über das Selbstverständnis der Epoche, in der sie gedreht, bzw. der Länder, in denen sie hergestellt wurden. Hollywoodfilme sind eine ausgezeichnete Geschichtsquelle, weil sich in ihnen Kontinuität und Wandel des identitätsstiftenden amerikanischen Wertesystems spiegeln.
Schülerinnen und Schüler können den Cid-Film über die in Aufgabe 19 formulierten Arbeitsaufträge hinaus vor diesem Hintergrund kritisch untersuchen.

### M 16, S. 124 Richard Fletcher in der Auseinandersetzung mit der Cid-Darstellung von R. M. Pidal (1999)

Siehe die Erläuterungen zu den Aufgaben 14 bis 18.

**Aufgaben 14 bis 18, S. 124**

Die überlieferten schriftlichen Quellen, die das Leben von Rodrigo Díaz behandeln, sind überschaubar; sie sind im Vergleich zu dem, was sonst aus dem 11. Jahrhundert an Quellen erhalten ist, aber recht ausführlich. Das früheste literarische Zeugnis ist eine Folge lateinischer Verse, welche die frühen militärischen Erfolge von Díaz verherrlichen. Vermutlich wurde es um 1083 verfasst. Das zweite lateinische Werk ist die sog. Historia Roderici, wohl in den ersten zwanzig Jahren nach Rodrigos Tod geschrieben. Auch die Werke zweier arabischer Zeitgenossen, Ibn Alquamas und Ibn Bassams, beschäftigen sich mit der Karriere des Cid. Alle späteren Werke sind mehr oder minder durch Ausschmückungen verzerrt.
*M 12:* Der „Cantar de Mío Cid" eignet sich nicht als Beweisquelle für wesentliche historische Argumentationen. Das Gedicht ist allerdings insofern von Bedeutung, als hier zum ersten Mal ein Cid auftritt, der den Schritt von der historischen Figur zum Mythos getan hat. Dieser historische Wert tritt allerdings zurück hinter seine literarische Bedeutung.
Drei wichtige Charakteristika unterscheiden den Cid des Gedichts von dem der Geschichte. Im Cantar ist er Kastilier, was immer wieder betont wird. Er ist zweitens im Gedicht ein kämpferischer Christ, der z. B. Valencia für die Christenheit zurückgewinnen will. Über Rodrigos Aktivitäten als Söldnerführer in muslimischen Diensten wird ebenso wenig berichtet wie über seine gemeinsamen Kämpfe mit den Muslimen. Muslime sind immer die Gegner.
Drittens wird Rodrigo Diaz im Gedicht grundsätzlich als loyal gegenüber seinem Herren, König Alfonso, dargestellt. Diese Darstellung des Cid fand natürlich in Kastilien besonderen Anklang. Dazu erklärt Richard Fletcher in seinem Buch über das Leben des spanischen Nationalhelden: „Hier war ein Reich, das von denen in Gefahr gebracht wurde, die partikuläre Interessen über das Gemeinwohl stellten, die ihren christlichen Patriotismus vernachlässigten und ihre Pflichten gegenüber dem König vergaßen. [...] Ein Thema, das in dem Gedicht immer wieder anklingt, ist, dass sich der Cid und seine Gefolgsleute durch die Bekämpfung der Mauren verbesserten und sich außerordentlich bereicherten. Vielleicht war dies eine Erinnerung, die [...] im Vorfeld von Las Navas gebraucht wurde." (Richard Fletcher, El Cid. Leben und Legende des spanischen Nationalhelden, Weinheim u. a. [Beltz Quadriga] 1989, S. 314.)
Zur Kritik Fletchers an der Cid-Darstellung von Menéndez Pidal siehe M 16 und Zusatzmaterial ZM 6.2, S. 80.

**Aufgabe 19, S. 124**

Siehe die didaktischen Hinweise zu M 15.

| Zusatzmaterial ZM 6.1 | **Zur Geschichte der Sankt-Jakob-Verehrung** |
|---|---|

**Der Historiker Americo Castro schreibt in seiner Geschichte Spaniens (1957)**

Der uralte Glaube an Sankt Jakob [...] erlangte seine große Bedeutung und seine Struktur als eine gegen den maurischen Glauben gerichtete und diesem in gewisser Weise ähnliche Überzeugung. Wir dürfen ihn nicht als fromme Fabel betrachten und ihn etwa den Legenden der verschiedenen Jungfrauen von Guadalupe, von Zaragoza, von Montserrat und vielen anderen Orten gleichsetzen. Sankt Jakob war ein bejahendes, gegen die Mauren gerichtetes Glaubensbekenntnis, unter dessen Schutz und mit dessen Hilfe Schlachten gewonnen wurden, die nichts Imaginäres an sich hatten. Sein Name wurde zum nationalen Kriegsruf, eine Antwort auf den Ruf der Sarazenen. Im Jahre 1140 heißt es im „Cid", dem größten Heldenepos der spanischen Christenheit:

„Die Mauren rufen Mohammed, und die Christen Sankt Jakob" (V. 73).

[...] Die Könige benutzten Santiago als Quelle internationalen Prestiges, dessen sie dringend bedurften. Seit dem 10. Jahrhundert kannte Europa die kulturellen und intellektuellen Leistungen Córdobas, und auf diese Stadt richteten sich alle Augen, wenn das europäische Denken vom Jenseits zum Diesseits abschweifte. Der Islam schenkte Europa Mathematik, Philosophie, Medizin, Dichtung, verschiedene Techniken, und außerdem bot er ihm den prächtigen Anblick von Städten wie Sevilla, Córdoba und Almería, die Handelsverkehr mit Nordeuropa pflegten. All dem hatten die christlichen Königreiche fast nichts entgegenzustellen außer der unerhörten Gunst, die Gott ihnen mit dem Geschenk des Körpers von Sankt Jakob erwiesen hatte.

Wir können heute nicht länger verstehen, was eine derartige Reliquie in einer Zeit bedeutete, in der die Beweise der göttlichen Gunst mehr galten als selbst die hervorragendsten menschlichen Leistungen. Damals stellte Gott in der Gesellschaft eine tatsächliche Macht dar, heute hingegen trägt man seinen Namen zwar auf den Lippen oder sogar im Herzen, doch Krieg und Frieden werden von anderen Ursachen bestimmt, und der Glaube an Ihn bietet keinen Anlass mehr zu einem Treffen der Staatsoberhäupter.

*Americo Castro, Spanien. Vision und Wirklichkeit, Übers. Suzanne Heintz, Köln u. a. (Kiepenheuer & Witsch) 1957, S. 160 f.*

| Zusatzmaterial ZM 6.2 | **Zur Rezeption des Cid-Mythos in Spanien** |
| --- | --- |

**Die Kritik des Historikers Richard Fletcher an der Cid-Darstellung von Menéndez Pidal von 1929 (1999)**

In den vergangenen 70 Jahren haben alle Historiker, die sich mit dem Spanien des 11. Jahrhunderts beschäftigten, im Schatten dieses großen und exzentrischen Werkes gearbeitet. Wie ich in einem späteren Kapitel zu zeigen versuche, entwirft Menéndez Pidal ein als Geschichte verkleidetes Bild des Cid, das eine Botschaft für seine eigene Zeit darstellt. (Dasselbe ließe sich von vielen berühmten historischen Werken sagen.) Als ein Patriot, dessen Heimatland unruhige Zeiten durchmachte, präsentierte er seinen Landsleuten einen Nationalhelden, an dem sie sich erfreuen konnten und dessen Tugenden sie nacheifern sollten. Für Menéndez Pidal gab es keine Trennung zwischen Geschichte und Mythos.

Der Cid der Geschichte war in seinem Charakter und in seinen Taten ebenso makellos wie der Cid der Sage. [...]

Zwei Jahre nach der Veröffentlichung des Buches kam die Abdankung Alfons' XIII. und die Ausrufung der Zweiten Republik, fünf Jahre danach der Ausbruch des Bürgerkrieges und 1939 der Sieg der Nationalisten unter der Führung von General Franco. Der von Menéndez Pidal gezeichnete Cid – der Katholik, der Kastilier, der Kreuzritter (nicht aber der Loyalist!) – war für die Propagandisten Francos unwiderstehlich. Schon in einer frühen Phase des Konflikts traten die Nationalisten mit dem Anspruch auf, es handle sich bei ihrer Bewegung um einen „Kreuzzug", und das kam dann später im Titel der offiziellen Geschichte des Kampfes zum Ausdruck. Propagandistisch schlachtete man die Tatsache aus, dass Franco ebenso wie der Cid eine Beziehung zu Burgos hatte. Im Jahre 1937 wurde dort eine Zeitschrift mit dem Titel Mío Cid gegründet: Ihr erster Leitartikel verkündete das Ziel, „die Standarte des Cid in ganz Spanien aufzurichten". In demselben Jahr erschien eine Sammlung moderner Balladen, die ausdrückliche Vergleiche zwischen dem Cid und Franco enthielten. Gegen Ende des Krieges verglich General Aranda seinen Vormarsch von Teruel zum Mittelmeer mit den Feldzügen des Cid in der Levante. Unmittelbar nach dem Kriege wurde das große Reiterstandbild des Cid, das in Burgos steht, in Auftrag gegeben. La España del Cid wurde Pflichtlektüre für Kadetten an spanischen Militärakademien und blieb es noch lange.

*Richard Fletcher, El Cid. Leben und Legende des spanischen Nationalhelden, Übers. Martin Pfeiffer, Weinheim u. a. (Beltz Quadriga) 1999, S. 9 f. und 329 f.*

## Arbeitsbereich III: Kultur im maurischen Spanien

**M 17, S. 125**
**Klagen eines christlichen Autors (9. Jh.)**

Siehe die Erläuterungen zu Aufgabe 20.

**M 18 a, S. 125**
**Richard Fletcher über die Landwirtschaft im maurischen Spanien (1999)**

Siehe die Erläuterungen zu Aufgabe 21.

**M 18 b, S. 125 f.**
**Darstellung zu Gewerbe und Verkehr im maurischen Spanien (2001)**

Siehe die Erläuterungen zu Aufgabe 21.

**M 19 a, S. 126 f.**
**Sigrid Hunke über Stadtentwicklung und Stadtkultur in Córdoba (1960)**

Siehe die Erläuterungen zu den Aufgaben 23 bis 25.

**M 19 b, S. 127**
**Ibn al-Khatib über die Stadt Málaga (14. Jh.)**

Siehe die Erläuterungen zu den Aufgaben 23 bis 25.

**M 20, S. 128**
**Arnold Hottinger zur Mathematik (1995)**

Siehe die Erläuterungen zu Aufgabe 27.

**M 21, S. 128**
**Buchillustration: Eine öffentliche Bibliothek (13. Jh.)**

Siehe die Erläuterungen zu Aufgabe 27.

**M 22 a, S. 129**
**Antonio Muñoz Molina über die Bibliothek von Córdoba (1994)**

Siehe die Erläuterungen zu den Aufgaben 28 bis 30.

**M 22 b, S. 129 f.**
**Ibn al-Khatib über das Zusammenleben der Kulturen (14. Jh.)**

Siehe die Erläuterungen zu den Aufgaben 28 bis 30.

**M 22 c, S. 130**
**Erdmute Heller über das Zusammenleben der Kulturen (1992)**

Siehe die Erläuterungen zu den Aufgaben 28 bis 30.

**M 22 d, S. 130**
**Arnold Hottinger über jüdisches Leben in al-Andalus (1995)**

Siehe die Erläuterungen zu den Aufgaben 28 bis 30.

**M 22 e, S. 130 f.**
**W. Montgomery Watt über das Zusammenleben der Kulturen (1992)**

Siehe die Erläuterungen zu den Aufgaben 28 bis 30.

**Aufgabe 20, S. 131**

*M 17* demonstriert den Einfluss von arabischer Kultur und Sprache zu einer Zeit lange vor der glanzvollen Blüte im 10. Jahrhundert.
*Didaktischer Hinweis:* Die Quelle eignet sich als Einstieg in den Arbeitsbereich III, da anhand dieser Quelle die Leitfrage gestellt werden kann, warum die Zeugnisse der muslimischen Kultur, d. h. die arabischen Bücher, solche Attraktivität für die Gelehrten der damaligen Zeit besaßen.
Mögliche Hypothese: Die lateinischen Schriften jener Zeit waren ausschließlich auf Kirchenfragen beschränkt, die arabischen deckten ein wesentlich weiteres Wissensspektrum ab.

**Aufgaben 21 und 22, S. 131**

Zur Illustration kann die Karte „Pflanzen, die die Araber nach Europa brachten" ergänzend eingesetzt werden (siehe Zusatzmaterial ZM 6.3, S. 84).
Ergänzender Hinweis zu Karte ZM 6.3: Im muslimischen Kerngebiet der Iberischen Halbinsel gab es schon in vorislamischer Zeit eine hoch entwickelte Wirtschaft, die dann von den Muslimen weiterentwickelt wurde. Neben den neu eingeführten wurden auch die vorgefundenen Kulturpflanzen sorgfältig kultiviert, z. B. Feige und Rosine. Der Weinanbau wurde trotz Alkoholverbots betrieben, insbesondere in den Gebieten von Málaga, Jerez und Sevilla.
Als Beispiel für eine Karte zum Thema Gewerbe und Verkehr kann die von Kettermann herangezogen werden:

*Günter Kettermann, Atlas zur Geschichte des Islam, Darmstadt (Wiss. Buchgesellschaft) 2001, S. 62.*

**Aufgaben 23 bis 25, S. 131**

*M 19 a:* Größe, Anlage und Ausstattung machten Córdoba zu einem Mittelpunkt muslimischer Zivilisation auf der Iberischen Halbinsel. Im 10. Jahrhundert war es die kultivierteste Stadt des Abendlandes. Selbst Roswitha von Gandersheim lobte die Stadt: „Über den Westen strahlt die leuchtende Zier der Welt, Córdoba." Die urbane Kultur ist für die damaligen Verhältnisse einzigartig. Selbst wenn man Übertreibungen der arabischen Geschichtsschreibung in Rechnung stellt, erreichte Córdoba eine für europäische Zeitgenossen kaum vorstellbare Infrastruktur. Und da sich die Kalifen auch als Mäzene von Kunst und Wissenschaft verstanden, wurde die Stadt zum Anziehungspunkt für Wissenschaftler, Künstler und Literaten. Die durch persischen Einfluss verfeinerten Sitten des Hofes beeinflussten auch den christlichen Norden. Schon im 9. Jahrhundert führte der Sänger Ziryab die feinen Hofgebräuche Bagdads ein, die sich auf Benimmregeln, Tischmanieren, Speisen und Wohnkultur bezogen. So stellte er die bis heute bekannte Speisenfolge auf, die mit einem Dessert abschloss. Söhne aus christlichen Königshäusern kamen zur Erziehung für einige Zeit nach Córdoba, und das Arabische löste die lateinische Sprache als *lingua franca* ab. Es wird unverzichtbar für Wissenschaft, Literatur und Politik.

Heute vermittelt das Stadtbild nur noch einen Schimmer von dem, was Córdoba einmal war. Nur die Moschee zeugt noch von vergangener Größe. Die märchenhafte Palaststadt, die Abd ar-Rahman III. bauen ließ, als er sein Reich zum Kalifat erklärte, wurde schon im 11. Jahrhundert wieder zerstört.

*M 19 b:* Die Beschreibung Málagas, das zum Emirat von Granada gehört, stammt aus nasridischer Zeit. Der Autor, ein granadinischer Wesir, Dichter und Gelehrter, schreibt hier im Stil einer geografisch gefärbten Lokalgeschichte. Es handelt sich um den Auszug aus einem Vergleich zwischen dem granadinischen Málaga und dem nordafrikanischen Salé, bei dem Málagas Vorzüge gepriesen werden im Vergleich zu dem nur mittelmäßigen Salé. Die Beschreibung lässt wichtige städtische Strukturen erkennen – hier bietet sich ein wiederholender Rückgriff auf Kapitel 4 zur Stadt im Orient an – und sie enthält Angaben zu Landwirtschaft, Gewerbe und Verkehr, die mit den Ergebnissen zu den Aufgaben 21 und 22 verknüpft werden können.

Sowohl der Sekundärtext von Hunke über Córdoba (M 19 a) als auch der Quellentext zu Málaga (M 19 b) fallen durch ihre enthusiastische Darstellung auf und bedürfen einer sachlichen Prüfung. Für die Beurteilung des Sekundärtextes kann auch der Quellentext aus dem Kitab A'mal al-a'lam herangezogen werden (siehe Zusatzmaterial ZM 6.4, S. 85).

**Aufgabe 27, S. 131**

Literatur, die auch für die Hand der Schülerinnen und Schüler geeignet ist:

*Juan Vernet, Die spanisch-arabische Kultur in Orient und Okzident, Zürich u. a. (Artemis) 1989.*

*W. Montgomery Watt, Der Einfluss des Islam auf das europäische Mittelalter, Berlin (Wagenbach) 1992.*

*Arnold Hottinger, Die Mauren. Arabische Kultur in Spanien, München (Wilhelm Fink) 1995.*

*Francesco Gabrieli (Hg.), Mohammed in Europa, Augsburg (Bechtermünz) 1997.*

*Didaktischer Hinweis:* Als Impuls können Zusatzmaterial ZM 6.5 (Zeitschriftenartikel aus dem „Stern" von 2001) oder Zusatzmaterial ZM 6.6 ( Zeitungsartikel aus der „Frankfurter Allgemeinen Sonntagszeitung" von 2001) eingesetzt werden (S. 86–89).

**Aufgaben 28 bis 30, S. 131**

Die in der älteren Forschung häufiger geäußerte Auffassung, dass die Muslime weder eine originelle Kultur noch eine eigene Zivilisation geschaffen hätten, ist mittlerweile genauso obsolet wie die Behauptung, die spanische Nation sei das Ergebnis jahrhundertelanger Kämpfe gegen die muslimischen Eindringlinge. Die Iberische Halbinsel erweist sich nach neuestem Forschungsstand als ein Ort großer Durchlässigkeit und intensiver Begegnung. Man kann von wechselseitigen Strömungen sprechen, und zwar in der ersten Phase vor allem geprägt durch das hoch entwickelte al-Andalus, in der Zeit des Niedergangs muslimischer Herrschaft, aber auch in umgekehrter Richtung, was vor allem M 22 b verdeutlicht. Unabhängig von den Kämpfen zwischen Christen und Muslimen gab es vielfältige Kontakte.

Siehe dazu Zusatzmaterial ZM 6.7, S. 90–92.

Der Text ist auch für den Einsatz im Unterricht geeignet.

Bei der Beurteilung der Leistungen der muslimischen Kultur fühlten sich viele Forscher bemüßigt, die Araber als bloße Übermittler des Wissens der Griechen abzuqualifizieren. Es fiel schwer, die originären Leistungen als solche anzuerkennen. Quasi als Gegengewicht dazu neigten andere Wissenschaftler zu übertrieben positiven Bewertungen. Unstrittig ist mittlerweile, dass sich die europäischen Naturwissenschaften und die Philosophie ohne die Araber nicht so hätten entwickeln können, wie sie es taten. Sie waren, wie Watt formuliert, echte Kulturträger. Nicht zu vernachlässigen ist in diesem Zusammenhang die Rolle der Juden. Ihnen kommt beim Austausch mit dem christlichen Abendland vor allem zwischen 1100 und 1300 die Rolle von Kulturübermittlern zu, nicht zuletzt deshalb, weil sie als Übersetzer fungieren konnten.

Von drückender Fremdherrschaft kann angesichts der kulturellen Kraft der Mauren nicht gesprochen werden (siehe dazu auch M 34), doch sollte nicht das Missverständnis aufkommen, es habe in maurischer Zeit keinerlei Unterdrückung und Verfolgung gegeben. Das zeigt auch M 22 a deutlich.

**Notizen**

| Zusatzmaterial ZM 6.3 | **Pflanzen, die Araber nach Europa brachten** |
|---|---|

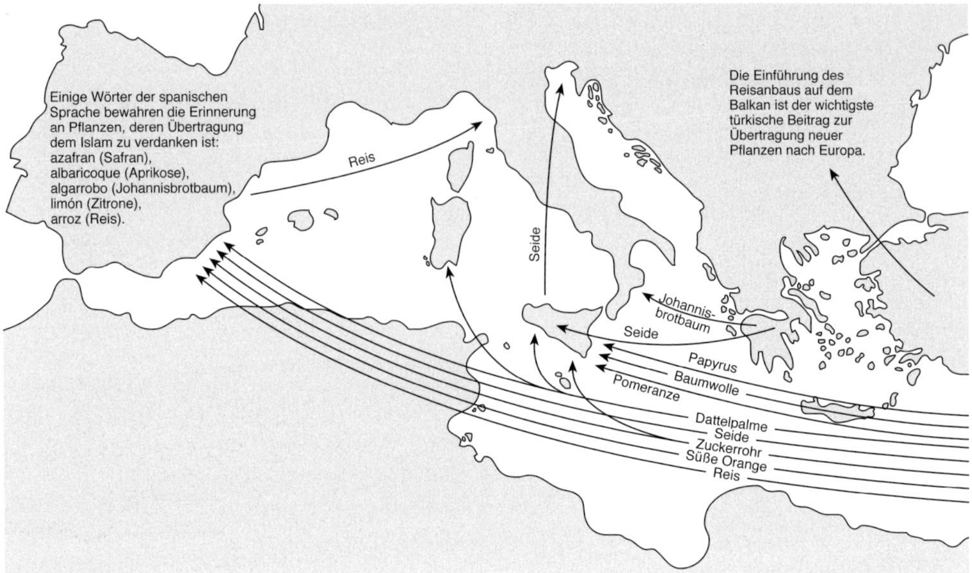

| Zusatzmaterial ZM 6.4 | **Córdoba in einer Quelle aus dem 14. Jahrhundert** |
|---|---|

**Der Historiker Abdallah ibn al-Khatib schrieb in seinem Werk „Kitab Amal al-alam" über Córdoba (1372/74)**

Córdoba mit seinen geräumigen Vierteln dehnte sich der Weite und Breite nach aus, bis die Anzahl der Vorstädte einundzwanzig betrug, und zwar würde jede dieser Vorstädte zu den größten spanischen Städten an und für sich zählen. […]
Das Moscheeviertel zählt als zwei Vorstädte:
(1) Die unmittelbare Umgebung der Moschee als eine Vorstadt, die von ihrem Bürgermeister *(arif)* und seinen Wachen (*maharis*) selbstständig verwaltet wird.
(2) Eine für sich abgeschlossene Vorstadt, deren Bürgermeister ebenfalls selbstständiger Verwalter ist.
Der zur Zeit des Berberaufstandes ausgeworfene Stadtgraben hat auf seinen drei Seiten – auf der Südseite ersetzt ihn der Guadalquivir – einen Umfang von siebenundvierzigtausendfünfhundert Ellen oder fünfzehnfünfsechstel Meilen.
*(Nafh I, 299)* Eine andere Quelle besagt: Der von der Stadtmauer umschlossene Durchmesser betrug von Süden nach Norden ohne die Vorstädte sechzehntausend Ellen. Zur Zeit der Umaiyaden war die bebaute Stadtfläche acht Parasangen weit und zwei Parasangen breit, das heißt vierundzwanzig beziehungsweise sechs Meilen. Dieser gesamte Komplex bestand aus Residenzen, Palästen, Moscheen und Gärten längst des Guadalquivir („Großen Flusses"), des einzigen arabisch benannten spanischen Flusses. Seit der islamischen Landnahme hat sich Córdoba bis zum Jahre 400 H unausgesetzt vergrößert; seither ging die Stadt jedoch zurück. Die zahlreichen lokalen Erhebungen bedingten ihren Verfall und – der ungläubige Feind eroberte Córdoba am 23. *sawwal* 633 H – die Endkatastrophe.
Dieselbe Quelle berichtet: Die ummauerte Peripherie der Stadt betrug ohne die Vorstädte dreiundzwanzigtausend Ellen, die Peripherie des Regierungsviertels tausendeinhundert Ellen. Córdoba hat einundzwanzig Vorstädte und jede Vorstadt die für ihre Bewohner hinreichende Anzahl Moscheen, Märkte und Bäder. Außerhalb der Stadt liegen dreitausend *alquerías*. In jedem dieser Landorte existiert eine Kanzel für einen Theologen, der als Rechts- und Gesetzesgelehrter die *qalansuwa*-Kopfbedeckung tragen darf; Letztere darf nur derjenige tragen, der das Werk *al-Muwatta'* oder – nach anderen – zehntausend Prophetenaussprüche und das Werk *al-Mudawwana* auswendig gelernt hat. Diese Privilegierten erscheinen jeden Freitag in der Stadt zum Gebet mit dem Kalifen; sie erweisen ihm Reverenz und setzen ihn über ihre örtlichen Verhältnisse in Kenntnis.
Zu al-Mansurs Zeit erreichten die Steuereinkünfte gut und gern den Betrag von drei Millionen *dinar*; an anderer Stelle brachten wir widersprechende Angaben: Gott allein kennt die Wahrheit.

*Abdallah ibn al-Khatib, Amal al-alam, o. O. 1372–1374, hg. und übers. von Wilhelm Hoenerbach, Islamische Geschichte Spaniens, Zürich u. a. (Artemis) 1970, S. 217–219.*

| Zusatzmaterial ZM 6.5 | **Zur islamischen Kultur und Wissenschaft im Mittelalter** |
|---|---|

**Die Journalistin Petra Schnitt schreibt in einem Artikel der Zeitschrift „Stern" (2001):**

Medizin und Sternenkunde

*Hoch entwickelte Zivilisation auf der einen, barbarische Sitten auf der anderen Seite: Im Mittelalter brachten Muslime dem christlichen Abendland Wissenschaft und Kultur nahe*

Der Traum von einer multikulturellen Gesellschaft? Sie waren ihm ziemlich nahe gekommen. Globalisierung? Der damalige Welthandel gehörte weitgehend ihnen. Medizin? Unsere fränkischen Vorfahren praktizierten noch mit dem Hackebeil, da kannten sie längst die heilende Wirkung des Schimmelpilzes Penicillium. Auch in Mathematik, Astronomie, Physik waren sie führend und in den schönen Künsten Meister. Philosophie? Ohne sie, die Muslime, wären uns die alten Griechen von Aristoteles bis Sokrates womöglich nicht erhalten geblieben. Hegemonialmacht? Kolonialherrschaft? Ja, auch das war Teil des islamischen Weltreichs.

Der Okzident als Erbe des Orients

Viele Historiker tun sich schwer, den Einfluss der islamischen Kultur aufs christliche Abendland neidlos anzuerkennen. Aus heutiger Sicht irritiert diese Umkehrung des Weltbilds: hoch entwickelte Zivilisation auf Seiten der Muslime, mittelalterliche Barbarei auf Seiten der Christen. Doch Fakt ist: Als die arabischen Stämme nach dem Tod des Propheten Mohammed 632 n. Chr. den Koran als Offenbarung über die Grenzen Arabiens hinaus nach Ägypten, Syrien, Irak, Persien und schließlich Spanien trugen, legten sie damit den Grundstein für eines der mächtigsten Schöpfungswerke der Menschheitsgeschichte. Schon zwei Jahrhunderte später prägte die islamische Kultur mit ihren Elementen aus dem griechischen, römischen und persischen Erbe den Alltag der Menschen zwischen Spanien und dem Indus-Tal, den Steppen Zentralasiens und dem Indischen Ozean. Während die Kaufleute in Nürnberg oder Genua noch umständlich mit Kugeln auf Rechenbrettern hantierten, addierten und multiplizierten die Händler in Damaskus und Kairo Gewinn und Verlust längst in Ziffern im Dezimalsystem. Im Orient, wo seit 1065 die „Hohe Schule" von Bagdad Mittelpunkt der arabischen Wissenschaft war, hatte man schon früh die in Indien gebräuchlichen Zahlen entdeckt. Und sogleich verfasste der Mathematiker und Astronom al-Chwarismi ein Werk zu ihrer praktischen Anwendung. Sein Buch, ins Lateinische übertragen, besiegte schließlich das Rechenbrett. Al-Chwarismi (lat. Algoritmi) lebt weiter in unserem Wort „Algorithmus", ebenso wie in „Algebra". Der Mathematiker hat auch ein Büchlein über das Umformen von Gleichungen verfasst, „al-gabr w'al-muqobabh".

Spanien, die westlichste Wirkungsstätte der Muslime, blühte unter ihrer Herrschaft auf. Bis heute gilt es vielen Gläubigen und Orientalisten als das „verlorene Paradies". Was wir Multikulti nennen, das entspannte Zusammenleben unterschiedlicher Religionen und Kulturen – hier gelang es weitgehend: Muslime, Juden und Christen lebten in Sevilla, Granada, Córdoba und Toledo relativ friedlich neben- und miteinander. Wohlhabender (der Handel zwischen Morgen- und Abendland florierte), gebildeter (wer auf sich hielt, lernte Arabisch) und gesünder als ihre nördlichen Nachbarn waren sie vermutlich auch.

High-Tech-Medizin im Mittelalter

Während im christlichen Norden noch Kurpfuscher mit Gottvertrauen und Knochensäge ihre Patienten leicht mal zu Tode kurierten, benutzten arabische Mediziner bei chirurgischen Eingriffen Instrumente wie Kratzeisen und feine Bohrer. Für den stationären Aufenthalt gab es Krankenhäuser, mit denen heute nur noch noble Privatkliniken vergleichbar wären.

*Fortsetzung auf Seite 87*

| Zusatzmaterial ZM 6.5 | **Zur islamischen Kultur und Wissenschaft im Mittelalter** |
|---|---|

*Fortsetzung von Seite 86*

Übrigens: Frauen- und sinnenfeindlich, wie ihre Nachfahren heute oft scheinen, waren die alten Muslime nicht. Ali ibn-Hasm, der Ovid der arabischen Liebeskunst, regte die Geliebte in seinem Werk „Das Halsband der Taube“ an: „Sei hochmütig: ich werde es ertragen; Sei stolz: ich werde es erdulden ...“

An einem schneekalten Januarmorgen 1492 war die glorreiche Zeit vorbei. Boabdil, letzter König des maurischen Reichs in Spanien, übergab den Schlüssel der Stadt Granada an die kastilischen Herrscher Ferdinand und Isabella. Die Stelle, wo Boabdil einen letzten Blick zurück warf, heißt noch heute „el ultimo suspiro del Moro“, der letzte Seufzer des Mauren. Der Muslim Salman Rushdie, gegen den Ayatollah Khomeini 1989 eine Fatwa aussprach, machte den Seufzer zum Titel eines seiner Romane.

*Petra Schnitt, Medizin und Sternenkunde, in: Stern Nr. 44, 2001, S. 70.*

| Zusatzmaterial ZM 6.6 | **Zur Mathematik in der islamischen Kultur** |
| --- | --- |

**Der Journalist Wolfgang Blum schreibt in der „Frankfurter Allgemeinen Sonntagszeitung" (2001)**

Ausgerechnet nach Mekka

*Die korrekte Gebetshaltung als Fall der angewandten Mathematik*

Gläubige Moslems sinken fünfmal täglich auf die Knie und beugen sich zum Gebet gen Mekka. Dieses Ritual hat in vergangenen Jahrhunderten den Fortschritt der Naturwissenschaften befördert. Islamische Gelehrte entwickelten seit dem achten Jahrhundert ausgeklügelte Methoden, um von jedem beliebigen Ort die Richtung, in der Mekka liegt, die Qibla, korrekt zu bestimmen. In einer Zeit, als die Europäer die Erde noch für eine flache Scheibe hielten, konnten sie bereits deren Krümmung errechnen. Ziel der Bemühungen war es, nicht nur Betende, sondern auch Moscheen und selbst ganze Ortschaften, etwa Taza in Marokko oder Stadtteile von Kairo, nach der Qibla auszurichten.

In den vergangenen Jahren sind zwei historische Instrumente aufgetaucht, mit denen sich die heilige Richtung ermitteln lässt. Beide zeigen eine Karte der islamischen Welt auf einer Messingscheibe. Da sie nicht für die Navigation vorgesehen war, hat sie keine Ähnlichkeit mit einer herkömmlichen Karte: Weder Landformen noch Meere oder Flüsse sind zu sehen. Die Mitte bildet Mekka, und um dieses Zentrum sind mehr als hundert Städte von Andalusien bis China in einem Netz von geografischen Längen und Breiten verzeichnet. Am Rand ist eine kreisförmige Skala angebracht. Wird der in Mekka verankerte Zeiger über einen Ort gedreht, lässt sich auf dieser Skala die Qibla ablesen. Ein Maßstab auf dem Zeiger gibt zudem die Entfernung an.

Die beiden Apparate wurden im 17. Jahrhundert in der Nähe von Isfahan im heutigen Iran hergestellt. „Aber das kartografische Netz ist vermutlich viel älter", urteilt David King vom Institut für Geschichte der Naturwissenschaften der Universität Frankfurt am Main, der die Funde untersucht hat.

Jan Hogendijk von der Universität Utrecht stöberte vor wenigen Wochen zwei Handschriften in einer Bibliothek in Istanbul auf, die Kings Behauptung bestätigen. Die eine stammt aus dem Bagdad des 10. Jahrhunderts, die andere aus dem Isfahan des 11. Jahrhunderts. Sie beschreiben, wie sich die Qibla mit Hilfe von Ellipsen berechnen lässt.

Die Breitengrade auf beiden Instrumenten sind durch Kreisbögen angenäherte Ellipsen. Vor ihrem Fund habe man solche kartografischen Netze für eine europäische Erfindung des 20. Jahrhunderts gehalten, sagt King. Die Kunsthandwerker von Isfahan allerdings hätten die Markierungen allein nie so korrekt platzieren können, davon ist der Wissenschaftshistoriker überzeugt. Er glaubt, sie hätten ein älteres Modell kopiert. Die Kartenprojektion sei wesentlich auf Abu'l-Rayhan al-Biruni (973–1048) zurückzuführen, der in Ghazna im heutigen Afghanistan lebte. Islamische Gelehrte hatten von den Griechen die mathematische Geografie übernommen, insbesondere die ptolemäischen Listen; diese zählten die Längen- und Breitengrade verschiedener Orte auf. Schon im 9. Jahrhundert versuchte man, die Koordinaten von Mekka und Bagdad möglichst genau zu bestimmen, um die heilige Richtung zu berechnen. Al-Biruni erhielt im 11. Jahrhundert den Auftrag, die Qibla von Ghazna herauszufinden. Sind die geografischen Daten bekannt, lässt sich die Quibla mit Hilfe der sphärischen Trigonometrie, der Mathematik der Winkel auf einer Kugeloberfläche, oder einer Projektion in die Ebene ausrechnen.

*Fortsetzung auf Seite 89*

| Zusatzmaterial ZM 6.6 | **Zur Mathematik in der islamischen Kultur** |
|---|---|

*Fortsetzung von Seite 88*

Die Formel für eine exakte Lösung lautet:

$q = \cot^{-1}((\sin a \cos c - \cos a \tan b)/\sin c)$

wobei q für die Quibla steht, a für die Ortsbreite, b für die Breite von Mekka, c für die Differenz der Länge. Die muslimischen Astronomen schreiben diese Formel zwar so nicht auf, doch waren ihre Ansätze mathematisch gleichwertig.
Die Analyse der beiden Instrumente ist King zufolge noch immer nicht abgeschlossen. Mehr als 10 000 arabische und persische astronomische Handschriften schlummern in den Bibliotheken; nur die Hälfte ist katalogisiert und erst eine Minderheit ausgewertet.
Heute weisen moderne geografische Koordinaten die Richtung. Ist keine Moschee in der Nähe, orientieren sich die Gläubigen nach astronomischen Horizontphänomenen. Manche Moslems führen – meist, ohne sich dessen bewusst zu sein – die Tradition der beiden historischen Instrumente fort und tragen computergesteuerte Gebetsuhren, die summen, sobald sie korrekt nach der Qibla ausgerichtet sind.

*Wolfgang Blum, Ausgerechnet nach Mekka, in: Frankfurter Allgemeine Sonntagszeitung vom 30. Dezember 2001.*

| Zusatzmaterial ZM 6.7 | **Zum Kulturkontakt zwischen Christen und Muslimen** |
|---|---|

**Der Historiker Gottfried Liedl über die Entwicklung des Islam im westlichen Mittelmeerraum (1998)**

Was zu betonen ist: der absolute Sonderweg des westlichen Islam – seine mediterrane, seine „europäische" Natur. Nicht nur aus geografischen Gründen ist der Westen ziemlich autark (von Mekka, Damaskus und Bagdad liegt Spanien fast ebenso weit entfernt wie New York oder Boston von London); beinahe wichtiger noch ist ein politischer Umstand. Der Sturz des Umaiyaden-Kalifats von Damaskus durch die dann in Bagdad residierenden Abbasiden (ab 750 bzw. 760) teilte die islamisch dominierte Méditerranée in zwei Hälften, Teile, die in der Folge immer weiter auseinander drifteten. Spanien blieb den Umaiyaden treu, zumal ein Spross dieses Geschlechts, Abd ar-Rahman, dort Zuflucht fand und ab 756 seine Dynastie „andalusisch" neu begründete. Schon früh zeigt sich der Westen von seiner „renaissancistischen" Seite – und wie in Córdoba die Umaiyaden ihr Kalifat (ab 929), so ließen später andere gleich ganz Spanien wieder aufleben: Immer wieder wurde al-Andalus, wie die Araber ihr Spanien nannten, nach enormen Rückschlägen im Kampf gegen die Christen „neu begründet" – zuletzt von den Nasriden, der renaissancistischen Dynastie schlechthin, die sich bis 1492 in Granada halten konnte.

Eigenständigkeit des westlichen Islam aber auch auf der anderen Seite der Straße von Gibraltar, in Nordafrika. Religiös ohnehin: Man denke nur an die zahlreichen Brandherde der Häresie, die dort, auf altem römisch-christlichem Boden, immer wieder aufflammten – von den Kharidjiten (im 8., 9. Jahrhundert) bis zur historisch bedeutsamsten Häresie, der Bewegung der Fatimiden, die ihren Ausgang als religiöse Dissidenz im westlichen Nordafrika nahm und, nach der Eroberung weiter Gebiete im Osten, ein eigenes schiitisches Kalifat errichtete, das Kalifat von Kairo (ab 969/973). Aber auch politisch zeichnen sich in Nordwestafrika schon früh die Strukturen eigenmächtiger Herrschaftsgebilde und Staaten ab. Und es zeichnet sich jene Funktion Nordafrikas als ein Glacis ab, über das sich die großen politisch-religiösen Gebilde die Herrschaft streitig machen: Marokko als das stets in Fraktionen der verschiedenen Berberstämme zerrissene Hinterland Spaniens, Tlemsen, Algier und Tunis als Vorfeld islamischer Mächte des Ostens – von den Abbasiden und Fatimiden bis hin zu den Osmanen. Zugleich aber blickt dieser westliche Islam auch nach Norden, nach Europa, mit dem er – über Spanien und die balearisch-sizilische Inselwelt – militärisch, politisch und kulturell ununterbrochen im Austausch steht.

Wem es mit der Vorgeschichte des modernen Europa ernst ist, dürfte jene westliche Hälfte der Méditerranée somit nur im Ganzen betrachten. Jede Trennung der Hinsichten, ob im Sinne des Orientalismus oder unter der Ägide einer Ideologie des Abendlandes, griffe da zu kurz (ein berühmtes Beispiel dafür ist Henri Pirennes Versuch, den Islam als das große Hindernis Europas auf dem Weg in die Moderne darzustellen). Umgekehrt ist das Faktum, dass die europäische Renaissance vom Westen ihren Ausgang nimmt, gerade deshalb so plausibel, weil genau in jener westlichen Hälfte der Méditerranée der Austausch der Kulturen von Anfang an sozusagen einen Zug ins Progressive besitzt; wegen der geografischen und politischen Zersplitterung des Raumes entwickelt der Zusammenprall zwischen germanisch-christlicher und arabisch-islamischer Kultur dort eine Dynamik, die dem griechisch-byzantinischen Osten (mit seinem vergleichsweise stabilen Kräftegleichgewicht) abgeht. Gewiss, die Einflüsse, die nach

*Fortsetzung auf Seite 91*

| Zusatzmaterial ZM 6.7 | **Zum Kulturkontakt zwischen Christen und Muslimen** |
|---|---|

*Fortsetzung von Seite 90*

Frankreich und Italien gelangen, sind orientalischer Herkunft – aber sie gelangen dahin über die westlichste Einfallspforte des Orients: über Spanien und Sizilien. So macht sich auch die Nation, die am weitesten vom Orient entfernt liegt, als eine der ersten mit östlichen Errungenschaften bekannt: England. 1126 übersetzt Adelard von Bath die mathematischen Tabellen des Khwarizmi und liefert damit einen frühen Beweis für empirisch-naturwissenschaftliches Denken im Abendland. Ähnlich im technologischen Bereich: Kaum haben die spanischen Araber zum ersten Mal auf europäischem Boden Feuerwaffen eingesetzt (1324), findet sich die Kanone auch schon in England (1327), wenig später dann in Nordfrankreich. Für England ist arabische Vermittlung zu vermuten, für den französisch-flandrischen Raum steht sie so gut wie fest – muslimische Waffenmeister aus Navarra (deren pyrotechnisches Fachwissen gut belegt ist) waren dort als Festungskommandanten stationiert.

Beispiele, die sich beliebig fortsetzen ließen – man denke nur an den interessanten Weg, den Aristoteles genommen hat: über die Lehre des spanischen Arabers Ibn Rushd (Averroës). Die „unendliche Geschichte" des Krieges – als *Reconquista* auf christlich-spanischer, als Dschihad auf muslimisch-spanischer Seite – ließ eine „Cultura de doble expresión" entstehen (Benumeya), eine doppelt angeschriebene, eine christlich-muslimische Spiegel-Kultur. Darin nähern sich die Protagonisten einander so sehr an, dass ihnen aus ihren Differenzen ein gemeinsames Drittes erwächst – der Philosoph Blumenberg hat es „Theoretische Neugierde" genannt: der Einbruch des Säkularen in die Welt des religiös bestimmten Denkens.

Denn die politisch-militärische Geschichte des Hoch- und Spätmittelalters ließ in der westlichen Méditerranée etwas entstehen, das es vorher in dieser Form nicht gegeben hatte und wie man es erst im späten 19. Jahrhundert wieder finden würde: die gemischt-religiöse Gesellschaft. Bei all ihren Erfolgen seit dem 11. Jahrhundert waren die christlichen „Rückeroberer" Spaniens stets darum bemüht, ihre neu gewonnenen muslimischen Untertanen im Land zu behalten. Ihre Wirtschaftskraft erschien den Fürsten so kostbar, ihr Platz in der Gesellschaft durch christliche Untertanen vorerst so wenig ausfüllbar, dass ein nicht-religiöser, ideologisch unaufgeregter Modus nahe lag. (Freilich könnte man sich fragen, welche ideologischen Vorentscheidungen immer schon getroffen sein müssen, damit es überhaupt zu derart materialistischen Auffassungen von Gesellschaft und in der Folge zu einer solchen Wahlfreiheit kommt.) Jedenfalls zeigt die Gesetzgebung besonders seit dem 13. Jahrhundert (als die Reconquista am erfolgreichsten war) eine Kühnheit, die verblüfft. In den „Siete Partidas" Alfons' des Weisen (1221–1284) und in vergleichbaren Gesetzbüchern Aragoniens und Navarras wird den Muslimen ausdrücklich zugebilligt, „secundum sunnam" (gemäß der Sunna, also nach islamischem Recht) zu leben. Und, noch radikaler, von Konversionsversuchen gegenüber muslimischen Untertanen sei tunlichst Abstand zu nehmen (gewaltsame Bekehrungen sind ohnehin verboten).

Dieser legistischen und somit religiös desinteressierten Haltung auf christlicher entsprach eine nicht minder pragmatische Einstellung auf muslimischer Seite. Dazu zwei Beispiele. Da ist einmal die doch einigermaßen erstaunliche Neuerung in diplomatischen Dokumenten der Spätzeit (14., 15. Jahrhundert), eidliche Bekräftigungen regelmäßig in doppelter Form zu leis-

*Fortsetzung auf Seite 92*

| Zusatzmaterial ZM 6.7 | **Zum Kulturkontakt zwischen Christen und Muslimen** |
|---|---|

*Fortsetzung von Seite 91*

ten – als „muslimische" (im Namen Allahs und des Propheten) und als „christliche" Eidesformel (im Namen des Evangeliums). Und dann gibt es die einzigartige Institution des *juez de la Frontera* (des „Richters der Grenze") oder *qadi bayna l-muluk* (des „Richters zwischen den Königen", wie die arabische Bezeichnung lautet). Das ist ein aus zwei Richtern (einem Christen, einem Muslim) bestehendes Gremium, dem Streitfälle vorgelegt werden, die sich an der Grenze ereignen und worin Personen verschiedener Religionszugehörigkeit verwickelt sind. Wirklich bemerkenswert und revolutionär war aber die Arbeitsweise dieses „internationalen Gerichtshofes": musste doch der Kläger sein Recht beim Richter der jeweiligen Gegenseite suchen, also der Christ beim muslimischen *qadi*, der Muslim beim christlichen *juez*! Das System funktionierte, weil natürlich in Wahrheit auch hier wieder – zumindest in formaler Hinsicht – an die Stelle der Religion immer schon ein Drittes getreten war: das (wiederentdeckte) römische Recht. (Ein Recht, das in Spanien auch unter arabischer Herrschaft nie wirklich in Vergessenheit geraten war, weil es, zum Beispiel als kanonisches Recht, auch und gerade von arabischen Rechtsgelehrten eifrig studiert und etwa im Umgang mit christlichen Klerikern auch gebührend berücksichtigt wurde; dasselbe gilt fürs Konsularrecht, dem die ausländischen Kaufleute unterstanden.)

Überhaupt herrschte im religiösen Bereich ein Ausmaß an Äquidistanz, ja Vermischung vor, das an aufgeklärtere Zeitalter gemahnt als jene, die man für gewöhnlich mit dem Begriff „Mittelalter" assoziiert. Im spanischen Teil der islamischen Ökumene gab es nicht nur Wallfahrtsorte, die von Christen wie Muslimen gleichermaßen verehrt und besucht wurden; nicht nur Bauernkalender, in denen christliche Festtage neben islamischen verzeichnet sind. Ein häufiger weiblicher Vorname war „Maria" (Maryam), ein nicht ungewöhnlicher männlicher „Jesus" (Isa). Was den Namen Jesu anlangt, so wird man die eigenartige, noch heute ausschließlich im spanischen Kulturkreis verbreitete Sitte solch „prosaischen" Gebrauchs des göttlichen Namens wohl auf islamische Usancen zurückführen dürfen: Im Islam ist Jesus nicht Gott – nur ein von Gott besonders ausgezeichneter Mensch.

*Gottfried Liedl, Die Geburt der Moderne aus dem Geist der Gewalt: Kulturphilosophische Überlegungen zur Reconquista, in: Beiträge zur historischen Sozialkunde Nr. 1, 1998, zit. nach: www.univie.ac.at/Wirtschaftsgeschichte/VGS/b9811p.html*

## Arbeitsbereich IV: Andalusische Bauten (Methodensonderseiten)

### M 23, S. 132
### Foto: Erweiterungsbau des Betsaals der Großen Moschee von Córdoba von 962/66

Siehe die Erläuterungen zu den Aufgaben 31 und 32.

### M 24, S. 133
### Zeichnung: Andalusische Bogenformen

Siehe die Erläuterungen zu Aufgabe 34.

### M 25, S. 133
### Zeichnung: Andalusische Ornamente

Siehe die Erläuterungen zu den Aufgaben 34 und 37 bis 40.

### M 26, S. 134
### Zeichnung: Minarett der Moschee von Sevilla („Giralda")

Siehe die Erläuterungen zu Aufgabe 33.

**Aufgaben 31 und 32, S. 134**

*M 23:* Als die Araber Córdoba eroberten und für die neue islamische Gemeinde einen Gebetsraum benötigten, wandelte man zunächst eine Hälfte der Kirche San Vicente in eine Moschee um, während die andere Hälfte christliche Kirche blieb. Wegen der rasch ansteigenden muslimischen Bevölkerung kaufte Abd ar-Rahman I. 785 auch den noch christlichen Teil und begann mit dem Bau einer neuen Moschee. Dieser Bau ist von seinen Nachfolgern wegen der stetigen Zunahme der muslimischen Bevölkerung erweitert und ergänzt worden.

Die Mesquita (span. = Moschee, so der heutiger Name, obwohl es eine Kathedrale ist) ist heute der sichtbarste Ausdruck dessen, was die Umaiyaden-Dynastie von al-Andalus bedeutete. Schon die erste Moschee besaß die Besonderheit, die das Bauwerk einzigartig macht: die doppelten Bögen, die die Säulen untereinander verbinden und stabilisieren.

Die Mesquita spiegelt auch die Entwicklung des Zusammenlebens von Christen und Muslimen in der Zeit der Reconquista wider. So wurde die Große Moschee zwar sofort nach der Einnahme der Stadt durch Fernando III. 1236 Maria geweiht, doch der König gab den Befehl, sie solle unangetastet bleiben. Man erließ sogar Vorschriften zur Erhaltung des Bauwerks. Die frühen kastilischen Herrscher ließen lediglich eine Kapelle einrichten und im maurischen Stil ausschmücken. Zu gravierenden Veränderungen kam es ab 1489, als der Granada-Krieg vor dem Ende stand. Der größte Eingriff erfolgte dann zur Zeit Karls des V., als die Geistlichen der Kathedrale beschlossen, innerhalb der Moschee eine große gotische Kirche zu bauen. Der Stadtrat von Córdoba widersetzte sich und verbot 1523 die Fortführung der Arbeiten bis zu einer persönlichen Entscheidung Karls. Dieser kam und entschied im Sinne der Geistlichen. Ein Jahr später, als er Córdoba erneut besuchte, soll er die Entscheidung bedauert haben, doch wurde der riesige gotische Bau, der auch heute noch wie ein Fremdkörper wirkt, fertig gestellt. Weitere Eingriffe folgten in späteren Jahrhunderten, doch trotz all dieser Veränderungen ist der Eindruck eines unendlichen Säulenwaldes beim Betreten der Moschee immer noch gegeben.

**Aufgabe 33, S. 134**

*M 26:* Von der einstigen Großen Moschee Sevillas hat nur ihr ehemaliges Minarett den Abriss Anfang des 15. Jahrhunderts überdauert, und zwar, weil es der Kathedrale als Glockenturm dient. Bis zu den Blendarkaden ist der almohadische Bau erhalten. Die rautenförmige, gitterartige Flächendekoration ist gut erkennbar. Sie wird als Sebka bezeichnet und auch in der Mudéjarkunst häufig angewendet. Ursprünglich saß auf der den Abschluss bildenden Blendarkade mit sich kreuzenden Zackenbögen ein kleiner Turm, dessen Keramikkuppel eine Spitze aus vier vergoldeten Kugeln trug, der aber Mitte des 13. Jahrhunderts durch ein Erdbeben zerstört wurde. 1560 bis 1568 wurde ein neuer fünfstöckiger Aufsatz geschaffen. Die Bezeichnung des Turms als Giralda („die sich Drehende") leitet sich von seiner Bekrönung ab: eine vier Meter hohe Bronzestatue (Fides, die Tugend des Glaubens mit Standarte und Palmzweig in den Händen als Wetterfahne), die den Triumph des Christentums verkörpern soll.

**Aufgabe 34, S. 134**

Als Vertiefung: Zusatzmaterial ZM 6.8, S. 96f.

**Aufgabe 35, S. 134**

Als Einstieg und erste Information kann Zusatzmaterial ZM 6.9, S. 98, dienen.

**Aufgabe 36, S. 134**
Der Mudéjar-Stil verbindet maurische und gotische Elemente, später auch solche der Renaissance, etwa Hufeisenbögen, Stalaktitengewölbe, Stuckornamente und Fliesen. Zentren dieses Stils sind Toledo und Sevilla. Für ein Referat herangezogen werden können die gängigen Reiseführer. Sie illustrieren in der Regel am Beispiel der Alcazares Reales von Sevilla in anschaulicher Form die stilistischen Besonderheiten.

**M 27, S. 135**
**Foto: Außenansicht von der Alhambra in Granada (1999)**

Siehe die Erläuterungen zu den Aufgaben 37 bis 40. Siehe dazu auch Zusatzmaterial ZM 6.10, S. 99.

**M 28, S. 138**
**Fotos: Innenansichten vom Löwenpalast (erbaut 1365/67) auf der Alhambra (1986, 1999)**

Siehe die Erläuterungen zu den Aufgaben 37 bis 40. Siehe dazu auch Zusatzmaterial ZM 6.10, S. 99.

**M 29, S. 136**
**Deckengemälde im Saal der Könige des Löwenpalastes (14. Jh.)**

Siehe die Erläuterungen zu den Aufgaben 37 bis 40.

**M 30, S. 137**
**Gemälde: Filippo Baratti, Die Sultanin (1872)**

Siehe die Erläuterungen zu den Aufgaben 37 bis 40.

**Aufgaben 37 bis 40, S. 137**
*M 27 und M 28:* Im Königreich Granada erleben die maurischen Künste noch einmal eine Glanzzeit. Ihr schönstes Zeugnis ist die Alhambra, die fast gleichzeitig mit dem mudéjaren Alcazar in Sevilla entstand. Die Alhambra auf dem Hügel vor den Schneebergen der Sierra Nevada – die Summe von reich dekorierten Säulen, Innenhöfen, Durchgängen, Brunnen, Wassern und Gärten demonstriert in beeindruckender Weise den Lebensstil in der Endphase muslimischer Herrschaft auf der Iberischen Halbinsel. Es heißt, der letzte Nasridenherrscher Boabdil habe weinend zurückgeblickt, als er nach der Übergabe im Januar 1492 abzog. Seine Mutter soll ihn verspottet haben: „Weine nicht wie ein Weib, da du nicht kämpfen mochtest wie ein Mann." Als Ort dieses legendären Rückblicks gilt eine Anhöhe südlich von Granada, Puerto del Suspiro del Moro („Seufzer des Mauren") genannt. Die Alhambra ist das einzige muslimische Schloss, das bis heute weitgehend unzerstört erhalten blieb.
Es ist vor allem der innere Schmuck der Räume, der sie in faszinierende Paläste verwandelt. Die Wände (siehe dazu M 25) sind mit übereinander liegenden Schmuckbändern verziert, deren untere Lage meist bunt glasierte Kacheln mit geometrischen Mustern bilden, die so genannten Azulejos. Diese Azulejos mit leuchtenden Farben und exotisch wirkenden Mustern stellen bis heute eine der typischen Dekorationsformen im spanischen Süden dar. Stuckbänder folgen auf der halben Höhe der Wände, und der obere Teil wird von Bogenfenstern eingenommen. Inschriftenbänder, auch als Stuckornamente, unterteilen die einzelnen Flächen. Darüber befinden sich die wabenförmigen Stalaktiten der Deckengewölbe. Beeindruckend sind auch die Aussichtserker mit wunderbarem Blick auf Gärten und Berge. Hinzu kommen Wasserrinnen und Becken mit den dazugehörigen Höfen und Gärten.
Siehe dazu auch Zusatzmaterial ZM 6.10, S. 99.
*M 29:* In der Rückwand des Saals der Könige öffnen sich drei kleine Alkoven, die durch Deckengemälde mit figürlichen Darstellungen überraschen, sind diese doch in der islamischen Kunst untersagt. Neben dem in M 29 abgebildeten Gemälde zeigen die beiden anderen Szenen mit Edelfrauen und Rittern. Die Deutung der Gemälde ist umstritten. Man vermutet, dass die Malereien von christlichen Künstlern aus Sevilla hergestellt wurden. Der Auftraggeber nahm es jedenfalls mit dem islamischen Bilderverbot nicht so genau.
*M 30:* Die veränderte Einstellung zur maurischen Kultur im 19. Jahrhundert, wie sie sich im Gemälde M 30 dokumentiert, fußt auf Reiseberichten, die Andalusien zum Orient Europas verklären. Nicht mehr die Bedrohung durch die Mauren, sondern die Romantisierung der maurischen Lebensverhältnisse war – nicht zuletzt ausgelöst durch Washington Irvings Erzählungen – die neue Bewertung der islamischen Vergangenheit Spaniens. Damit wurde zwar ein wichtiges Kapitel der europäischen Geschichte zurück ins Bewusstsein geholt, doch hat die Romantisierung bisweilen auch zu einer unangemessenen Verherrlichung der Verhältnisse in al-Andalus geführt.
Siehe dazu auch die Ausführungen zu Heines „Almansor" (Erläuterungen zu den Aufgaben 41 und 42).

Der romantische Exotismus war beherrscht von der Verzauberung durch einen magischen Orient unter Betonung des Fremdartigen und des Merkwürdigen. Dieser Orient zeichnete sich aus durch Farbe, Pracht, Harems, plätschernde Wasser und stürmische Leidenschaften. Die orientalischen Länder erschienen als Zeugen einer verfallenden Ära, für die man unbesorgt schwärmen konnte und ganz besonders in Andalusien, wo die muslimische Herrschaft schon längst beendet war. So schrieb Washington Irving 1832 über die Alhambra: „Der eigentliche Reiz dieses alten versonnenen Palastes liegt in seiner Macht, verschwommene Träume und Bilder der Vergangenheit in uns wachzurufen und auf diese Weise die nüchterne Wirklichkeit mit der Illusion der Erinnerung und Imagination zu umhüllen."

**Notizen**

| Zusatzmaterial ZM 6.8 | **Zur maurischen Architektur** |
|---|---|

**Die Kunsthistoriker Marianne Barrucand und Achim Bednorz über maurische Architektur (1999)**

Athena gleich präsentiert sich die andalusische Baukunst von ihrer ersten Stunde an im vollen Besitz ihrer Mittel; der Gründungsbau der Freitagsmoschee von Córdoba zeigt keine Unsicherheiten, keine Zweifel, er ist kein Anfängerwerk. Die Entwicklung, die dazu führte, hatte sich nicht auf spanischem Boden vollzogen, sondern im Vorderen Orient, wo die umaiyadische Kunst und Kultur von der Mitte des 7. bis zur Mitte des 8. Jahrhunderts entsteht, wächst und reift. Im Vorderen Orient reißt dieser Faden im Jahre 750 ab, um in Spanien etwa 30 Jahre später wieder aufgenommen zu werden. Um diese Zeit setzt im Vorderen Orient eine andere Entwicklung ein, die im Verlauf einer tiefer greifenden Orientalisierung vom umaiyadischen Erbe fort zu neuen Gestaltungsprinzipien und Formen führt. Auf der Iberischen Halbinsel hingegen wird dieses Erbe durch die unausweichliche Auseinandersetzung mit dem viel früher einheimisch gewordenen römischen und westgotischen Kulturgut bereichert, jedoch nicht verfremdet.

Ist es nun möglich, in der spanisch-islamischen Baukunst spezifische Züge zu erkennen, die sie von Anfang an und bis zu ihrem Ende charakterisieren und im Bereich der islamischen Baukunst unverwechselbar machen? Man kann die Frage zweifellos bejahen; die Kunstprovinz Andalusien besitzt durchaus einen eigenen Lokalstil, der durch alle zeitlich bedingten Variationen prägend bleibt. Er resultiert zum einen aus den materiellen Gegebenheiten, zum anderen aus den anfänglichen Impulsen: In die westgotische Kunstlandschaft mit ihren byzantinischen und germanischen Zügen und ihrem starken Anteil an provinzrömischem Kulturgut werden die umaiyadischen Formgedanken importiert, in denen wiederum byzantinische, klassisch-mediterrane und sassanidische Elemente nebeneinander stehen.

Die geografische Isolierung Andalusiens ist wahrscheinlich die wichtigste Ursache der stilistischen Sonderentwicklung und bestimmt deren tiefen Konservatismus. In der Profanarchitektur regiert unverdrossen das Hofhaus mit oder ohne Portikus, mit oder ohne Nebenhof und Innengarten, das eindeutig römisches Erbe ist. Der basilikale Bau durchzieht die monumentale Sakralarchitektur wie ein roter Faden; selbst die Erneuerungen der Almohadenzeit weichen nicht von ihm ab; die Freitagsmoscheen Andalusiens bleiben dem Medinenser Modell treu, das sie zwar ausarbeiten, aber nie wirklich aufgeben. Die Auseinandersetzungen mit dem monumentalen Kuppelsaal und dem Iwan, die die östliche Bauproblematik von den Seldschuken an bestimmen, dringen nicht bis nach Andalusien vor; diese Feststellung wird auch durch die kurzfristigen Erfahrungen des 10. und 14. Jahrhunderts in Córdoba und Granada kaum eingeschränkt, denn die erste Phase geht nicht weiter in konstruktiven Erneuerungen, sondern verläuft sich im Dekor, und die zweite beschränkt sich auf Holz- und Stuckkuppeln in Dachstühlen.

Im Dekor kann man eine homogene, ziemlich lineare Entwicklung beobachten, die von Anfang an von der ostislamischen abweicht. Die Formen und Motive römisch-klassischer, orientalischer und westgotischer Herkunft lassen sich bis tief ins 10. Jahrhundert noch voneinander unterscheiden. Sie verschmelzen eigentlich erst in der Taifakunst zu einer homogenen und sehr raffinierten, Effekte nicht scheuenden Kunstsprache, deren vegetabilische Elemente sich schon weitgehend von ihren einstigen naturalistischen Modellen gelöst hatten und stattdes-

*Fortsetzung auf Seite 97*

| Zusatzmaterial ZM 6.8 | **Zur maurischen Architektur** |
|---|---|

*Fortsetzung von Seite 96*

sen nun eine immer engere Verbindung mit der Geometrie eingehen. Diese Kunstsprache sucht die Eleganz; mathematisch genau angelegte Schemata liegen den kleinteiligen, dekorativen Kompositionen zugrunde, Wiederholung wird zum Stilelement. Lebendige und oft humorvolle figürliche Motive findet man vor allem im Kunsthandwerk; sie sind wie eingebettet in die höhere geometrische Ordnung, die sie keineswegs sprengen.
Die Kraftprobe mit den nordafrikanischen Berberdynastien, die Geschmack, Sensibilität und Aufgabenstellung des künstlerischen Schaffens neu bestimmen, gibt seit Anfang des 12. Jahrhunderts frische Impulse.

Zunächst erscheinen die afrikanischen Eroberer eindeutig als Empfänger, aber bald ändert sich das Verhältnis, und Andalusien wandelt sich für kurze Zeit vom Geber zum Empfänger. Die kulturelle Verbindung zum islamischen Orient bricht im Übrigen nie wirklich ab; orientalisches Formengut wird im Westislam immer wieder auf eine merkwürdige, eklektische Art rezipiert, wobei zur Zeit der Berberherrschaft neueste orientalische Errungenschaften, wie zum Beispiel die Muqarnas, neben sehr viel älteren, wie manchen Stuckmotiven aus dem abbassidischen Samarra (9. Jahrhundert), stehen. Die nasridische Kunst übernimmt zwar viele Elemente der Almohadenzeit, aber deren großartige, alle Teilelemente durchdringende Gesamtkonzeptionen bleiben nicht erhalten. Das Kunstwollen dieser letzten Zeit islamischer Herrschaft und islamischer Großaufträge auf iberischem Boden ist bestimmt vom Streben nach Intimität und Harmonie, die mit den ambitiösen Almohadenprogrammen nicht mehr auf einen Nenner zu bringen sind. Die Integration einzelner Motive aus der europäischen Welt in den Formenschatz dieser Zeit ist vielleicht genauso zu sehen wie die Einbeziehung islamischer Motive in den Baudekor der christlichen Paläste von Sevilla: als symbolisches Präludium einer neuen Epoche, die trotz Inquisition und Vertreibungsedikten das islamische Erbe nicht verleugnet und für die Goethes zeitlose Verse aus dem Westöstlichen Divan zutreffen:

„Herrlich ist der Orient
Übers Mittelmeer gedrungen;
Nur wer Hafis liebt und kennt
was Calderón gesungen."

*Marianne Barrucand/Achim Bednorz, Maurische Architektur in Andalusien, Köln (Könemann) 1999, S. 277–279.*

| Zusatzmaterial ZM 6.9 | **Zur Gartenkunst in Andalusien** |
| --- | --- |

**Die Historikerin Brigitte Hintzen-Bohlen über die Gartenkunst in Andalusien (1999)**

Wer von Andalusien spricht, erwähnt auch seine Gärten, in denen dank des günstigen Klimas Pflanzen gedeihen, die hier ursprünglich nicht beheimatet waren. Unglaubliche Farbenpracht und betörender Duft ziehen jeden Besucher in ihren Bann. Die Gärten sind mit viel Liebe gestaltet und zeichnen sich durch Duft, Wasser und Stille aus.
Die Gartenbaukunst hat eine lange Tradition und geht bis in die maurische Vergangenheit zurück. Die Araber fanden in Andalusien ideale Bedingungen vor, um ihre Vorstellung vom Garten als Paradies auf Erden in einer üppigen, kunstreich angeordneten Vegetation umzusetzen. Sie kamen aus einem Land, in dem sich die Gartenbaukunst zu außerordentlicher Blüte entfaltet hatte, und waren Meister darin, der freien Natur den Stempel der menschlichen Hand aufzudrücken. So konzipierten sie mit Feinheit und Eleganz große Gartenanlagen, die aus mehreren hinter- und nebeneinander liegenden Patios bestanden, durch Gittertüren voneinander getrennt und zugleich verbunden. Die Bepflanzung mit den gleichen Bäumen machte die Harmonie des Ganzen aus. Meist waren es immergrüne Pflanzen, deren Blätter oder Nadeln den ewigen Frühling symbolisieren. Durch die Farbenpracht der Blumen wurde das ansonsten einheitliche Grün freundlicher und heller gestaltet. Schöpfräder und Sammelbrunnen sorgten für die Bewässerung. Das Wasser verteilte sich entlang von Kanälen und Rinnsälen, die immer wieder durch Kaskaden, Springbrunnen oder Wasserbecken unterbrochen wurden. Oftmals trifft man in ummauerten Zonen auf viergeteilte Wasserläufe, ein Abbild des himmlischen Gartens: Sie formen ein Achsenkreuz, in dessen Mitte sich ein rundes Becken erhebt, und verkörpern die vier Paradiesflüsse, die in die vier Himmelsrichtungen hinaus- oder von ihnen her zur Mitte strömen. Bunte Azulejos, farblich abgestimmt auf ihre Umgebung, unterbrechen auch das Grün der Anlage, schimmern durch das Wasser, rahmen ein Beet oder schmücken eine Bank, eine Treppe oder die kleinen Architekturen.

*Brigitte Hintzen-Bohlen, Andalusien. Kunst und Architektur, Köln (Könemann) 1999, S. 60 f.*

| Zusatzmaterial ZM 6.10 | Zur Baukunst der Alhambra |
|---|---|

**Aus einem Artikel der Zeitschrift „Damals“ über die Kunst der Nasridenzeit (1231–1492) und die Alhambra (1995)**

In der Zeit der Nasriden (1231–1492) erhielt die Kunst wenig neue Impulse, Kritiker bezeichnen sie teilweise als unschöpferisch und dekadent. Für den Kunsthistoriker Oleg Grabbar jedoch fassen die Alhambra und ihre Kunstgegenstände „auf nahezu perfekte Weise die formalen Entwicklungen mehrerer Jahrhunderte“ zusammen. In der Tat wurden vor allem die Traditionen der vorhergegangenen Epochen weiterentwickelt und verfeinert. Im Gegensatz zur Almohadenzeit (1147–1269) ging es nun in Baukunst und Dekoration weniger um Machtdemonstration als um stille Einkehr: Die Zeiten islamischer Expansion waren längst vorbei, der Sultan von Granada hatte den aussichtslosen Kampf gegen die christlichen Heerscharen aufgegeben und sich dem König von Kastilien als Vasall untergeordnet. So konnten getrost alle Kräfte dieser Zeit wirtschaftlicher Prosperität dazu eingesetzt werden, Harmonie anstelle von Pomp und Lebenskunst statt prahlerischen Waffengerassels zu entwickeln. Die bevorstehende Rückeroberung ahnend, einem Vermächtnis gleich, wurde islamische Kunst geschaffen, die die Präsenz der Muslime in Westeuropa überdauern und die europäische Kunst nachhaltig beeinflussen sollte. [...]

Unter den Nasriden wurden die großzügigen Formen der Almohadenzeit in kleinteilige Elemente aufgelöst. Ob bei holzgeschnitzten Türsturzverblendungen, beim Mosaik-Wandschmuck oder den Kuppeldecken aus Stuck – die Ornamentik wurde immer komplexer und detailbesessener. Die so genannten Muqarnas-Kuppeldecken, bei denen ein aus vielen Nischen und Nischenfragmenten zusammengesetztes, wabenähnliches Dekormotiv verwendet wurde, sind unübertroffen in ihrer Ausführung. Fayence-Mosaiken mit Flechtsternornamentik breiteten sich seit dem Bau der Alhambra in der gesamten maurischen Welt aus. Die Feinheit des Alhambra-Dekors wurde allerdings nur selten erreicht. Das komplex anmutende Muster beruht auf einem recht einfachen Grundschema, nämlich auf Sternen mit vier, zwölf, 16 und 24 Zacken.

*Andrea Nüsse, Filigrane Meisterwerke aus Marmor, Holz und Keramik. Schätze der Alhambra, in: Damals Nr. 11, 1995, S. 62–71.*

## Arbeitsbereich V: Abschluss der Reconquista und Ende der muslimischen Herrschaft in Spanien

**M 31, S. 138**
**Gemälde: Pradilla y Ortiz, Die Übergabe Granadas (1882)**

Siehe die Erläuterungen zu den Aufgaben 41 und 42.

**M 32, S. 138**
**Auszug aus Heinrich Heines Tragödie „Almansor" (1821)**

Siehe die Erläuterungen zu den Aufgaben 41 und 42.
Siehe auch Zusatzmaterial ZM 6.11, S. 103.

**M 33 a, S. 139**
**Edikt der spanischen Könige zur Ausweisung der Juden aus Spanien (1492)**

Siehe die Erläuterungen zu den Aufgaben 43 und 44.
Siehe auch Zusatzmaterial ZM 6.12, S. 104.

**M 33 b, S. 140**
**Grabinschrift in Granada (16. Jh.)**

Siehe die Erläuterungen zu den Aufgaben 45 bis 47.

**M 33 c, S. 140**
**Bittschreiben der Bewohner Granadas an den türkischen Sultan Bayazid II.**

Siehe die Erläuterungen zu Aufgabe 48.

**M 34, S. 140 f.**
**Arnold Hottinger über den Sieg der Reconquista (1995)**

Siehe die Erläuterungen zu Aufgabe 50.

**M 35 a, S. 141**

**Gottfried Liedl über das muslimische Erbe in der spanischen Geschichtsschreibung (1993)**

Siehe die Erläuterungen zu Aufgabe 51.
Siehe auch Zusatzmaterial ZM 6.13, S. 105 f.

**M 35 b, S. 142**
**Rainer Traub über das muslimische Erbe in der spanischen Geschichtsschreibung (1998)**

Siehe die Erläuterungen zu Aufgabe 51.
Siehe auch Zusatzmaterial ZM 6.13, S. 105 f.

**Aufgaben 41 und 42, S. 142**

Beide Materialien, Gemälde (M 31) und Tragödientext (M 32), thematisieren das Ende der islamischen Herrschaft in Spanien, wählen allerdings völlig unterschiedliche Ansatzpunkte.
*M 31:* So gestaltet der Maler Pradilla y Ortiz die Schlüsselübergabe von Granada durch Boabdil als imposanten letzten Akt der Reconquista. Isabella und Ferdinand sitzen in prunkvoller Kleidung auf ihren Pferden und erwarten den ebenfalls berittenen Boabdil, der den Schlüssel in der Hand hält. Beide sind von ihrem Gefolge umgeben. Die Zeitgenossen schildern den Akt der Schlüsselübergabe als eher demütigend. Boabdil sei vom Pferd gestiegen und habe die Hand Ferdinands küssen wollen, was dieser ihm barsch verwehrt habe.
*M 32:* Heine wählt für sein Drama einen Zeitpunkt einige Jahre nach dem im Bild dargestellten Ereignis, das nun im Rückblick beschrieben wird. Boabdil überreicht kniend den Schlüssel auf einer goldenen Platte. Zeitüblich war es, die „Rückeroberung" Spaniens durch die Katholischen Könige positiv zu bewerten, die negativen Folgen aber zu verdrängen. Heines Kunstgriff des Rückblicks ermöglicht die Darstellung der Zwiespältigkeit und der tragischen Konsequenzen dieses Vorgangs. Heine stellt sich auf die Seite der unterlegenen Mauren und wertet die glaubenstreuen Muslime auf.
Eine solche Bewertung ähnelt modernen Ansichten wie der von Gabriel Garcia Lorca, der den Fall Granadas folgendermaßen kommentierte: „Es war ein furchtbares Ereignis, auch wenn man in den Schulen das Gegenteil sagt. Da wurde eine bewundernswerte Zivilisation zerstört, eine Dichtung, eine Astronomie, eine Architektur und eine Feinheit, wie es sie nur einmal auf der Welt gegeben hat, und ihr Platz wurde eingenommen von einer armseligen, schwachmütigen Stadt ..." (Zit. nach: Ian Gibson, Lorcas Tod, Frankfurt/M. 1973, S. 59.)
*M 32, Zeile 21 ff.:* Unter dem Druck der Inquisition wurde auch ein Mitglied der Zegri-Familie zur Konversion gezwungen, und zwar mittels Inhaftierung und Folterung. Der Vorgang hatte Signalwirkung.
*M 32, Zeile 28 ff.:* Francisco Ximenez de Cisneros (1436–1517) war Mendozas Nachfolger als Bischof

in Toledo und betrieb die Inquisition mit besonderer Härte. In verschiedenen Quellen heißt es, dass er nicht nur den Koran und andere religiöse Schriften, sondern auch poetische und wissenschaftliche Literatur aus sieben Jahrhunderten verbrennen ließ. Hassans berühmt gewordener Ausspruch „Dort, wo man Bücher/verbrennt, verbrennt man auch am Ende Menschen" war im geschichtlichen Kontext der Inquisition schon Realität geworden.

*Didaktischer Hinweise:* Als Vertiefung bietet sich Zusatzmaterial ZM 6.11 an. Heines Lied des Chors kann zur Wiederholung in einer Hausaufgabe, aber auch als Klausur eingesetzt werden.

In dem Chorlied entwirft Heine ein uneingeschränkt positives Bild der muslimischen Herrschaft in Spanien. Sie wird als Blütezeit der menschlichen Kulturgeschichte bewertet: Die Araber übten Toleranz, das maurische Spanien hatte mit seinen kulturellen und wissenschaftlichen Errungenschaften eine Brückenfunktion für den Weg der arabischen Kultur nach Mitteleuropa und übertraf sogar den islamischen Osten („dunkles Land der Barbarei", „Frauenkäfig"). Damit schafft er eine Folie, von der sich der Zustand nach 1492 umso deutlicher abhebt.

Mittels sorgfältiger Textarbeit können die Schülerinnen und Schüler die angesprochenen historischen Zusammenhänge erarbeiten und die vorgenommenen Wertungen unter Einbeziehung der bisher erworbenen Kenntnisse einer kritischen Analyse unterziehen.

**Aufgaben 43 und 44, S. 142**

*M 33 a:* Die Ausweisung der Juden hatte sich schon längere Zeit vorbereitet. In den spanischen Städten waren die Pogrome seit 1391 immer häufiger geworden. Damals war es in Sevilla – ausgelöst durch die antisemitischen Thesen des 4. Laterankonzils – zu einem Pogrom gekommen, bei dem fast 4000 Juden getötet und die Synagogen zerstört wurden. Die Wut der Bevölkerung richtete sich auch wegen Steuererhöhungen gegen die Juden, weil diese für den Steuereinzug zuständig waren. Die Herrscher waren über Jahrhunderte Verteidiger der Juden, vor allem wegen ihrer wirtschaftlichen Bedeutung. Auch die Katholischen Könige hatten zur finanziellen Vorbereitung des Granada-Krieges noch auf jüdische Bank- und Steuerfachleute zurückgegriffen. Das Dekret von 1492 erschien, weil sich die Machtverhältnisse geändert hatten. Die Kirche und die von ihr aufgehetzten Unterschichten setzten sich durch.

Das Edikt von 1492 gegen die Juden führte dazu, dass ca. 160 000 Menschen auswanderten und ca. 240 000 sich taufen ließen. Manche Historiker gehen sogar von 300 000 Ausgewiesenen und 600 000 Conversos aus. Ziele der Ausgewiesenen waren Südfrankreich, Nordafrika und das Osmanische Reich, wo sie der Sultan willkommen hieß. Die nach Portugal Ausgewanderten mussten acht Jahre später erneut emigrieren, da auch Portugal alle Juden auswies.

Als Ergänzung siehe Zusatzmaterial ZM 6.12, S. 104.

**Aufgaben 45 bis 47, S. 142**

*M 33 b:* Am Ort ihres größten Triumphs, in Granada, wollten die Katholischen Könige begraben werden. Isabella selbst gab die königliche Kapelle in Auftrag, die direkt neben der ehemaligen Moschee, jetzt Kathedrale, errichtet werden sollte.

Bis zur Eroberung Granadas nannten sich die spanischen Könige Herren über drei Religionen. Der neue Ton der Grabinschrift der Katholischen Könige in M 33 b wird besonders deutlich im Vergleich mit den Grabinschriften früherer Herrscher. Bei Fernando III., Eroberer von Sevilla, der 1252 starb, ist die Grabinschrift in der dortigen Kathedrale noch viersprachig verfasst – lateinisch, spanisch, arabisch und hebräisch. Nur in der lateinischen wird festgestellt, der König habe den Heiden Sevilla entrissen und den Christen zurückgegeben. Die anderen drei Inschriften erwähnen lediglich die Eroberung der Stadt. Isabella und Ferdinand haben eine lateinische Grabinschrift, in der nur die Vernichtung der Ungläubigen (Muslime) und Auslöschung der jüdischen Ketzer erwähnt werden. Alle anderen Leistungen der Regierungszeit erscheinen dagegen offenbar als unbedeutend.

**Aufgabe 48, S. 142**

*M 33 c:* Hatten die Muslime zunächst günstige Bedingungen für ihre Kapitulation erhalten, wurden auf Veranlassung von Cisneros im Jahre 1499 Massentaufen vorgenommen, Gewaltmaßnahmen wie etwa Gefängnis- und Körperstrafen für „Widerspenstige" häuften sich. Es kam schließlich 1499 zu einem Aufstand der Mauren in Granada selbst und in den Bergen der Alpujara, wo er erst nach drei Jahren niedergeschlagen werden konnte. Die Katholischen Könige glaubten sich durch den Aufstand nicht mehr an ihre Kapitulationsversprechungen gebunden, während die Muslime den Königen Vertragsbruch vorwarfen, da die Gewalt von Cisneros ausgegangen war.

Die Quelle aus der Zeit nach dem ersten Aufstand, ein Bittgedicht, in dem die granadinischen Muslime den türkischen Sultan als mächtigsten muslimischen Herrscher um Intervention ersuchen, zeigt deutlich die Stimmungslage. Die Spanier argumentierten, dass die Bekehrungen freiwillig seien.

**Aufgabe 49, S. 142**

Siehe die Erläuterungen zu den Aufgaben 43 bis 48.

**Aufgabe 50, S. 142**

*M 34:* Zu Recht weist Hottinger darauf hin, dass das Kalifat von Córdoba, aber auch die Taifa-Reiche und die Herrschaft der Nasriden vor allem im Vergleich zur inquisitorischen Intoleranz seit Abschluss der Reconquista als frühe Vorbilder einer toleranten, pluralistischen Gesellschaft eingeschätzt werden. Hottinger betont aber auch, dass die „Duldung" der Buchreligionen nicht mit Toleranz im heutigen Sinne verwechselt werden darf. Raimund Allebrand spricht in einem Aufsatz von einer „plurikulturellen Gesellschaft unter dem Dach des Korans" (Raimund Allebrand, Al-Andalus. Islam im Westen Europas, in: Matices 27, Herbst 2000, S. 9).

Die Gesellschaftsordnung in al-Andalus, die auf einer weitgehenden Autonomie der Konfessionen unter eindeutiger rechtlicher Bevorzugung der islamischen Bevölkerungsmehrheit beruht, ist kein Rechtsstaat im heutigen Sinne, da nicht für alle dieselben Regeln gelten, „doch ermöglicht die Ungleichbehandlung eine relative Eigenständigkeit ethnischer und kultureller Gruppen, die bis zur gleichzeitigen Geltung unterschiedlicher Rechtssysteme reicht. [...] Im modernen Sinne ist der Staat der Umaiyaden weder tolerant noch pluralistisch. Die rechtlich verankerte Achtung vor der Freiheit des Anderen beruht hier auf pragmatischer Einsicht in die Notwendigkeit einer *convivencia* – unter diesem Motto wurde die andalusische Erfahrung später zum Modell stilisiert." (Ebd., S. 10.) Im spanischen christlichen Mittelalter gab es keine religiöse Lehre, die eine solche Haltung stützte. Dennoch waren die christlichen Herrscher bis zur Eroberung Granadas an einer praktischen Koexistenz interessiert.

**Aufgabe 51, S. 142**

*M 35 a und b:* Beide Autoren setzen sich kritisch mit der spanischen Geschichtsschreibung bezüglich der Auswirkungen der maurischen Herrschaft auseinander. Aus der national-spanischen Sicht des 19. Jahrhunderts hatte der Islam in Spanien keine originären Spuren hinterlassen (vgl. die Erläuterungen zu M 28 bis M 30). Um den Einfluss des Islam auf die Entwicklung Spaniens und die Anerkennung dieses Einflusses geht es bei der Kontroverse in der spanischen Geschichtsforschung zwischen Americo Castro und Claudio Sanchez-Albornoz.

Der Sprachwissenschaftler Castro entwickelte die These, dass das, was heute als das eigentlich Spanische angesehen wird, durch den Austausch und das Zusammenleben von Muslimen, Juden und Christen im mittelalterlichen Spanien entstehen konnte.

Sanchez-Albornoz kritisierte 1956 Castros Befund. Ausmaß und Art der Begegnungen seien stark übertrieben, das Zusammenleben sei konfliktreich und einem kulturellen Austausch wenig förderlich gewesen. Das islamische Spanien wird als fast folgenlose Phase zwischen Westgotenreich und dem Spanien nach der Reconquista gesehen. Die jüngere Forschung setzt andere Akzente, wie Traub in M 35 b ausführt.

Als vertiefender Text bietet sich ein Auszug aus dem Artikel von Raimund Allebrand (vgl. die Erläuterungen zu Aufgabe 50) zum maurischen Erbe in Spanien an: Zusatzmaterial ZM 6.13.

**Notizen**

| Zusatzmaterial ZM 6.11 | **Die muslimische Herrschaft in Spanien bei Heinrich Heine** |
|---|---|

**„Chorlied" aus Heinrich Heines Tragödie „Almansor" (1821)**

*Waldgegend.*

DER CHOR

Es ist ein schönes Land, das schöne Spanien,
Ein großer Garten, wo da prangen Blumen,
Goldäpfel, Myrthen; – aber schöner noch
Prangten mit stolzem Glanz die Maurenstädte,
Das edle Maurenthum, das Tarik einst,
Mit starker Hand, auf span'schem Boden pflanzte.
Durch manch Ereigniss war schon früh gediehn
Das junge Reich; es wuchs und blühte auf
In Herrlichkeit, und überstralte fast
Des alten Mutterlands ehrwürd'ge Pracht.
Denn als der letzte Omayad entrann
Dem Gastmahl, wo der arge Abasside
Der Omayaden blut'ge Leichenhaufen,
Zu Speisetischen, höhnend aufgeschichtet;
Als Abderam nach Spanien sich gerettet,
Und wackre Mauren treu sich angeschlossen
Dem letzten Zweig des alten Herrscherstamms, –
Da trennte feindlich sich der span'sche Moslem
Vom Glaubensbruder in dem Morgenlande;
Zerrissen ward der Faden, der von Spanien,
Weit über's Meer, bis nach Damaskus reichte,
Und dort geknüpft war am Kaliphenthron';
Und in den Prachtgebäuden Cordovas
Da wehte jetzt ein rein'rer Lebensgeist,
Als in des Orients dumpfigen Haremen.
Wo sonst nur grobe Schrift die Wand bedeckte,
Erhub sich jetzt, in freundlicher Verschlingung,
Der Thier- und Blumenbilder bunte Fülle;
Wo sonst nur lärmte Tamburin und Zimbel,
Erhob sich jetzt, beim Klingen der Chitarre,
Der Wehmuthsang, die schmelzende Romanze;
Wo sonst der finstre Herr, mit strengem Blick,
Die bange Sklavinn trieb zum Liebesfrohn,
Erhub das Weib jetzund sein Haupt als Herrinn,
Und milderte, mit zarter Hand, die Rohheit
Der alten Maurensitten und Gebräuche,
Und Schönes blühte, wo die Schönheit herrschte.
Kunst, Wissenschaft, Ruhmsucht und Frauendienst,
Das waren jene Blumen, die da pflegte
Der Abderamen königliche Hand.
Gelehrte Männer kamen aus Byzanz,
Und brachten Rollen voll uralter Weisheit;
Viel neue Weisheit sprosste aus der alten;
Und Schaaren wissbegier'ger Schüler wallten,
Aus allen Ländern, her nach Cordova,
Um hier zu lernen, wie man Sterne misst,
Und wie man löst die Räthsel dieses Lebens.
Cordova fiel, Granada steig empor,
Und ward der Sitz der Maurenherrlichkeit.
Noch klingt's in blühend stolzen Liedern von
Granadas Pracht, von ihren Ritterspielen,
Von Höflichkeit im Kampf, von Siegergroßmuth,
Und von dem Herzenspochen holder Damen,
Die streiten sahn die Ritter ihrer Farbe.

Doch war's ein ernst'rer Ritterkampf, worinn
Sie selber fiel, die leuchtende Granada,
Und ritterliche Großmuth war es nicht,
Als jüngst sein Wort, womit der Glaubensfreyheit
Verbürget hatt', der Sieger listig brach,
Und den Besiegten nur die Wahl gelassen,
Entweder Christ zu werden, oder fort
Aus Spanien nach Afrika zu fliehn.
Da wurde Aly Christ. Er wollte nicht
Zurück in's dunkle Land der Barbarey.
Ihn hielt gefesselt edle Sitte, Kunst
Und Wissenschaft, die in Hispanien blühte.
Ihn hielt gefesselt Sorge für Zuleima,
Die zarte Blume, die im Frauenkäfig
Des strengen Morgenlands hinwelken sollte.
Ihn hielt gefesselt Vaterlandesliebe,
Die Liebe für das liebe, schöne Spanien.
Doch was am meisten ihn gefesselt hielt,
Das war ein großer Traum, ein schöner Traum,
Anfänglich wüst und wild, Nordstürme heulten,
Und Waffen klirrten, und dazwischen rief's
„Quiroga und Riego!" tolle Worte!
Und rothe Bäche flossen, Glaubenskerker
Und Zwingherrnburgen stürzten ein, in Glut
Und Rauch, und endlich stieg, aus Glut und Rauch,
Empor das ew'ge Wort, das urgebor'ne,
In rosenrother Glorie selig stralend.
*Geht ab.*

*Heinrich Heine, Almansor, in: ders., Historisch-kritische Gesamtausgabe, hg. von Manfred Windfuhr, Hamburg (Hoffmann & Campe) 1994, S. 47–49.*

| Zusatzmaterial ZM 6.12 | **Jüdisches Leben in Spanien Ende des 15. Jahrhunderts** |
| --- | --- |

**Der Historiker Wolfgang Osiander über jüdisches Leben in Spanien (1997)**

*Das Vertreibungsedikt von 1492*

[...] Bereits 1482 wurden alle Juden aus den Diözesen Córdoba und Cadiz ausgewiesen. Eine weitere Vertreibung aller Juden aus Spanien kam aber während des zehnjährigen Krieges gegen Granada nicht in Frage, da viele Juden immer noch wichtige Funktionen ausübten und auf die Steuern der Juden nicht verzichtet werden konnte.

Mit der Eroberung Granadas im Januar 1492 war die Reconquista endgültig beendet. Der Gedanke der religiösen und politischen Einheit ganz Spaniens unter Führung der Könige Ferdinand und Isabella wurde immer stärker. Bereits am 20. März 1492 legte der Generalinquisitor Torquemada den Königen den Entwurf eines Dekretes vor, das die völlige Vertreibung der Juden vorschlug. Am 31. März 1492 wurde das Ausweisungsdekret in Granada und anschließend in allen Städten Kastiliens und Aragóns verkündet.

Mit dem Edikt wurden zwei Absichten verfolgt: Durch die Vertreibung der Juden sollte die Gefahr eines Rückfalls der Konvertiten gebannt werden, und durch die Androhung der Vertreibung sollten möglichst viele Juden zur Konversion gezwungen werden, auch wenn das Edikt die Konversion nicht ausdrücklich erwähnte. Als *Conversos* konnten sie durch die Inquisition kontrolliert und überwacht werden. So kam es in der gesetzten Frist von vier Monaten auch zu zahlreichen Konversionen. Die bedeutendste war die des Abraham Seneor, des obersten Rabbiners der Aljamas von Kastilien, wobei die Könige sich selbst als Taufpaten zur Verfügung stellten.

In der Vertreibung der Juden aus Spanien deckten sich die Interessen zweier verschiedener politischer Gruppen. Das aufstrebende Bürgertum der Städte nahm selbst immer mehr Stellungen im Handel und in der Verwaltung ein, die im Mittelalter den Juden überlassen wurden. Die jüdischen Konkurrenten wurden als religiöse Außenseiter abgesondert und schließlich vertrieben. Die Könige sahen in der Herstellung einer religiösen Homogenität die Machtgrundlage für uneingeschränktere Herrschaft über das Land. Ein ähnlicher Zusammenhang bestand zwischen der Vertreibung der Hugenotten aus Frankreich und der Festigung des Absolutismus.

Hinzu kamen ein latenter Antisemitismus von unten und eine wachsende katholische Intoleranz gegenüber anderen Konfessionen, dem Judentum wie auch dem Islam, durch die Auseinandersetzungen der Reconquista oft bis zur Verrohung gesteigert. Die Vertreibung der Juden aus Spanien war also Ergebnis eines komplexen Prozesses mit verschiedenen Wirkungsfaktoren.

*Das Weiterleben des sephardischen Judentums*

Mit der Vertreibung der ihrem alten Glauben treu gebliebenen Juden war für Spanien das Problem jedoch nicht gelöst. Bereits wenige Jahre später, 1496, 1499 und 1501, wurden sog. *Pragmaticas* erlassen, die den Konvertiten die Ausübung vieler Berufe untersagten. Es bildeten sich auch Bruderschaften, die eine „Reinheit des Blutes" und eine Abstammung von nichtjüdischen Vorfahren für ihre Mitgliedschaft voraussetzten. Der Zugang zu vielen Berufen, vor allem in der Rechtswissenschaft und in der Verwaltung, wurde durch einen Nachweis „reinen Blutes", des *„Limpieza de sangre"* für Konvertiten gesperrt. 1556 führte Philipp II. dann den *„Limpieza de sangre"* offiziell ein. So hatte sich in etwas mehr als fünf Jahrzehnten der religiöse Radikalismus in einen reinen Rassismus verwandelt.

*Wolfgang Osiander, „Als Schweine könnt ihr überleben." Juden in Spanien, in: Geschichte lernen, Sammelband „Weltreligionen", 1997, S. 22 f.*

| Zusatzmaterial ZM 6.13 | **Das maurische Erbe in Spanien** |
| --- | --- |

## Der Historiker Raimund Allebrand über das maurische Erbe in Spanien (2000)

Was der Islam hinterlassen hat, ist für den heutigen Besucher Spaniens unschwer zu erkennen: berühmte Bauwerke, die ihresgleichen nicht allein in Europa suchen, sondern auch in der islamischen Welt. Entsprechend konzentriert sich das Interesse an maurischer Zivilisation nicht selten auf architektonische Leistungen. Während somit Hufeisenbögen und Stuckgewölbe, Gartenanlagen und Wasserspiele als Inbegriff maurischer Lebensart sofort ins Auge springen, lassen sich langfristige Wirkungen der islamischen Epoche auf die spanische Kultur an dieser Stelle nur andeuten, will man sich nicht in Aufzählungen verlieren.

Nach philologischer Auskunft gehen schätzungsweise 20 Prozent des spanischen Wortschatzes mehr oder minder direkt auf das Arabische zurück. Dabei wurden die Wortstämme latinisiert und phonetisch bis zur Unkenntlichkeit verfremdet; dennoch verrät eine Vielzahl von Tätigkeitswörtern und Eigennamen, vor allem aber Ortsnamen und geografische Bezeichnungen von Flüssen, Tälern und Bergzügen unschwer ihre Herkunft, ferner Tier- und Pflanzennamen sowie Fachbegriffe und Spezialvokabular zahlreicher Handwerkszweige bis hin zu Gegenständen des täglichen Gebrauchs. Die arabischsprachige Vergangenheit ist in jeder spanisch geführten Konversation von nur einigen Dutzend Wörtern stets lebendig. Zahlreiche Städte verdanken einer jahrhundertelang wandernden Front den Namenszusatz *de la frontera* (an der Grenze).

Das Streben nach Territorialgewinn als direkte Folge der politischen Konfrontation mit dem Islam bestimmt bis zur Gegenwart Landschaftsbild und Sozialstruktur in großen Teilen der Halbinsel. In Westandalusien etwa ist das Panorama von Großgrundbesitz geprägt, der auf die Verteilung riesiger Ländereien an den kastilischen Adel zurückgeht und Besitzverhältnisse etablierte, die sich bis in unsere Tage kaum verändert haben; dass die andalusische Provinz Jaen heute über mehr Olivenbäume verfügt als das restliche EU-Gebiet samt der Türkei, hat seine Ursache in landwirtschaftlichen Auswirkungen der Reconquista. Als ehemalige Bewohner extremer Trockenzonen (arabische Halbinsel, Atlas-Gebiet etc.) entwickelten die Muslime eine ausgefeilte Bewässerungstechnik. In al-Andalus verbreitete juristische Traditionen der Wasserzuteilung finden teilweise bis heute Anwendung (z. B. in Valencia). Von den Mauren angelegte Bewässerungsterrassen trugen Mandeln und Granatäpfel, Obst und Zitrusfrüchte, nicht zuletzt auch Maulbeerbäume für die Seidenproduktion. Der weiträumig betriebene Bewässerungsfeldbau konnte große Städte ernähren und wurde auch späterhin an zahlreichen Orten beibehalten; anders im Hochtal von Granada, dessen kompliziertes Kanalsystem nach der Eroberung vernachlässigt wurde und zusehends verfiel, mit verheerenden Folgen für die Landwirtschaft. Aber auch in weiten Landstrichen mit Trockenfeldbau werden Wein und Oliven, Weizen und Baumwolle bis heute auf Parzellen angebaut, die schon von den Mauren kultiviert wurden.

Eine große Zahl von Nutzpflanzen ist erst seit islamischer Zeit auf der Halbinsel heimisch, von den Mauren bevorzugte Gemüsesorten finden sich bis heute auf dem iberischen Speisezettel. Typisch spanische Süßspeisen, Konfekt und Gebäck *(turrones, polverones* etc.), nicht selten auf Mandelbasis, haben ihr ursprüngliches Rezept in arabischen Kochbüchern, die der Vernichtung anheim fielen. Renommierte Gastronomen bemühen sich heute in Andalusien um die

*Fortsetzung auf Seite 106*

| Zusatzmaterial ZM 6.13 | **Das maurische Erbe in Spanien** |
| --- | --- |

*Fortsetzung von Seite 105*

Rekonstruktion einer in Vergessenheit geratenen maurischen Kochkunst. Mit dem beliebten Karamellpudding *(flan)* kennen die Spanier allerdings ein Dessert, das sich auch überall in Nordafrika findet. Die Mauren brachten die später berühmten arabischen Hengste auf die Iberische Halbinsel; Harmonien der andalusischen Musik fanden Eingang in die spanische Volkstradition. Als Vermächtnis augenfällig ist jedoch in erster Linie die Baukunst. Das mediterrane Haus mit Innenhof *(patio),* wie es in Spanien bis heute selbst den Grundriss größerer Mietblocks prägt, geht zurück auf eine nach innen offene, typisch maurische Bauweise. Im Bereich der ornamentalen Innengestaltung (Kachel, Mosaik, Stuckatur) ist der in Andalusien geprägte Stil von einer geometrischen Präzision und geradezu abstrakten Klarheit, die man im östlichen Islam vergeblich sucht. Diese bestechende Originalität maurischer Ästhetik fand ihr Echo im christlichen Bereich der Iberischen Halbinsel.

*Raimund Allebrand, Al-Andalus. Islam im Westen Europas, in: Matices Nr. 27, Herbst 2000, S. 11–13.*

# Kapitel 7: Der osmanische Staat – ein islamisches Großreich

**Hinweise zur Arbeit mit den Materialien**
Siehe den Kasten im Schülerband S. 148.

## Arbeitsbereich I: Politische Grundlagen des Osmanischen Reiches

### M 1, S. 145 Karte: Das Osmanische Reich 1326 bis in die Zeit seiner größten Ausdehnung 1683

Die Karte veranschaulicht und erweitert die im Verfassertext vorgestellten Phasen der äußeren Entwicklung des Osmanischen Reiches. Vergleichend und ergänzend zur Expansion und Reichsbildung sind die Karten S. 38, M 2 (Abbasiden-Kalifat 8.–11. Jh. und christliche Herrschaftsräume im Mittelalter) und S. 86, M 1 (Europa und der Nahe Osten Ende des 12. Jh.) heranzuziehen. Beide Karten verweisen zum einen auf die mehrfachen, bisher erfolglosen islamischen Versuche, Konstantinopel zu erobern, zum andern auf das Vordringen der Seldschuken und die Entwicklung/den Zerfall des Byzantinischen Reiches vor dem in M 1 erfassten Zeitraum.
Folgende Aspekte werden deutlich:
- Geografischer und zeitlicher Rahmen unterschiedlicher Expansionsphasen. Die Expansion kann z. B. verdeutlicht werden, wenn entsprechend der Legende geografische Vergleichsgrößen ermittelt werden:
  1326 = Größe von Rheinland-Pfalz (ca. 18 000 qkm);
  1451 = Größe Frankreichs (ca. 500 000 qkm);
  1520 = Größe Westeuropas;
- strategische Bedeutung Konstantinopels/Istanbuls sowie die Insellage der Stadt vor 1453;
- Gegner und entsprechende Konfliktzonen (Südosteuropa; Mittelmeerraum und Mittlerer Osten);
- Fragen und Schwierigkeiten der Herrschaftssicherung und der kulturellen, religiösen Reichsidentität (evtl. im Vergleich mit anderen den Schülern bekannten Beispielen der Reichsbildung).

*Didakischer Hinweis:* kritische Auseinandersetzung zu Möglichkeiten und Grenzen von Kartendarstellungen:
- Namensgebung/Ortsangaben;
- Expansion – ein kontinuierlicher Prozess (beispielsweise gab es nach der Niederlage gegenüber den Mongolen unter Timur/Tamerlan 1402 erhebliche territoriale Einbußen, die erst ca. 50 Jahre später wieder ausgeglichen wurden)?

### M 2, S. 148 f. Josef Matuz über Osman I. und die Anfänge des Osmanischen Reiches (1985)

Josef Matuz führt folgende Merkmale für die Anfänge des osmanischen Staates, d. h. die Entwicklung vom Nomadenstamm zur ererbten Stammesführerschaft hin zum Fürstentum, aus:
- Lebensraum: Grenzbezirk des Byzantinischen Reiches;
- nomadische Lebensweise und (turkmenische) Stammestraditionen;
- Streif- und Beutezüge *(ghaza)* im Bewusstsein des „Heiligen Krieges" (Ghazitum);
- pragmatisches Verhalten gegenüber christlichen Lokalfürsten;
- Rivalitäten mit anderen muslimischen Stammesfürsten;
- Entwicklung stammesübergreifender Strukturen in Wechselbeziehung zur Ausdehnung und Sicherung des Herrschaftsbereichs;
- soziale Veränderungen: Schwächung der nomadischen Traditionen und Herausbildung der existenzsichernden Funktion der Kriegs- und Beutezüge.

Deutlich wird, dass das „Glaubenskämpfertum" (Ghazitum) für die Konsolidierung des Fürstentums unter Osman einen hohen Stellenwert hatte, aber es nicht von der nomadischen Tradition einerseits und den besonderen Bedingungen der Grenznähe zum zerfallenden Byzantinischen Reich andererseits zu trennen ist.

### M 3, S. 149 Derwisch Ahmed über Osman I. (1. H. 15. Jh.)

*Zum Autor:* Ahmed entstammte einer alten Derwischfamilie Zentralanatoliens; er gehörte seinen eigenen Angaben zufolge schon als junger Mann zum

Gefolge Sultan Mehmeds I. (1413–1421); Ahmed nahm an verschiedenen Feldzügen teil und zählte zu den Gelehrten im Umkreis Mehmeds II. (1451–1481). In den letzten Jahren seiner Herrschaft bzw. kurz nach dessen Tod ist diese Chronik vermutlich entstanden. Sie beginnt mit dem Stammbaum der Osmanen und endet mit dem Tod Mehmeds II. Die Nähe zur osmanischen Dynastie, inbesondere zu deren religiösen und tribalischen Traditionen in ihrem Kernland, prägen seine Perspektive.
*Zum Hintergrund:* Die Vision eines Osmanischen (Welt-)Reiches gibt es in unterschiedlichen Versionen und ausgehend vom Traum Osmans auch mit wechselnden Herrschern. Der Mond als eines der ältesten Symbole der Menschheit, im Alten Orient von größerer Bedeutung als die Sonne, war auch den Turkvölkern bekannt und entwickelte sich als Halbmond, Sichelmond, zum traditionellen Symbol des Islam. Offizielles Symbol des Osmanischen Reiches wurde der Halbmond zu Beginn des 16. Jahrhunderts; im 18. Jahrhundert ergänzt durch den erst acht-, dann fünfzackigen Stern wird er 1923 für die Nationalflagge der Türkischen Republik übernommen.
*Weiterführende Hinweise:* Die christliche Darstellung der Gottesmutter Maria auf einer Mondsichel (Offenbarung des Johannes, 12.1) – in Anlehnung an eine Vielzahl von Göttinnen im Zeichen der Nacht und des Mondes (Artemis/Diana; Isis) sowie von Muttergottheiten kleinasiatischen und semitischen Ursprungs – wurde spätestens nach dem Sieg über die Osmanen in der Seeschlacht von Lepanto1571 antiislamisch gedeutet: Die Gottesmutter Maria steht auf dem traditionellen Symbol des Islam und des Osmanischen Reiches.

### Aufgaben 1 a und b, S. 149

Siehe die Erläuterungen zu M 2 und M 3.

**Notizen**

## Arbeitsbereich II: Zentrale Stationen der politischen Entwicklung – 1453 und 1683

### M4, S. 149
### Franco Cardini über die Eroberung Konstantinopels 1453 (1999)

Der italienische, international bekannte Mediävist Franco Cardini (geb. 1940) sieht in seiner Monografie „Europa und der Islam. Geschichte eines Missverständnisses" (1999) unter der Überschrift „Inimicus crucis, inimicus Europae. Die osmanische Bedrohung" die Eroberung Konstantinopels – des Zweiten oder Neuen Rom – in der Konsequenz päpstlicher Interessenpolitik. Die lateinische Kirche unter Papst Nikolaus V. machte die Unterstützung für den Basileus gegen die Osmanen von der Beilegung des Schismas (1054) unter römischen Bedingungen abhängig: Verzicht auf die Autokephalie der griechischen Kirche und Unterwerfung unter die lateinische. Sie sah die Möglichkeit, auf diese Weise nicht nur die Einheit der christlichen Kirche, sondern auch ihre Autorität als politischer Machtfaktor im christlichen Europa wieder herzustellen – angesichts der militärischen Unterlegenheit Voraussetzung für eine erfolgreiche militärische Abwehr. Diese Forderung sowie ihre erpresserische Durchsetzung, aber auch die Rivalitäten der italienischen Handelsrepubliken Genua und Venedig sowie divergierende Interessen der übrigen christlichen Herrscher stärkten die Position des osmanischen Herrschers: Der Turban wurde in Teilen der Bevölkerung als Alternative zur Tiara gesehen. Die so sich ankündigende scheiternde Abwehr der Osmanen schien den Westen dennoch 1453 überrascht zu haben. Sie führte zu einer neuen Dimension des Kreuzzugsgedankens, zur Idee der Verteidigung Europas gegenüber dem Islam.
Die Osmanen/Türken wurden zum Feind des christlichen Abendlandes schlechthin, Niederlage und Feindbild stifteten Identität und verdeckten die Frage nach den Bedingungen und Ursachen dieser Niederlage auf christlicher Seite.
*Zum Konzil von Florenz 1439 (Z. 14 f.):* Es verweist auf die konziliare Reformbewegung in der lateinischen Kirche, die, nach Beilegung des Großen Schismas (1378–1417, Frage der Legitimation mehrerer Gegenpäpste) zu einem erneuten Schisma geführt hatte (Reformkonzil von Basel 1431–1449; Gegenkonzil von Ferrara 1438, später Florenz s. o.); 1438 erfolgte die Gründung der gallikanischen/französischen Nationalkirche (Karl VII., 1422–1461).

*Zu Enea Silvia Piccolomini (Z. 56–60):* Er war Rat Kaiser Friedrichs III. (1440–1493) und konnte auch als Papst Pius II. (1458–1464) die Idee eines neuen Kreuzzugs nicht durchsetzen.

### M 5 a, S. 151
### Gemälde: Porträt Sultan Mehmeds II. von Sinan Vey (1475)

Das Porträt des osmanischen (Buch-)Malers Sinan Vey zeigt Mehmed im Dreiviertelprofil und dokumentiert den Einfluss der italienischen Renaissancemaler, die am Sultanspalast mitgearbeitet hatten (siehe auch die Erläuterungen zu M 5 b).
Vey stellt den Sultan als Heerführer im traditionellen Türkensitz, mit dem Herrschaftsattribut (Taschentuch) sowie einer Rose (Ausdruck der Naturverbundenheit?) dar. Das durch höfische Etikette geprägte Ideal tritt zugunsten einer individuellen, psychologischen Charakterisierung zurück.

### M 5 b, S. 151
### Gemälde: Porträt Sultan Mehmeds II. von Gentile Bellini (1480)

Gentile Bellini (1429–1507) gehörte zu den italienischen Künstlern, die Mehmed aus Prestige und Propagandagründen nach Istanbul geholt hatte. Bellini porträtierte den Herrscher kurz vor seinem Tod und zeigt ihn als Renaissancefürsten; Pelz und Turban verweisen auf seinen Herrscherrang. Ein Rundbogen auf Säulen mit floralem Ornament und eine kostbare Decke mit Perlen und Edelsteinen verleihen dem Herrscherbild vor einem neutralen Hintergrund zusätzliche Würde. Die jeweils drei Kronen im oberen Teil stehen für Eroberungen Mehmeds (Konstantinopel, Trapezunt, Erzurum).

### M 6, S. 151 f.
### Günter Kettermann über das Leben in Istanbul nach 1453 (2001)

Nach Kettermanns Ausführungen bestimmen politisch-religiöse und wirtschaftliche Motive die Maßnahmen Mehmeds des Eroberers und seiner Nachfolger, durch die die Stadt zu einer islamisch geprägten europäischen Metropole wird, in der sich die Vielfalt und Heterogenität des Osmanischen Reiches spiegelt. Folgende Aspekte können in ihrer Bedeutung herausgestellt und erörtert werden.

*Soziale Aspekte:*
- unterschiedliche Phasen der Besiedlung: nach 1453 zunächst Entvölkerung; später Wiederbesiedlung durch Deportation auch nichtmuslimischer Bevölkerungsteile in die Stadt; Wachstum durch freiwilligen Zuzug seit dem 16. Jh. wegen der Privilegien, die die Zuwanderer erhalten; Tendenzen der Überbevölkerung im 17. Jh.;
- Schutz für religiöse Minderheiten;
- die ethnisch und kulturell unterschiedlich geprägten Bevölkerungsgruppen leben zunächst in getrennten Stadtbezirken, später weicht die Trennung auf;
- die große Mehrheit ist muslimisch und wird rechtlich bevorzugt.

*Wirtschaftliche Aspekte:*
- zunehmende Verflechtung der wirtschaftlichen arbeitsteiligen Tätigkeiten der verschiedenen Bevölkerungsgruppen;
- Fortsetzung und Ausbau der bestehenden Handelskontakte nach Ost und West.

*Kulturelle Aspekte:*
- Integration und Umdeutung des griechisch-byzantinischen Erbes (z. B. Namensgebung; Hagia Sophia);
- religiöse und rechtliche Autonomie religiöser Minderheiten (Griechisch-Orthodoxe, Armenier, Juden) unter Anerkennung der muslimischen Oberhoheit. Zur Bedeutung dieser Millets für die weitere Entwicklung des Osmanischen Reiches vgl. Schülerband, S. 146; M 18, S. 160; S. 175; M 8 b, S. 184 f.

*Politische Aspekte:*
- Legitimation und Anerkennung durch eine flexible, zum Teil tolerante Durchsetzung osmanisch-islamischer Herrschaft.

### M 7, S. 152
### Kupferstich: Sultan Süleyman I. von Melchior Lorch (1574)

Lorch fertigte während seines dreijährigen Aufenthalts in Istanbul zahlreiche Skizzen an, die ihm als Vorlagen für seine Stiche dienten. Für das Porträt griff er aber vermutlich auf eine osmanische Vorlage zurück.
Das Interesse der europäischen Öffentlichkeit gerade an Sultan Süleyman I. erklärte sich durch sein Vordringen in Südosteuropa (vgl. Darstellung, Zeittafel im Schülerband S. 145 bzw. S. 208) und seine Kontakte mit dem französischen König, Franz I.

Der Sultan wird in würdevoller Haltung als dominierender Teil einer Gesamtdarstellung porträtiert, quasi auf die Leistungen seiner Herrschaft verweisend: Er ist Hüter der Religion (Torbogen mit dem Schriftzug „Allah", durch den der nach ihm benannte und durch seine erfolgreichen Feldzüge wesentlich finanzierte Baukomplex der Süleymaniye [= Moschee, Medrese, medizinisches Zentrum u. a.] zu sehen ist); er ist Garant der Größe und der Ausdehnung des Reiches nach West und Ost (reich geschmückter Elefant mit Treiber und Bannerträger).

### M 8 a, S. 153
### Franco Cardini über die Vorstöße der Osmanen ins Habsburgerreich (1999)

*Zum Autor:* vgl. die Erläuterung zu M 4.
*Zum Text:* Franco Cardini setzt in seinen Ausführungen die Akzente auf die Veränderungen der Mächtekonstellation in Europa:

- Die Auseinandersetzung mit den Osmanen in Südosteuropa wird den Glaubenskriegen im 17. Jahrhundert einerseits und den Grenzproblemen im Südosten des Osmanischen Reiches andererseits zugeordnet: Der Dreißigjährige Krieg bzw. seine Beendigung im Westfälischen Frieden waren Voraussetzung für die Wiederaufnahme der Abwehr der Osmanen unter abgewandelten Bedingungen eines Kreuzzugs. Machtpolitische Interessen (Ludwig XIV./Habsburger/Ungarischer Adel) haben 1683 Vorrang vor religiös-ideologischen Interessen.
- Die osmanische Entscheidung einer Offensive gegen Wien war das Resultat eigenmächtigen Handelns des Großwesirs Kara Mustafa (vgl. Schülerband, S. 146).
- Der christliche Erfolg führte zur planmäßigen alliierten Offensive gegen die Osmanen auf dem Balkan und deren schrittweisem Zurückdrängen aus Südosteuropa.

Es lassen sich folgende Bewertungen erkennen:

- Das christliche Abendland fand sich zur einer breiten, aber nicht geschlossenen Verteidigung Wiens bereit, es war zur Abwehr der Osmanen gerüstet und es feierte einen „unerhofften Erfolg".
- Das Osmanische Reich war Spielball europäischer Machtinteressen (um europäische Hegemonie).
- Diplomatie und Entscheidungen osmanischer Herrschaft wiesen Zerfallserscheinungen auf (vgl. Z. 39–44).

### M 8 b, S. 153 f.
### Mathieu Lepetit über die Ereignisse von 1683 (2001)

Mathieu Lepetit setzt in seinen Ausführungen Akzente im Hinblick auf die habsburgische Monarchie:

- Die Abwehr der Osmanen im Jahre 1683 hat im kollektiven Gedächtnis einen eindeutig größeren Stellenwert als die des Jahres 1529.
- Die Abwehr führte zu einem grundlegenden Wandel der Kräfteverhältnisse auf dem Balkan.
- Die Habsburgermonarchie expandierte zur südosteurpäischen Großmacht und wurde zum „vollwertigen Mitspieler im Konzert" (Z. 52 f.) der europäischen Großmächte bis ins 19. Jahrhundert.

Daraus ergibt sich eine triumphale Deutungsdimension des Jahre 1683, quasi eine Art Gründungsmythos der Habsburgerdynastie, der insbesondere auch in den Krisen des 19. Jahrhunderts bemüht wurde.

### M 9, S. 154
### Gemälde: „Der Entsatz von Wien", Ende 17. Jh.

*Zum Bildtitel:* „entsetzen" (transitiv): ist ein militärischer Fachbegriff; bedeutet: von einer Belagerung befreien; „der Entsatz": Befreiung(sheer).
*Zum Bild:* Das Gemälde (ca. 106 cm x 166 cm) hält die Situation des Triumphes der christlichen Koalitionsheere (teilweise Subsidienzahlungen südeuropäischer Staaten) fest.
Bildnerische Elemente der Belagerung: Die osmanische Zeltstadt demonstriert die Präsenz der Osmanen, der Rauch die Gefahr für die Bevölkerung und die Zerstörung von Stadt und Umland.
Entscheidend für die Aufgabe der Belagerung der Stadt, die seit dem 16. Jh. als Festung ausgebaut worden war, war das personelle und materielle Aufgebot der Koalition (hier: Geschütze, polnische Panzerreiter). Mit einer solchen Stärke des Aufgebots (die insbesondere dem polnischen Kontingent zuzuschreiben war) hatten die Osmanen (Anfang September) nicht gerechnet. Dem osmanischen Heer unter Kara Mustafa blieb nur noch die überstürzte Flucht.
Der polnische König, nicht der Kaiser selbst, hatte den Oberbefehl.
Die Verteidigungsleistung der Stadt während der fast zwei Monate dauernden Belagerung (ca. 11 000 Mann reguläre Truppen plus 5000 Mann Freiwillige [Bürgerwehr] gegen 250 000 osmanische Kämpfer) wird in dem Gemälde nicht thematisiert.

**Aufgabe 2, S. 154**
Siehe die Erläuterungen zu M 4.

**Aufgabe 3, S. 154**
Siehe die Erläuterungen zu M 5 a und b.

**Aufgabe 4, S. 154**
Siehe die Erläuterungen zu M 6.

**Aufgabe 5, S. 154**
Siehe die Erläuerungen zu M 7.
Für die Deutung der Darstellung durch Lorch kann man die Frage aufgreifen, ob Süleyman I. für die mitteleuropäische Öffentlichkeit eher als „der Gesetzgeber" der osmanischen Tradition oder als „der Prächtige" der europäischen Tradition inszeniert wird (vgl. Schülerband, S. 145).

**Aufgabe 6, S. 154**
*Aufgabe 6 a und b:* siehe die Erläuterungen zu M 8 a und b.
*Aufgabe 6 c:* siehe auch Schülerband, S. 7, M 2.
In der Diskussion des Jahres „1683" als „Ereignis von universalhistorischer Bedeutung" ist auf die eurozentrische wie auch die habsburgische Perspektive einzugehen. Europa sind der Papst, der Kaiser, die Könige von Frankreich und Spanien, der König von Polen – das katholische Europa.
Über die Diskussion einer adäquaten Übersetzung der „mutua inter christianos tolerantia" (M 8 a, Z. 20): gegenseitige Duldung/Toleranz unter/zwischen den Christen kann der heutige Toleranzbegriff und die Gefahr seiner Instrumentalisierung reflektiert.
Die Osmanen als Repräsentanten der islamischen Welt gelten den Europäern nicht mehr als unbesiegbar.

**Aufgabe 7, S. 154**
Siehe die Erläuterungen zu M 9.

**Notizen**

## Arbeitsbereich III: Die Schlacht auf dem Amselfeld (Themensonderseite)

**M 10, S. 155**
**Derwisch Ahmed über den 28. Juni 1389 (1. H. 15. Jh.)**

**M 11, S.155**
**Artikel aus einem deutschen Geschichtsmagazin (1996)**
*Zum Hintergrund:* Die Niederlage der christlichen Koalition von Serben und Bosniern sowie kroatischen, albanischen, bulgarischen und wallachischen Hilfstruppen gegen die Osmanen und ihre Vasallen bedeutete das Ende des serbischen Königreichs und für die Serben den Beginn der osmanischen Fremdherrschaft (bis zum ersten Balkankrieg 1912).
Der genaue Verlauf der Schlacht wie auch die Stärke der beiden Heere (25 000 auf serbischer, 40 000 auf türkischer Seite? Vermutlich erster Einsatz der Janitscharen, vgl. Schülerbuch S. 159, M 16, und die Erläuterungen dazu im Handbuch) ist nicht bekannt. Sicher ist nur, dass es für die Serben zu einer Katastrophe kam, ihr Laz in Gefangenschaft geriet und getötet wurde. Aber auch für die Osmanen endete die Schlacht mit dem gewaltsamen Tod des Sultans Murad I. tragisch. Die Gestalt des Serben Milos Kopila (M 10, Z. 8) ist historisch nicht gesichert; er wurde aber in der serbischen Volksdichtung und Legendenbildung zum Helden, der sich für sein Volk geopfert hat (Gegenbild zu dem Serben Vuk Brancovic, der durch seinen Verrat die Niederlage herbeigeführt haben soll).
*M 10: Zum Autor* siehe die Erläuterungen zu M 3.
*Zur Quelle:* Der Chronist berichtet die Ermordung des Sultans durch den Giaur (Ungläubigen) im Kontext des Gesamtgeschehens, die Sicherung des weiteren Schlachtenverlaufs durch die G(h)azi scheint Vorrang zu haben: Sein Tod wird zunächst geheim gehalten (Z. 20), die Nachfolge seines Sohnes Bayezid durch die Ermordung seines Bruders Yakub gesichert (Z. 27 f., erster Brudermord zur Sicherung des Herrschaftsanspruchs der osmanischen Dynastie bis ins 17. Jh.; vgl. Schülerband, S. 146). Das Ende des serbischen Laz bewertet der Chronist nicht weiter.
Die Hidschra-Angabe der Chronik, 791 (= H) (Z. 34 f.), muss der Angabe der christlichen Zeitrechnung 1389 (= C) mit Hilfe der Formel
$H \cdot 32/33 + 622 = C$ angeglichen werden. Siehe dazu

die Vorbemerkung zu den Zeittafeln im Schülerband, S. 207.

*M 11:* Zum 500. Jahrestag der Schlacht auf dem Amselfeld am 28. Juni (Veitstag) 1989 erinnerten Politiker und Repräsentanten der serbisch-orthodoxen Kirche an die „Tragödie vom Kosovo und die darauf folgende 500-jährige Sklaverei" (Z. 34 f.), deren Ursache („Sünde") in „Zwietracht" und „egoistischen Interessen" (Z. 38, 40) gesehen wird. 1989 wurde die Autonomie des Kosovo aufgehoben, die „Wiedererlangung der serbischen Soveränität" gefeiert.

**Aufgabe 8, S. 155**

Siehe die Erläuterungen zu M 10 und M 11.

Die zentrale Bedeutung des 28. Juni, des Veitstags, im kollektiven Gedächtnis der Serben, die Erinnerung an eine große nationale Vergangenheit und die Hoffnung auf eine nationale Wiedergeburt erschließen sich über die Recherche zu entscheidenden Daten der serbischen Geschichte:

*28. Juni 1914* Ermordung des österreichischen Thronfolgers in Sarajevo

*28. Juni 1921* Verabschiedung der Verfassung des Vereinigten Königreichs

*28. Juni 1991* Operationen gegen das militärisch abtrünnige Slowenien

*28. Juni 2001* Überstellung von Slobodan Milošević an des Haager Kriegsverbrechertribunal

Die serbisch-orthodoxe Kirche hielt insbesondere den Mythos aufrecht, nach dem sich das serbische Volk, von den übrigen christlichen Völkern Europas im Stich gelassen, für das Christentum gegenüber dem Islam geopfert habe.

Das Wissen um die Rolle der Albaner in der Geschichte des Kosovo, ihr mehrheitlich erfolgter Übertritt zum Islam, könnte durch ein Schülerreferat vertieft werden.

**Notizen**

## Arbeitsbereich IV: Herrschaftsstrukturen im Osmanischen Reich

**M 12, S.156**
**Gemälde: Sultan Selim III. (Reg.1789–1807) empfängt den Hof, Ende 18. Jh.**

Das Bild zeigt die hierarchisch-differenzierte Anordnung und den streng reglementierten Verlauf des Zeremoniells (strenge Kleiderordnung, Regelung der Kommunikation), wie es für Empfänge osmanischer Würdenträger wie auch auswärtiger Botschafter beim Sultan üblich war und seit dem 16. Jh. belegt ist. Der Sultan war der Repräsentant der osmanischen Dynastie und des osmanischen Staates, er war religiöses und weltliches Oberhaupt (siehe Schülerband, S. 37 f. und S. 212). Das Zeremoniell ist Selbstdarstellung und Instrument osmanischer Macht. Repräsentieren ist Regierungshandeln und daher in dieser Funktion zu beurteilen (siehe dazu M 14, Zeremonienmeister als Mitglied des Diwan). Als Ironie der Geschichte kann reflektiert werden, dass Sultan Selim III. als einer der ersten Reformer gegen die Erstarrung und die Korruption des Reiches vorging, die er als Ursache für dessen Krise betrachtete (vgl. Schülerband, S. 174). Das ausgefeilte Zeremoniell verweist also auch auf die Brüchigkeit von Macht.

Zur Gruppe der Amtsinhaber um den Sultan siehe die Erläuterungen zu M 14.

**M 13 a, S. 156 f.**
**Josef Matuz über den osmanischen Staat (1994)**

Matuz kennzeichnet den osmanischen Staat als einen Rechtsstaat, wenn man ihn „an damaligen Maßstäben" (Z. 3 f.) misst; seine Begründung:

- das Religionsgesetz *(şeriat)* war grundlegend für die gesamte gesellschaftliche und staatliche Ordnung und band somit auch den Sultan;
- die Gesetze des Sultans *(kanun)* beschränkten sich auf solche Fällen für die das Religionsgesetz keine Lösung vorsah, sie hatten Präzendenzfunktion, hoben aber lokales Gewohnheitsrecht *(örf)* nicht auf;
- Untertanen hatten ein Recht auf „modern gesprochen – wohlfahrtsstaatliche Maßnahmen" und auf Schutz vor Strafen und Übergriffen von Amtsträgern.

Ferner bezeichnet Matuz die Herrschaft als – nicht „im abwertenden Sinne zu verstehen" (Z. 57) – despotisch; seine Begründung:

- außer dem Religionsgesetz gab es keine Kontrollinstanz der Macht der Sultans;
- der Herrscher verfügte fast ausschließlich über das zentrale Machtmittel, das primäre Produktionsmittel Boden (siehe die Erläuterungen zu M 15).

Matuz' Intention ist es, das Streben nach Aufrechterhaltung der inneren Ordnung und damit der bestehenden Verhältnisse des Staates herauszustellen (Z. 1–4; Z. 18f.) und das europäische Klischee einer osmanischen Willkür- und Gewaltherrschaft zu revidieren (Z. 21ff.).

### M 13b, S. 158
### Suraiya Faroqhi über das Recht im Osmanischen Reich (2000)

*Zur Autorin:* Suraiya Faroqhi gilt als eine der besten Kennerinnen der Geschichte des Osmanischen Reiches. Sie wurde in Berlin geboren, studierte in Hamburg, Istanbul und Bloomington/Indiana Geschichte, Islamwissenschaft und Turkologie. Sie lehrte in den USA und der Türkei und ist seit 1988 Professorin für Osmanistik an der Universität München.
*Zum Text:* Faroqhi führt zum religiösen Recht *(şeriat)* aus, dass es in seiner Auslegung durch die vom Sultan geförderte Institution der Ulama an Bedeutung und Einfluss gewann und so die sunnitische Ausrichtung der osmanischen Herrschaft legitimierte (vgl. Z. 45–49). Neue rechtliche Konstruktionen im Sultansrecht *(kanun),* das eigentlich nur die Lücken des religiösen Rechtes ausfüllen sollte, wie auch im lokalen Gewohnheitsrecht *(örf)* kamen in der Praxis „nicht gerade selten" (Z. 28) vor; daraus entstanden neue Rechtskonstruktionen (Z. 28–36), teilweise kam es sogar zur Umgehung des religiösen Rechts (Zinsverbot, Z. 36–24). Die Gesetzgebungskompetenz des Sultans wird durch diesen Prozess geradezu zu einem „Kennzeichen osmanischen Staatslebens" (Z. 54).
Siehe auch M 14 und die Erläuterungen zur Stellung der Ulama mit dem Scheichülislam als oberstem Mufti.

### M 14, S. 157
### Schema: Der politische Aufbau des Osmanischen Reiches im 16. Jh.

Siehe auch Zusatzmaterial ZM 7.1, S. 119.
Das Schema bietet eine Übersicht über die zentralen Organe des osmanischen Staates; es zeigt, dass die Herrschaftskompetenzen im Staat hierarchisch, aber auch horizontal aufgebaut sind.
Die Erarbeitung der Skizze kann methodisch-didaktisch durch den Grundriss des Topkapi-Palastes unterstützt und ergänzt werden: Er spiegelt räumlich sowohl die Unterscheidung innerhalb des Großherrlichen Haushaltes/Palastes (Harem, Innerer Dienst/3. Hof, Äußerer Dienst/2. Hof) wie auch die Unterscheidung zwischen Zentraler Staatsverwaltung (Sitz des Großherrlichen Diwan) und Großherrlichem Haushalt wider; ferner zeigt er über die Person des Sultans die Verflechtungen und erklärt einige seiner Funktionen von selbst.
Für das gesamte Personal des Palastes galt der Status der Unfreien, der Sklaven.
Im Zusammenhang mit M 12 bis M 17 sind folgende Aufgaben und Funktionen besonders hervorzuheben:

- Palastschule: „Diese Kinder (Pagen) waren im Rahmen der Knabenlese ausgehoben und als geistig wie körperlich besonders geeignet der Palastschule zugeteilt worden. Hier hatten sie sich bei strenger Disziplin umfangreiche Kenntnisse anzueignen, namentlich in den ‚drei Sprachen' (Osmanisch-Türkisch, Arabisch und Persisch), in Kalligrafie, in islamischer Religionskunde und in den Militärwissenschaften, wozu neben der Waffenkunde und der Militärtheorie auch eine harte körperliche Ausbildung gehörte. Während die Mehrzahl der Pagen nach Beendigung der Ausbildung den berittenen Pfortensklaven zugeteilt wurde, öffnete sich für die Besten die Möglichkeit, in die höchsten Staatsämter aufzusteigen." (Josef Matuz, Das Osmanische Reich, 3. Aufl., Darmstadt [Wiss. Buchgesellschaft] 1994, S. 87f.)
- Scheichülislam verfügte gegenüber dem Sultan über eine gewisse Eigenständigkeit und war *de facto* dem Großwesir, der als Vorsteher des Diwan rein politische Aufgaben und Kompetenzen hatte, gleichrangig. Die Muftis waren Vertrauenspersonen der Hohen Pforte und übten durchaus Kontrollfunktionen in der Territorialverwaltung und -rechtsprechung aus (die sie durchaus auch zu ihrem Vorteil zu nutzen wussten).
- Das Amt des Staatskanzlers umfasste nicht nur die Abwicklung der vielschichtigen schriftlichen Aufgaben (Verfügungen, Ernennungen, Stellungnahmen zu Petitionen der Untertanen) und die Korrespondenzen mit auswärtigen Mächten, sondern vor allem die Beglaubigung und schließlich auch die Ausarbeitung und Kodifizierung der Sultansgesetze.
- Ergänzend sei auch auf den Harem hingewiesen,

dem in bestimmten Phasen durch Sultansmütter und Sultansgattinen auch – in Konkurrenz zum Großwesir – politische Macht zukam: „Eine eigenständige Einrichtung war schließlich der Großherrliche Harem, in dem die Ehefrauen der Sultane sowie sonstige weibliche Angehörige und Dienstmägde lebten. Bis zur Zeit Süleymans war es üblich, dass die Sultane (auch christliche, d. h. byzantinische) Prinzessinnen fremder Dynastien heirateten. Der Usus, lediglich Konkubinen zu halten, datiert erst aus späterer Zeit. Im Harem leisteten nur total emaskulierte, schwarze Eunuchen Dienst. Außer dem Sultan war allen Männern, selbst den weißen Eunuchen, der Zugang verwehrt." (Josef Matuz, Das Osmanische Reich, 3. Aufl., Darmstadt [Wiss. Buchgesellschaft] 1994, S. 88.)

Zusammenfassend kann festgehalten werden:

- Der Ausdehnung des Reiches entsprach eine differenzierte, hierarchische Kompetenzverteilung innerhalb seiner Verwaltung, um staatliche Macht organisatorisch effektiv umzusetzen.
- Die verwaltungstechnischen, militärischen und rechtlichen Funktionen der Amtsträger, teilweise auch die religiösen, waren verbunden.
- Der Staatsapparat rekrutierte sich selbst, garantierte so gründlich und umfassend ausgebildete Beamte für dessen komplizierten Mechanismus (Titel: *efendi).*
- Der Staatsapparat funktionierte auch ohne eine starke Herrscherpersönlichkeit.

Beispiele für Schwachpunkte der Strukturen:

- Machtausweitung des Großwesirats: Trennung der Zentralen Verwaltung vom Sultan als Bezugspunkt der Loyalität;
- Konflikte zwischen militärischen Institutionen: Äußerer Dienst mit pfortenunmittelbaren Truppen gegen Großwesir mit Provinzaufgebot.

## M 15, S. 159
## Suraiya Faroqhi über das osmanische Timar-System und das europäische Lehnssystem (2000)

Faroqhi stellt zwischen dem Timar- und dem Lehnssystem folgende *Gemeinsamkeiten* fest:

- Timar und Lehen waren dingliche Gegenleistungen des Herrschers für primär militärische Aufgaben und Pflichten.
- In einer agrarisch bestimmten Lebenswelt erwirtschafteten Bauern Abgaben an die Inhaber.
- Es lag keine reine Naturalwirtschaft vor.
- Eigenbewirtschaftung durch die Inhaber und Bargeldumlauf waren von geringer Bedeutung.
- Funktionieren setzte Markt zum Erwerb von Waffen und Pferden voraus.

Folgende entscheidenden *Unterschiede* sieht sie zwischen den beiden Einrichtungen:

- Das Timar-System kannte die *commendatio,* die persönliche, wechselseitige Treuebeziehung des Lehnssystems, nicht.
- Es gab nur einen zentralen Bezugspunkt für Loyalität, keine pyramidenförmig gestaffelten Abhängigkeiten (keine Lehnspyramide).
- Die Bauern/Dörfer unterstanden nur der Gerichtsbarkeit des Sultans.

Das heißt also, dass es kein osmanisches Äquivalent zu folgenden Institutionen des europäischen Lehnssystems gab: Doppelvasallität, Herausbildung der Erblichkeit und Landesherrschaften und damit Stärkung partikularer Kräfte gegenüber dem obersten Lehnsherrn.

Das Fehlen dieser Elemente begründet Faroqhis Fazit von der Überlegenheit der osmanischen Einrichtung im 15. und 16. Jahrhundert.

## M 16 , S. 159
## Zeittafel zur Geschichte der Janitscharen

Siehe auch die Erläuterungen zu M 14 und M 17; vgl. Darstellung, Zeittafel und Glossar im Schülerband, S. 146 f. bzw. 208 f. und 210.
Siehe auch die Erläuterungen zu Aufgabe 14, S. 162.

## M 17, S. 159
## Miniaturmalerei: Aushebung junger Christen („Knabenlese"), 1558

Siehe auch die Erläuterungen zu M 16.
Erläutert und diskutiert werden könnte die in der Forschung vertretene These, die Devschirme sei die größte Originalität des osmanischen Regierungssystems gewesen. Angeführt werden in diesem Zusammenhang das enge Abhängigkeitsverhältnis der Rekrutierten zum Sultan und ihre sozialen Aufstiegschancen.

## M 18, S. 160
## Suraiya Faroqhi über das Zusammenleben von Muslimen und Nicht-Muslimen im Osmanischen Reich (2000)

Kennzeichnend für die osmanische Gesellschaft seit

Beginn des 16. Jahrhunderts ist, so Suraiya Faroqhi, dass es eine muslimische Gesellschaft war, in der Nicht-Muslime Minderheiten darstellten. Zu den Minderheiten führt sie aus:

- Diese christlichen und jüdischen Minderheiten waren in sich kulturell (sprachlich, konfessionell) nicht homogen.
- Sie waren von Beginn an durch den osmanischen Staat als sich selbst verwaltende religiöse Gemeinschaften *(millets)* anerkannt.
- Sie stellten Untertanen „zweiter Klasse" dar (Sondersteuer *cizye;* keine volle Rechtsfähigkeit).
- Die offiziell intendierte Absonderung wurde im Alltag umgangen.
- Aber es gab in der Regel auch keinen Zwang zur religiösen Konformität.

Mögliche Schlussfolgerungen hinsichtlich der Aspekte Assimilation und Kulturaustausch:

- Bedeutsame Differenzen innerhalb der jeweiligen Minderheiten, soziale Anreize der Mehrheitsgesellschaft und auch die kulturellen Freiräume förderten die Herausbildung einer osmanischen (nicht zwangsläufig muslimischen) Identität.
- Machtpolitische Motive des Staates (Staatsräson) begünstigten einen pragmatischen Umgang mit den Nicht-Muslimen (die finanzielle Bedeutung der Sondersteuer; *divide et impera* als Folge des expansiven Charakters; Integration von Renegaten als Inhaber hoher Staatsämter oder militärischer Berater; die Institution der „Knabenlese").
- In Phasen der wirtschaftlichen, sozialen und politischen Instabilität konnten die Millets über ihre Autonomierechte zum Hebel innenpolitischer Entwicklungen werden.

### M 19, S. 160 f.
### Forschungsbericht von Suraiya Faroqhi zur Wirtschaft im Osmanischen Reich (2000)

Suraiya Faroqhi nimmt eine Revision der älteren Forschung vor, nach der die osmanische Wirtschaft durch eine „Arbeitsteilung nach Religion/Konfession" bestimmt gewesen sei.

Als „Fehlerquellen" weist sie nach:

- nichtwissenschaftliche Methoden (Übertragung späterer Beobachtungen ohne entsprechende Quellenlage auf frühere Phasen, Z. 11 ff;
- „ideologische" Begründungen: Überschätzung religiöser Verbote (Zinsverbot, Z. 26 ff.) und religiöser Vorschriften (Kontaktverbot mit Nicht-Muslimen, Z. 36 ff.) in der Praxis.

Hinsichtlich der „Arbeitsteilung" im Bereich des Handels sowie seiner Bedeutung für die osmanische Wirtschaft kommt sie zu folgenden Ergebnissen:

- Sowohl Nicht-Muslime wie auch Muslime betrieben in gleichem Ausmaß Binnen- und Außenhandel.
- Effektive Kapital- und Vermögensbildung durch osmanische Kaufleute war im Rahmen einer zentralen, am Konsumenten orientierten und die Produktion streng kontrollierenden Wirtschaftslenkung nicht möglich und lag auch nicht im Blick des Staates (im Unterschied z. B. zu westeuropäischen Staaten).
- Gleichwohl waren positive Handelsbilanzen zur Füllung der Staatskasse (Bedeutung der Edelmetalle) wie in anderen europäischen Staaten so auch im Osmanischen Reich ein Staatsziel.

### M 20, S. 161 f.
### Rudolf Vierhaus über die absolute Monarchie in Europa im 17./18. Jh. (1978)

Rudolf Vierhaus stellt die Vielfalt der historischen Ausprägungen der absoluten Monarchie heraus. Als strukturelle Charakteristika nennt er die Idee des Monarchen als Träger ungeteilter Souveränität (vgl. Z. 21–28 und 29 f.) und eines einheitlichen Staatsgebietes als Geltungsbereich ebendieser Souveränität (vgl. Z. 54–58).

Die konkreten Erscheinungsformen der absoluten Monarchie entsprachen dieser Herrschaftsidee nur im Hinblick auf die Praxis der staatlichen Institutionen (Z. 15–21). Das Gewaltmonopol des absoluten Monarchen war Produkt eines historischen Prozesses und stellt als solches – gleichzeitig mit seinen Instrumenten der Friedenssicherung, der Wirtschaftsförderung und eines Verwaltungsapparats sowie der Legitimation aller (inner-)staatlichen Rechte durch diesen Souverän ( vgl. Z. 58–66) – einen entscheidenden Schritt in der Entwicklung zum modernen Staat dar (vgl. Z. 49 f.).

### Aufgabe 9, S. 162

Siehe Tafelbild S. 118: Vorschlag für eine Mind-Map zur osmanischen Herrschaft.

Sie kann in der Diskussion um die Frage, welche Markierungen oder Symbole ergänzt oder ob unterschiedliche Schriftstärken und -größen gewählt werden sollen, weitere Zusammenhänge und Gewichtungen verdeutlichen und so Einsichten in das osmanische Herrschaftssystem vermitteln.

**Aufgabe 10, S. 162**
Siehe die Erläuterungen zu M 14.

**Aufgabe 11, S. 162**
Siehe die Erläuterungen zu M 13 a und b.
In der Diskussion, ob der osmanische Staat ein Rechtsstaat oder despotisch gewesen sei, werden die Intention Matuz' und seine Perspektive zu gewichten und sowohl das religiöse Recht in seiner die osmanische Herrschaft legitimierenden Funktion wie auch seine pragmatische Umgehung durch das Sultansrecht kritisch zu erörtern sein.

**Aufgabe 12, S. 162**
Siehe die Erläuterungen zu M 15 sowie Schülerband, S. 212 und 214.

**Aufgabe 13, S. 162**
Siehe die Erläuterungen zu M 15; vgl. M 2 mit den entsprechenden Erläuterungen.
- Anfänge: Sesshaftwerdung der Nomaden unter Osman; aus Streifzügen der Ghasi-Krieger wurden Erweiterung und Verteidigung eines festen Territoriums durch berufsmäßige Krieger.
- Eine gute militärische Organisation (hier: gut ausgestattete Reiterheere) war Voraussetzung für eine erfolgreiche Expansion und zugleich deren Folge (hier: Pfründe, Timare zur Erfüllung der militärischen, später auch zivilen Aufgaben; Abhängigkeit vom Sultan durch Zuweisung und Widerrufbarkeit).
- Kosten der Feldzüge wurden bzw. mussten durch Eroberungen und damit neue Timare/Abgabequellen gedeckt werden (Grenzen des Systems).
- Insbesondere auf dem Balkan: Besitz (oft geflohener) christlicher Grundbesitzer begünstigte die Aneignung von Grund und Boden als osmanisches Staatseigentum. Für die Bauern war von Vorteil: genau festgelegte, oft geringere Abgaben als an den christlichen Grundherrn. Günstige Ausgangsposition für die Akzeptanz der neuen Herren bei der ländlichen Bevölkerung.
- Militärische Präsenz vor Ort.
- Gefahren/Nachteile: zwangsläufig Verkleinerung der Pfründen und damit der Belastungen; Geldabgaben an Stelle von Naturalien: Verschuldung der Bauern; Erhebung von Sondersteuern; Veruntreuung von Einnahmen; Ämterkauf.

**Aufgabe 14, S. 162**
Siehe den Tafelanschrieb.

*Beobachtungen:*
- *Notwendigkeit, die besoldeten Eliteeinheiten aufzustocken.*
- *Fehlende Mittel zur Finanzierung: Ausweg durch Münzverschlechterung; die Folge: sinkender Reallohn.*
- *Janitscharen als innenpolitischer Machtfaktor*
- *Verteidigung von Privilegien (Steuerfreiheit, Status)*
- *„Neue" Janitscharen mit veränderter Ausbildung und Mentalität*
- *Solidarisierung mit, Unterstützung von anderen unzufriedenen Bevölkerungsteilen*
- *Heftiger Widerstand gegen militärische Reformversuche*

***Deutung: vielfältige Krisenerscheinungen des osmanischen Staates***
- *Außenpolitische Bedrohung bzw. Grenzen der Expansion*
- *Finanzkrise des Staates*
- *Soziale Unruhen in der osmanischen Bevölkerung*
- *Legitimationskrise der Sultansautorität*
- *Reformbedarf im militärischen Bereich (u. a. in der Waffentechnik) und in der zivilen Verwaltung*

**Aufgabe 15, S. 162**
Siehe die Erläuterungen zu M 18.
Bei dem Vergleich ist zu berücksichtigen, dass in der Forschung hinsichtlich der Frage nach Kulturaustausch und Assimilation im Osmanischen Reich (z. B. im südosteuropäischen Raum oder im Hinblick auf den Einfluss von Renegaten in der osmanischen Politik) größere Lücken bestehen als hinsichtlich der Kreuzfahrerstaaten und des maurischen Spanien.

**Aufgaben 16, S. 162**
Siehe die Erläuterungen zu M 19.
Für den Vergleich mit einem Beispiel aus Westeuropa könnten z. B. durch ein Schülerreferat die wirtschaftliche und politische Rolle eines der großen Handelshäuser im Heiligen Römischen Reich Deutscher Nation, aber auch die des Fernhandels für die Entwicklung der Niederlande oder Englands zu Seemächten vorgestellt werden.
Deutlich werden auf diese Weise:
- Formen und Folgen des Frühkapitalismus im Übergang vom Spätmittelalter zur frühen Neuzeit,

- der Handelskapitalismus und erste kapitalintensive Einrichtungen (Verlags-, Berg- und Hüttenwesen; ab 17. Jh.: Manufakturwesen),
- das Gewinnstreben und die Erschließung neuer Wirtschaftsräume, insbesondere jener jenseits des Atlantiks, an denen das Osmanische Reich nicht partizipierte, die aber entscheidend für den Wandel Westeuropas zur „Moderne" wurden.

**Aufgabe 17, S. 162**
Siehe die Erläuterungen zu M 20.
Strukturmerkmale absoluter Monarchie (17./18. Jh) und osmanischer Herrschaftsform (16. Jh.), die vor dem Hintergrund von M12 bis M16, ergänzend aber auch im Zusammenhang mit M18 und M19 zu prüfen sind:
- eine von „Theoretikern" im historischen Kontext entwickelte bzw. tradierte und weiterentwickelte Idee einer höchsten Souveränität, repräsentiert in der Person des Herrschers;
- der Staat als Repräsentationsstaat;
- Zentralisierung als Produkt eines historischen Prozesses, „Schrittmacher"-Funktion des Militärwesens;
- „Modernität" (Bürokratisierung; „osmanische" Identität aller Untertanen);
- Differenz zwischen Theorie (und historischem Bewusstsein) einerseits und historischer Realität andererseits.

**Notizen**

| Tafelbild zu Aufgabe 9, S. 162 | **Mind-Map zur osmanischen Herrschaft** |
|---|---|

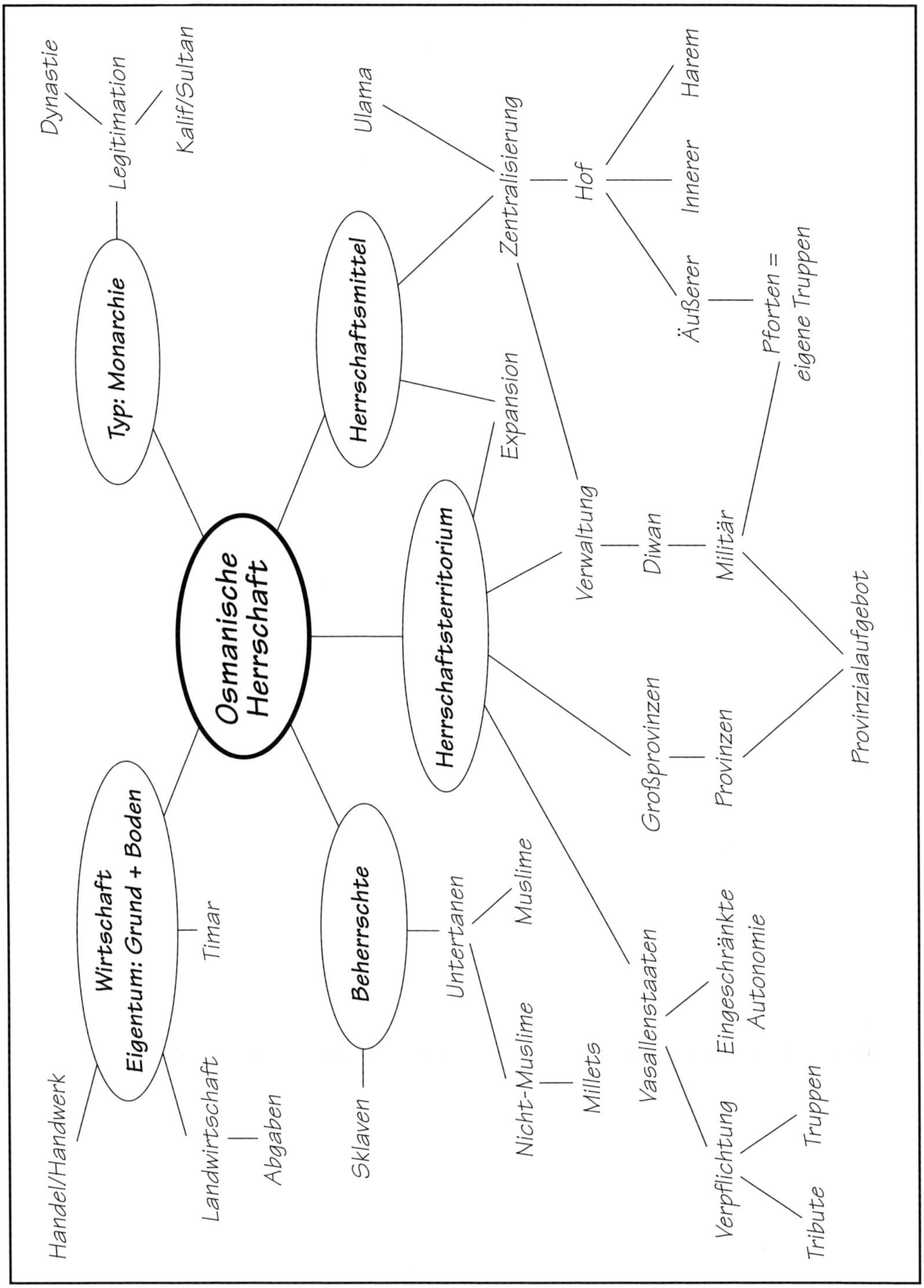

| Zusatzmaterial ZM 7.1 | **Grundriss des Topkapi-Palastes** |
|---|---|

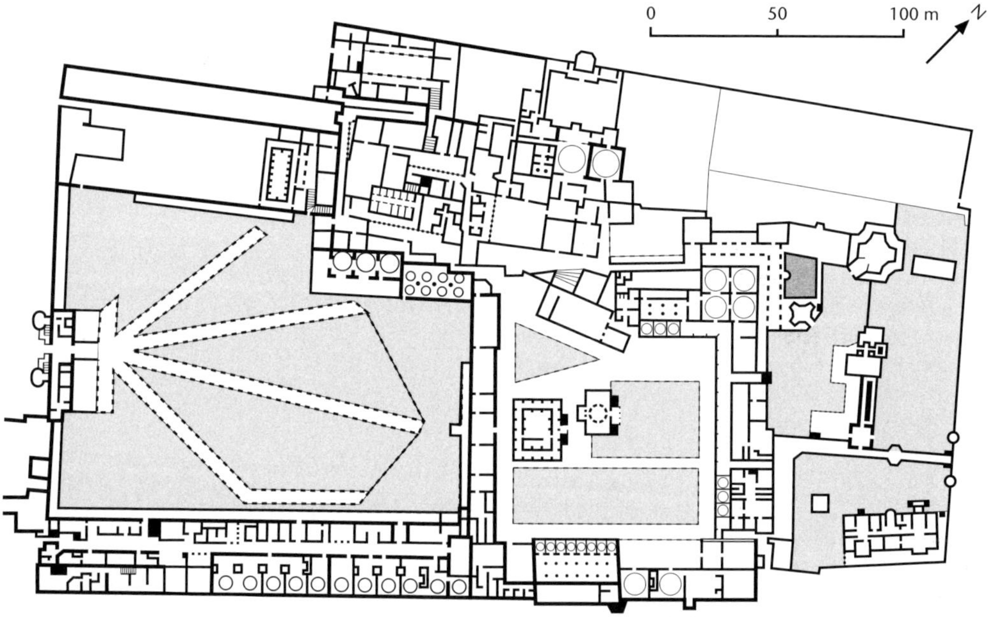


Abbildung: Alberto Berengo Gardin, Rom.

**Der Architekt und Historiker Stéphane Yerasimos beschreibt den Grundriss (2000):**

Links das Mitteltor (Orta Kapi), durch das man vom ersten [Hof mit den Arsenalen und dem Paradeplatz der Janitscharen] in den zweiten Hof gelangt. In dessen trapezförmige Gestalt schieben sich oben die Gebäude für den Staatsrat (drei Kuppelbauten links) und die Schatzkammer (Saal mit acht Kuppeln). Oberhalb des zweiten Hofs liegen die Stallungen, unten reihen sich entlang eines schmalen Ganges die Küchen- und Wirtschaftsgebäude. Durch das Tor der Glückseligkeit (Bab üs-Saade) [Ort des Empfangs in Gemälde M 12, S. 156, Schülerband] kommt man in den dritten Hof. Gegenüber liegt der Thronsaal, dahinter die Bibliothek Ahmeds III. [1703–1730]. Rechts vom dritten Hof in der oberen Ecke befinden sich die vier kuppelgewölbten Säle der Sultansgemächer, daran schließen sich die Räume des Staatsschatzes an. Um den Hof gruppieren sich die Schlafsäle der Pagen, dazu schräg versetzt die Moschee. Eine Marmorterrasse führt von den Sultansgemächern zu verschiedenen Pavillons, darunter der Bagdad-Pavillon mit kreuzförmigem Grundriss. Unterhalb der Pavillons erstreckt sich der Garten, auch vierter Hof genannt. Am Ende des Gartens steht ein rechteckiger Pavillon, der unter Abdülmecid [1839–1861] erbaut wurde. Oben in der Mitte schließlich breitet sich der ausgedehnte Gebäudekomplex des Harems aus.

*Stéphane Yerasimos, Konstantinopel. Istanbuls historisches Erbe, Übers. Ursula Arnsperger u. a., Köln (Könemann) 2000, S. 214.*

## Arbeitsbereich V: Osmanische Gesellschaft – Festbücher (Methodensonderseite)

### M 21, S. 163
### Miniatur aus dem osmanischen Festbuch „Surname", Ende 16. Jh.

Die vom Sultan ausgerichteten Feste (wie auch die Feste im sonstigen Europa des Spätmittelalters und der Renaissance) sind Spiegel der Beziehung zwischen Herrscher und Untertanen. Wie alle Festbücher wurde auch das „Surname" in den Palastwerkstätten erstellt; es enthält insgesamt 250 auf Doppelseiten angeordnete Miniaturen. Der Hintergrund wiederholt sich mit geringfügigen Abweichungen jeweils, sodass der Sultan als Zuschauer Bezugspunkt aller Darbietungen ist.
Die Süleymaniye (vgl. M 7) ist eines der berühmtesten Bauwerke Mimar Sinans (1491–1588). Sinan gilt nicht nur durch seine Synthese unterschiedlicher Formeinflüsse als der Schöpfer des klassischen osmanischen Baustils, sondern auch als einer der wichtigsten Architekten der Renaissance. Sinans Biografie weist für eine osmanische Karriere typische Elemente auf: In einer christlichen griechischen Familie in Anatolien geboren, Rekrutierung bei der Devschirme, als Militärtechniker der Janitscharen Teilnahme an Feldzügen, seit 1538 Leiter der osmanischen Baubehörde.

### Aufgabe 18, S. 163
Siehe die Erläuterungen zu M 21.
Wert der Miniaturen als historische Quellen:
a) Deskription:
- beispielsweise Art und Anzahl der Gewerbe, technische Fertigkeiten, Produkte u. Ä.

b) Einzeldeutungen/-aussagen:
- Interessen der Beteiligten (hier Herrscher und Zünfte: Selbstdarstellung, Kontrolle, Abwehr von Konkurrenz, Disziplinierung von Untertanen, Darstellung der Eintracht von Herrscher und Zunftmeistern);
- Wertschätzung und Funktion der Zünfte am Hof;
- gesellschaftliche Gruppen als Spiegel der Palast- und Verwaltungs-Hierarchie.

c) Gesamtdeutung:
- Festbücher als inszenierte Darstellungen osmanischer Gesellschaft (Idealbild).

Probleme der Miniaturen als historische Quellen:
- Perspektive des Auftraggebers (sowohl der Prozession wie ihrer „Dokumentation");
- Deutung von Details nur bei Anwendung von Kenntnissen, durch Ergänzung aus anderen (schriftlichen) Quellen;
- Grad der Stilisierung.

Hauptproblem: einseitige, Herrschaft legitimierende Perspektive. Mögliche offene Fragen: Gab es Widerstand auf Seiten der Zünfte gegen die Einbindung? Welche Folgen hatte die Einbindung der Zünfte (für Herrscher und Zünfte)? Welche Kosten haben die Darbietungen verursacht? Gab es Belohnungen für die Darbietungen?

**Notizen**

## Arbeitsbereich VI: Selbstbilder – Fremdbilder

### M 22, S. 164 f. Georg von Ungarns Beschreibung des Osmanischen Reiches (um 1480)

*Zum Hintergrund:* Bevor diplomatische und wirtschaftliche Kontakte aufgenommen wurden, waren es europäische Kriegsgefangene wie Georg von Ungarn, die Einblicke in die osmanische Gesellschaft vermittelten.
*Zur Quelle:* Georg zeigt sich zunächst beeindruckt von Lebenswandel und vor allem auch von Gläubigkeit und religiöser Praxis der Türken, die ihm vorbildlich erscheinen. Seine Beobachtungen widersprechen seinen durch Herkunft und Erziehung erworbenen Vorstellungen; sie erscheinen ihm als eine „Verkehrung der Ordnung" (Z. 34), machen ihn ratlos, lassen ihn seine bisherigen christlichen Kategorien in Frage stellen. Sein persönliches Schicksal führt ihn zur Konfliktlösung: Er will die islamische Religion selbst praktizieren. Doch schon nach kurzer Zeit wendet er sich wieder – laut eigener Aussage für die „folgenden fünfzehn Jahre" seiner Gefangenschaft (Z. 76) – dem christlichen Glauben zu. Er findet zu einer anderen Lösung des Konflikts zwischen seiner Wahrnehmung der muslimischen Umwelt und seinen christlichen Kategorien: Er deutet sie als „Wahngebilde und Vorspiegelungen des Teufels" (Z. 81 f.), als Schein des Bösen. So stellt er die ihm vermittelte Ordnung wieder her. Die (scheinbaren) Laster der Christen verweisen auf das Gute; die (scheinbaren) Tugenden der Türken auf das Böse.
Erst 20 Jahre nach seiner Freilassung und seiner Rückkehr ins christliche Europa verfasste Georg seinen Traktat, und zwar im Angesicht der osmanischen Bedrohung Italiens. Die um ihr Seelenheil besorgten Christen vor der Gefahr der „teuflischen" Verführung durch den Islam zu warnen, lässt sich so als Intention seines Traktats ableiten und zur Beurteilung seines Glaubensbekenntnisses, wie und warum er wieder zum Christentum zurückgefunden habe, heranziehen.

### M 23, S. 165 Aus einem Kirchengebet von 1595

Neben überlieferten Predigten zeigen Kirchengebete wie dieses, welches Bild von der türkischen Bedrohung den christlichen Gläubigen vermittelt wurde. Es kann als Beispiel für die in M 24 angeführten Grundzüge des Türken als dem „geborenen Feind" (Z. 37 f.) analysiert werden.
In diesem Beispiel werden die Ebenen der militärischen Bedrohung und der religiösen Feindschaft vermischt, erfahrene – oder nur vermittelte – Gewalt und Grausamkeit mit dem Verleugnen und Bekämpfen der zentralen christlicher Glaubensinhalte, der Dreifaltigkeit, durch die Urheber dieser Gewalt verknüpft. Der militärische Gegner wird so zum Feind schlechthin. Er wird zur individuellen Gefährdung und zum Feind des einzelnen Gläubigen, der sich in dieser persönlichen Angst, im persönlichen Gebet oder in der Kirchengemeinde, an seinen Gott wendet und so in seiner Bindung an Religion und Kirche gestärkt wird.

### M 24, S. 165 Der Historiker Winfried Schulze über Türkenfurcht im 16. Jh. (1992)

Schulze führt die Entwicklung der „Türkenfurcht", der Furcht vor dem Türken als „Erbfeind" des Christen (vgl. Z. 37–41) im 16. Jahrhundert, auf sechs Bedingungen zurück:
- die sich historisch wiederholt bestätigenden, traditionellen militärischen Konflikte zwischen Muslimen und Christen;
- das Bewusstsein eines religiösen muslimisch-christlichen Gegensatzes;
- die Annahme der militärischen Überlegenheit und Grausamkeit des Gegners;
- die Vorstellung der Verschlagenheit und Falschheit des Gegners;
- die durch Unkenntnis zu erklärende negative Bewertung und Ablehnung fremder kultureller Eigenheiten und
- gesellschaftlicher Unterschiede.

### M 25, S. 166–168

### Aus dem Reisebericht des türkischen Weltreisenden Evliya Celebi über seine Fahrt nach Wien 1665

Evliya Celebi will das hauptstädtische, des Lesens und Schreibens kundige Publikum unterhalten und belehren. Seine Perspektive ist die eines höfisch gebildeten, eigenständigen, nicht nur künstlerisch interessierten und kundigen Weltenbummlers, für den Kultur Stadtkultur ist. Die vorliegenden Auszüge be-

schreiben in einer Mischung aus äußerst genauen Beobachtungen mit sicherlich hohem Informationsgehalt und phantasievollen Ausführungen mit eher hohem Unterhaltungswert, dem Ablauf der Reise folgend, Erfahrungen, wie er sie erlebt haben will:
- die habsburgisch-ungarische Grenzregion mit ihren machtpolitischen und konfessionellen Konflikten, die die Giauren, Ungläubigen, als nicht recht ernst zu nehmende Gegner ausweisen;
- den angenehmen Alltag der vornehmen Wiener (Vor-)Stadtgesellschaft, insbesondere der auch öffentliche Umgang der Geschlechter miteinander;
- den Stephansdom als architektonisches Meisterwerk und die Bibliothek als Inbegriff universaler Bildung;
- den (ihm aus Audienzen wohl bekannten) Kaiser in seiner ihn abschreckenden äußeren Erscheinung, aber auch mit seinen vorbildlichen Herrscherqualifikationen.

Der Autor verwendet solche Wortfelder für die Schilderung des Fremden, die seinen osmanischen Zeitgenossen vertraut und für sie teilweise auch positiv besetzt waren (vgl. z. B. Z. 45–50). Auffällig sind die Dialektik seiner Beobachtungen bzw. deren Beschreibungen (Rückgriff auf Formeln in der Abwertung der christlichen Repräsentanten (vgl. Z. 77 f., 189–193) sowie seine Erklärungen, ja Rechtfertigungen (vgl. Z. 54–56, 67–69; Hinweis: Wertschätzung der „Mutter Maria" auch bei den Muslimen).

Er hegt Sympathie für die Ungläubigen, schätzt ihre kulturellen Leistungen und Fähigkeiten, entwertet sie nicht dadurch, dass es solche von Ungläubigen sind, äußert wegen der Bewunderung für diese Schätze Vorbehalte gegen eine kriegerische Einnahme Wiens. Ausgehend von seiner expliziten Kritik an der osmanischen Gesellschaft, indem er ihr die christliche Gesellschaft als vorbildliche spiegelt (Z. 247–252), lässt sich diese implizit auch an anderen Stellen zeigen, z. B. in dem vorbildlichen Umgang und der Pflege von Büchern und Wissenschaft, in der grotesk karikierenden Beschreibung der Erscheinung des Kaisers im Gegensatz zu seinen idealisierten eigentlichen Herrscherqualitäten.

**Zu Aufgabe 19, S. 168**
Siehe die Erläuterungen zu M 22.

**Aufgabe 20, S. 168**
Der Reformator Martin Luther instrumentalisierte Georgs Deutung der Gefährdung der Christen durch die Türken für seine Kritik an der Kurie und insbesondere am Oberhaupt der Christenheit als Antichristen in der Phase der „Türkengefahr" zu Beginn des 16. Jahrhunderts (vgl. M 24). Es ist davon auszugehen, dass die Verbreitung des durch Protestanten übersetzten und bearbeiteten Traktates nicht zu einer unvoreingenommenen Meinung über die Türken führte.

Francesco Sansovino stellte dagegen den Türken nicht als „Erbfeind", sondern als normal sterblichen Menschen vor, löst also Georgs bewundernde Beschreibungen von ihrem warnenden theologischen Anliegen. Das Kompendium Sansovinos verweist auf die Idee von der Einheit der menschlichen Natur, der Aufhebung des Dualismus von Christen und Heiden, wie sie sich aus den Berichten aus der Neuen Welt und aus Indien entwickelte.

**Aufgabe 21, S. 168**
Siehe die Erläuterungen zu M 23.

**Aufgabe 22, S. 168**
Siehe die Erläuterungen zu M 24, M 26 und M 27.
Als *terminus technicus* beschreibt „Türkengefahr" ein mentalitätsgeschichtliches Phänomen: Geografische Gebiete und gesellschaftliche Schicht unterscheiden sich, was reale Gefahr und Bedrohung betrifft, und beeinflussen wiederum deren Wahrnehmung durch die Zeitgenossen und müssen in der historischen Reflexion unterschieden werden. Eine reale Gefahr bestand im 16. Jahrhundert nur in den Grenzländern des Deutschen Reiches, auf dem Balkan (sowie an den italienischen Küsten und in Südspanien). Auch wenn diese nicht unterschätzt werden darf, bedurfte es keineswegs immer eines aktuellen, selbst erfahrenen Anlasses, um diese Vorstellungen, Vor-Urteile und Ängste zu aktivieren. Weltliche und geistliche Autoritäten bestimmten im Wesentlichen dieses Fremd-Bild vom Türken und konnten es entsprechend ihren machtpolitischen Interessen (z. B. Ablenkung von inneren Spannungen im Reich durch außenpolitische Gefahrenabwehr; Festigung ihrer Autorität gegenüber Ständen; Steuerbewilligungen für Truppenaushebungen; die eigene moralische Überlegenheit über die Ungläubigen, das Selbstbild festigen) nutzen.
An dieser Stelle könnte erweiternd der Antisemitismus als mentalitätsgeschichtliches Phänomen erörtert werden.

**Aufgabe 23, S. 168**
Siehe die Erläuterungen zu M 25.

**Aufgabe 24, S. 168**
Zum Vergleich von M 22 und M 25 siehe Tafelanschrieb.

*Zum Autor Georg von Ungarn (M 22):*
- *Perspektive eines christlichen Geistlichen*
- *1480: akute osmanische Bedrohung*

*Zum Text Georg von Ungarns:*
- *Rückblickender subjektiver Erfahrungsbericht und theoretisch theologische Abhandlung*
- *Auf konkreten Beobachtungen basierender Text: zusammenfassende positive Bewertung des Lebenswandels, insbesondere der Glaubenspraxis*
- *In der theologischen Reflexion der Beobachtungen: Verurteilung*
- *Rechtfertigung der eigenen Kenntnisse über die Ungläubigen und der eigenen Geschichte*
- *Warnung vor dem Fremden durch Verurteilung*
- *Bestätigung des (vorübergehend angezweifelten) Selbstbildes durch entschiedene Abgrenzung von einem Fremd-/Feindbild*

*Zum Autor Evliya Celebi (M 25):*
- *Perspektive eines muslimischen „Weltenbummlers"*
- *1680: Endphase der osmanischen Überlegenheit in Südosteuropa*

*Zum Text Evliya Celebis:*
- *Rückblickender Erfahrungsbericht mit unterschiedlichem Informationsgehalt*
- *Detaillierte, auch phantasievolle Ausführungen zu vielfältigen Aspekten der fremden Lebenswelt mit gegensätzlichen, aber insgesamt positiven Wertungen der kulturellen Leistungen*
- *Formelhafte Verurteilung der repräsentativen Funktionsträger der anderen Religion*
- *Werbung für die positiven Seiten des Fremden durch unterhaltendes Informieren und Erklären*
- *Kritische Bestätigung des Selbstbildes durch ein in Teilen vorbildlich wahrgenommenes Fremdbild*

*Fazit des Vergleichs:*
- *Der religiöse Gegensatz hat an Bedeutung verloren;*
- *der Lebenswelt des Fremden wird mit Neugierde begegnet;*
- *das Fremde wird nicht als Bedrohung, sondern als Chance der eigenen Bereicherung gesehen.*

*Didaktischer Hinweis:* Als Abschluss des Arbeitsbereiches VI „Selbstbilder – Fremdbilder" bietet sich der Klausurvorschlag S. 125 an (Zusatzmaterial ZM 7.2).

## Arbeitsbereich VII: Flugblätter als Quellen – Probeklausur (Methodensonderseite)

### M 26, S. 169
### Holzschnitt: „Der armen leut Plag" (1530)

### M 27, S. 170
### Umschrift des Texte von M 26

Historiker sehen in den „Türkendrucken" (Turica), zu denen unterschiedliche Textarten, z. B. dieses illustrierte Flugblatt, aber auch M 22, gehören, eine eigene Textart. Neben Reformation und Bauernkrieg war das Osmanische Reich, die neue Großmacht in Südosteuropa, eines der Hauptthemen der in der frühen Neuzeit möglich gewordenen massenhaften Vervielfältigung von Druckerzeugnissen.
Das Flugblatt zeigt in der bildlichen Darstellung und im Text die folgenden Topoi:
- Der Türke ist erkennbar an Krummsäbel, Turban, Kaftan und Bart.
- Er verübt insbesondere Gewalt gegenüber Frauen und Kindern (mögliche Erklärung: Assoziation des Kindermordes durch Herodes; Schlussfolgerungen aufgrund vager Vorstellungen der nicht vertrauten familiären Beziehungen, der polygamen Ehen; Knabenlese).
- Sein Handeln ist das eines Tyrannen.
- Er verkörpert das Böse, den Teufel.

Die Topoi und ihre visuelle und sprachliche Präsentation sind von hohem affektivem Charakter und tragen zur negativen Vorurteilsbildung bei.
Der Text, ein Gebet, entspricht den im Bild gezeigten Grausamkeiten und bittet, appelliert an den göttlichen Beistand, das gerade die Armen, das einfache Volk treffende Unheil abzuwenden: Gott kann als Einziger für den Beter, der sich bereits in der Gewalt des Türken als Verkörperung des Bösen sieht, noch Rettung bringen.

### M 28, S. 170
### Uta Kural über Flugblätter und Kommunikationswege in der Geschichte der frühen Neuzeit (1997)

Uta Kural stellt die illustrierten Flugblätter als Massenmedium der frühen Neuzeit vor:

- Die Flugblätter übermittelten Nachrichten über politische und historische, aber auch sensationelle kuriose Ereignisse.
- Es gab Zentren der Nachrichtenbörse.
- Durch die neue Reproduktionstechnik erreichten die Druckerzeugnisse einen breiten Rezipientenkreis.
- Verkaufsförderung war das Interesse des Herstellers/Auftraggebers wie auch der Vertreiber.
- Befriedigung der Sensationslust war ein Interesse des nicht immer lesekundigen Käufers.

**Aufgabe 25, S. 170**

*Aufgabe 25 a:* Siehe die Erläuterungen zu M 28 sowie Schülerband, S. 205, M 1.

Der Wahrheitsgehalt der illustrierten Flugblätter ist nicht eindeutig zu bestimmen; politische, historische Informationen treten in den Hintergrund, wirklichkeitsnahe Beschreibungen und propagandistische, agitierende Darstellungen mischen sich.

*Aufgabe 25 b:* Siehe die Erläuterungen zu M 26 und M 27.

*Aufgabe 25 c:* Siehe die Darstellung Schülerband, S. 147, und die Erläuterungen zu M 24.

Das Türkenbild entwickelte sich aus gezielt eingesetzter Propaganda und aus Vorurteilen, die aus Abwehr und Unwissenheit entstanden.

*Aufgabe 25 d:* Der Wahrheitsgehalt und damit das Gewaltpotential der osmanischen Angriffe ist mit der Flugschrift nicht zu ermitteln; marktstrategische und machtpolitische Interessen der geistlichen und weltlichen Auftraggeber sind zu ermitteln (z. B. Legitimation der Erhebung der „Türkensteuer", Stärkung der Widerstandskraft; abschreckende Wirkung für Überläufer); Flugschriften als antiosmanische, antiislamische Propaganda, als eine Art „geistiger Mobilmachung".

Weiterführende Fragen: die Verantwortung heutiger Massenmedien im Umgang mit Vorurteilen gegenüber Fremden; Stereotype (heutige Topoi) und ihr Beitrag zur Entwicklung gegenseitiger Ressentiments wie auch zur gegenseitigen Verständigung.

**Notizen**

| Zusatzmaterial ZM 7.2 | **Klausur zur osmanischen Herrschaft** |
|---|---|

**Aus einem Schreiben des Bischofs Paolo Giovio von Nocera/Italien an Kaiser Karl V. (1530)**

Dann befahl Soliman den Feldzug nach Ungarn und brach 1526 auf. Und als er in Belgrad war, entschloss sich der arme König Ludwig, verlassen von fast allen Christen, da sie in andere Kriege verwickelt waren, dem Feinde entgegenzuziehen. [...] Es waren im ganzen 24000 Mann zu Fuß und zu Pferde, und als sie in Mohács, einem Ort an der Donau, halbwegs zwischen Buda und Belgrad, angekommen waren, hatten sie die türkische Vorhut vor sich. [...] Sodass der arme König sich nicht retten konnte und auf der Flucht beim Sprunge über einen sumpfigen Graben mit dem Pferd stürzte, wegen seiner schweren Rüstung sich nicht erheben konnte und so kläglich starb.

Soliman rückte noch bis Buda vor, dessen Festung sich ergab. [...] Die Schlacht war am 29. August 1526. [...] Er hat dann nichts anderes mehr versucht, als die Bestürmung Wiens [1529], bei der wir durch Gottes Beistand und durch die Tapferkeit der Deutschen mit absonderlichem Siege erkannt haben, in welcher Gefahr die ganze Christenheit sich befunden hat. [...]

Glaube Eure Majestät ja nicht, dass Sultan Soliman an anderes denke als unsere Reiche einzunehmen, da er von Natur ruhmbegierig und durch seine großen Siege und den Glanz seiner Herrschaft kühn und verwegen geworden ist. Ich habe von glaubwürdigen Männern gehört, dass er oft sagt, ihm gebühre füglich das Imperium über Rom und das ganze Abendland, da er der rechtmäßige Nachfolger des Kaisers Konstantin sei, der das Kaisertum nach Konstantinopel verlegte. [...] Die Stärke des türkischen Kriegswesens besteht in den Soldaten der Pforte, die eine Auslese ausgesuchter Soldaten zu Fuß wie zu Pferd sind. Die Kriegszucht ist bei den Türken mit solcher Gerechtigkeit und Strenge geregelt, dass man sagen kann, sie übertreffe die der alten Griechen und Römer. Vor allem gibt es niemals Streit und Hader, auch nicht unter vielen, weil jedes kleinste Vergehen mit dem Tode bestraft wird. Die Türken sind aus drei Gründen besser als unsere Soldaten: erstens wegen des Gehorsams, den man bei uns wenig findet, zweitens, weil sie im Kampfe mir der närrischen Überzeugung in den sicheren Tod gehen, dass einem jeden an der Stirn geschrieben stehe, wie und wann er sterben müsse, und drittens weil sie ohne Brot und ohne Wein leben und öfters ihnen Reis und Wasser genügt.

*Zit. nach: Hagen Schulze/Ina Ulrike Paul (Hg.), Europäische Geschichte. Quellen und Materialien, München (bsv) 1994, S. 928 f. (dort zit. nach: Gerhard Geißler [Hg.], Europäische Dokumente aus fünf Jahrhunderten, Leipzig [Esche-Verlag] 1939, S. 83 f.).*

**ARBEITSAUFGABEN**

1. Ordnen Sie die Quelle in den historischen Kontext ein.
2. Analysieren Sie die Perspektive, unter der der Verfasser das Osmanische Reich und die Osmanen betrachtet. Berücksichtigen Sie dabei das Selbst- und Fremdbild des Autors.
3. Nehmen Sie Stellung zu der Position des Autors.
4. Vergleichen Sie die Fremdwahrnehmung des Autors mit Fremdwahrnehmung der Osmanen in einer anderen Epoche, zum Beispiel:
   a) auf der Iberischen Halbinsel im 8. Jahrhundert,
   b) in Mitteleuropa im 17. Jahrhundert,
   c) in Mitteleuropa im 19. Jahrhundert.
   Führen Sie einen der in a) bis c) vorgeschlagenen Vergleiche aus.

## Arbeitsbereich VIII: Wandel des Bildes vom Osmanischen Reich in der Aufklärung?

### M 29, S. 171 f. Elisabeth Mikosch über Hochzeitsfeierlichkeiten im sächsischen Königshaus 1719 (1995)

Die Beschreibung der Hochzeitsfeierlichkeiten am sächsischen Herrscherhaus im Jahre 1719 belegt die Tradition türkischer Motive in höfischen Festen (vgl. M 30) und insbesondere die militärische Variante (Janitscharen; vgl. die preußischen „langen Kerls"; Militärmusik), die Vorliebe des Kurfürsten und polnischen Königs (1697–1706; 1709–1733) für das Exotische und seine Stilisierung als Herrscher, der auch die Janitscharen aufmarschieren lassen kann. Außerdem gehörten auch erotische Elemente zur Türkenmode. Die Ausführungen verweisen aber auch auf die politische Relevanz dieser Motive: Sie betonen die seit Generationen im gemeinsamen Kampf gegen die Osmanen legitimierte Macht und den quasi kaiserlichen Machtanspruch (ohne die triumphale Dimension anzunehmen wie in Wien; vgl. M 8).
Zu ergänzen ist hier, dass sich der selbst wenig ruhmreich regierende August II. als Nachfolger sächsischer Kurfürsten und polnischer Könige durch den Sieg von 1683 „in doppelter Weise" rühmen konnte (vgl. M 7). Zugleich war er als polnischer König auch direkter Nachbar des Osmanischen Reiches und an guten (Handels-)Beziehungen interessiert. Ferner erklärt sich die höfische Türkenmode in Sachsen auch dadurch, dass Sachsen nie von der realen Türkengefahr bedroht war.

### M 30, S. 171 Zeichnung: August der Starke als Sultan (ca. 1697)

Die Abbildung zeigt das Kostüm und damit die Rolle, die August II. als Gastgeber und Initiator eines höfischen Festes (Karneval 1697) für sich wählte; es ist mit „Chef" untertitelt: Turban, ein kostbarer Kaftan und türkisches Reitzeug weisen ihn als Sultan aus. Diese Wahl der Selbstdarstellung lässt auf die hohe Wertschätzung und die Würdigung der Osmanen als kulturell und militärisch gleichwertig schließen. Das höfische Spiel inszenierte also keineswegs den Kampf gegen oder den Sieg über den islamischen Feind. Neben den Osmanen waren auch andere Rollen vertreten: „Nationen" sowie Berufe und Charaktere der Commedia dell'arte.

### M 31, S. 172 Abbildung einer deutschen Koranübersetzung von 1772

*Zum Übersetzer:* David Friedrich Megerlin war Pfarrer in Württemberg. Seine Übersetzung des Koran ist das Ergebnis seiner über vierzigjährigen Studien über den arabischen Orient als Professor.
In seinem Hinweis zu seiner Übersetzung „welcher Notwendigkeit und Nutzbarkeit in einer besonderen Ankündigung hier erwiesen" werden Intention und Anspruch der Aufklärungsepoche deutlich: Der „selbst denkende" Leser soll in die Lage versetzt werden, sich anhand der um Texttreue bemühten Übersetzung ein eigenes Bild von diesem Glauben zu machen und dessen Aussagen und Inhalte für seine eigene christliche Glaubenshaltung, die damit als solche auch hinterfragt werden darf, zu prüfen. Es geht Megerlin also um mehr als nur darum, dass man kennen sollte, womit man sich auseinander zu setzen hatte.
So ist auch das Attribut für Muhammad „der Falsche Prophet" aufzulösen: Für eine Reihe der Aufklärer war er der weise Gesetzgeber, dem „Klugheitsgründe diesen frommen Betrug diktierten".

### Aufgabe 26, S. 172

Siehe die Erläuterungen zu M 29 und M 30 sowie zu M 23, M 24, M 26 und M 27; vgl. die Darstellung im Schülerband, S. 147.
Entscheidend für den Wandel sind die militärischen Siege und damit das Schwinden der Bedrohung: Die „Türkengefahr" muss nicht mehr zur Verteidigung des Christentums gegen die osmanischen „Barbaren" beschworen werden; Teile der osmanischen Zivilisation eignet man sich spielerisch an. Hinzu kommt, dass sich mit Frankreich im Westen eine neue Bedrohung für das Deutsche Reich entwickelt (woraus ein neues Feindbild entsteht).
Die Aneignung ist ein „Verkleiden" von Menschen und Räumen; sie bleibt als Modeerscheinung äußerlich, ist Teil einer allgemeinen Vorliebe oder schwärmerischen Bewunderung für das Exotische, den Orient, an dem man partizipieren will. Neue Topoi entwickeln sich: der Türke als der Vertreter des Exotischen – prunkliebend, genießerisch, sinnenfroh und nicht zuletzt erotisch.
Siehe Zusatzmaterial M 7.3, S. 128.

**Aufgabe 27, S. 172**
Siehe die Erläuterungen zu M 31.

**Aufgabe 28, S. 172**
Siehe die Erläuterungen zu den Aufgaben 2 und 6, S. 154.
Die Darstellungsform des Essays kennzeichnen prägnante Verkürzungen und provozierende Einfälle. So können die Daten 1453 und 1683 (vgl. die Einleitung des Kapitels, S. 144) z. B.
- auch hypothetisch reflektiert werden (z. B.: Wie wäre die europäisch-osmanische Geschichte verlaufen, wenn die Osmanen nach einer Niederlage 1453 die Expansion auf dem europäischen Kontinent eingestellt hätten, wenn Konstantinopel sich gemeinsam mit dem osmanischen „Turban" gegen die lateinisch-römische „Tiara" erhoben hätte?) oder
- auch aus außergewöhnlichen Perspektiven (z. B. durch historisch belegte oder rekonstruierbare Materialien),
- oder mittels Zeitreisen aus der Perspektive des Jahres 2001 (11. September 2001).

Es sollte darauf geachtet werden, dass sich Schüler auch mit der osmanischen Perspektive auseinandersetzen, um in dieser Reflexion zu neuen, problemorientierten, aktualisierenden Einsichten zu finden.

**Notizen**

| Zusatzmaterial ZM 7.3 | **Wandlungen des Türkenbildes** |
| --- | --- |

**Der Historiker Mathieu Lepetit über Wandlungen des Türkenbildes (2001)**

Im Übrigen erhebt sich im Westen des Reichs ein anderes Land, das die deutschen Gebiete als sein ureigenes Schlachtfeld betrachtet, und löst allmählich den Türken in der Rolle des Erbfeindes ab. Tatsächlich betrachten die drei letzten Bourbonen die deutschen Gebiete als bevorzugtes Schlachtfeld im Herzen Europas. Dort häufen sich seit dem Machtantritt Ludwigs XIV. [1661] die Schlachten, welche die Überlegenheit Frankreichs unter Beweis stellen sollen. Den osmanischen Verheerungen folgen die französischen Beutezüge, von denen der in der Pfalz während des Pfälzischen Erbfolgekriegs [1688–1697] traurige Berühmtheit erlangt hat. Dies trägt dazu bei, die Gesamtheit der Deutschen gegen die Versailler Monarchie aufzubringen und ein neues Feindbild zu schaffen, das gleichermaßen die Antithese des Deutschen bildet wie der Türke.

An die Stelle des bisherigen negativen Bilds des Türken, das durch die Schwächung der osmanischen Seite und deren Ablösung durch den Franzosen unnütz geworden war, tritt nun ein anderes, das bereits seit dem 16. Jahrhundert existierte, also seit Beginn der Kontakte zwischen der Hohen Pforte und dem Christentum. Der Türke wird nun beschrieben als Vertreter einer exotischen Zivilisation, prunkliebend und raffiniert, Erbe des Kalifats von Bagdad und des Oströmischen Reichs. [...]

Von diesem Zeitpunkt an wird das Osmanische Reich zum Gegenstand der Mode. Von Wien ausgehend verbreitet sich sein Gebräu, der Kaffee, in ganz Europa, das von nun an im Mittelpunkt der gesellschaftlichen Treffen der Aufklärungsphilosophen stehen wird. Überall im Heiligen Römischen Reich ahmt man die türkischen Kunstgegenstände nach, und die Anleihen bei dieser Zivilisation werden immer vielfältiger. Das 18. Jahrhundert steht ganz im Zeichen dieses Phänomens.

*Mathieu Lepetit, Die Türken vor Wien, Übers. Klaus Fritz, in: Etienne François/Hagen Schulze (Hg.), Deutsche Erinnerungsorte, Bd. 1, München (C. H. Beck) 2001, S. 402 f.*

# Kapitel 8: Auseinandersetzungen mit der westlichen Moderne: Vom Osmanischen Reich zur Republik Türkei

**Hinweise zur Arbeit mit den Materialien**
Siehe den Kasten im Schülerband S. 178.

## Arbeitsbereich I: Grundlagen des Osmanischen Reichs im 19. Jahrhundert

### M 1, S. 176
### Karte: Der Zerfall des Osmanischen Reiches im 19. Jh.

*Methodisch-didaktischer Hinweis:* Als problemorientierter Einstieg eignet sich ein Vergleich von M 1 und M 3 (Thesenbildung zur außen- und innenpolischen Lage im 19. Jh. oder zu Ursachen des Zerfalls des Reiches; vgl. S. 145, M 1).
*Zur Karte:* Die Karte ergänzt die Darstellung der inneren Entwicklung (Schülerband, S. 174–176) durch einen Überblick über die äußere Entwicklung und verweist auf deren Wechselbeziehungen. Das Osmanische Reich verliert innerhalb von hundert Jahren den größten Teil seines Herrschaftsgebietes: bis auf das Hinterland von Konstantinopel alle Gebiete in Südosteuropa und Nordafrika. In diesem Zusammenhang sollte auch das Problem zahlreicher muslimischer Flüchtlinge, vor allem aus der Balkan- und Kaukasusregion, von den Schülerinnen und Schülern in den Blick genommen werden. Ungeachtet der Gebietsverluste war das Reich aber auch zu Beginn des 20. Jahrhunderts noch eine Großmacht, in deren Grenzen zudem die heiligen Stätten des Islam lagen. Für folgende Regionen bedeutete das Ende der osmanischen Herrschaft eine starke Zäsur:
- In der Balkanregion wurde es begleitet von dem Streben nach nationaler staatlicher Eigenständigkeit, die sich im Spannungsfeld des österreich-ungarisch-russischen Interessenkonflikts abspielte.
- In den faktisch bereits autonomen Gebieten in Nordafrika: Hier werden die Maghrebstaaten französisches Kolonialgebiet, das Gebiet um Tripolis italienisches, Ägypten britisches Kolonialgebiet.

Die vielfältigen imperialistischen Interessen der europäischen Staaten am von Krisen gezeichneten Osmanischen Reich werden erkennbar. Die Sonderentwicklung Ägyptens – und damit auch die Rolle der imperialistischen Interessen – könnte durch ein Schülerreferat (siehe die Literaturhinweise im Schülerband, S. 198 und S. 220 f.) vertieft und erörtert werden.

### M 2, S. 178 f.
### Gerhard Endreß über das Osmanische Reich und die islamische Welt seit Anfang des 19. Jh. (1997)

Endreß stellt im Blick auf die gesamte islamische Welt für das 19. Jahrhundert eine Umstrukturierung fest, die durch die Konfrontation und die Auseinandersetzung mit Europa bedingt ist:
- Der imperiale Charakter der Staaten, insbesondere des Osmanischen Reiches, wurde durch die imperialistische Politk der europäischen Großmächte und nationale Bewegungen im Innern bedroht.
- Die Konfrontation mit der westlichen Überlegenheit führte zu einer (auch kritischen) Auseinandersetzung mit den islamischen Grundlagen, im Osmanischen Reich auch zum arabischen Nationalismus und zum Widerstand gegen die osmanische Herrschaft.
- Der von nationalen Bewegungen bestimmte Kampf richtete sich gegen den europäischen Kolonialismus und Imperialismus mit dem Ergebnis, dass souveräne, teilweise säkularisierte Staaten die Idee der Umma, d. h. der Einheit von Religion und Kultur, bedrohten.

Zu ergänzen wäre Endreß' Blick auf das 20. Jahrhundert: „Die Bewegungen des politischen Islams in der jüngsten Vergangenheit sind eine Reaktion auf diese Entwicklung; aber hinter den gemeinsamen Schlagworten – zurück zu den islamischen Grundlagen von Staat und Gesellschaft – steht eine Vielzahl von Vorstellungen und Programmen." (Ebd. S. 161.)

### M 3, S. 179
### Grafiken: Budgets und Auslandsanleihen des osmanischen Staates 1853–1914

Siehe auch die Erläuterungen zu M 1.
Die Grafiken zeigen die negative Bilanz und den Anstieg des Defizits seit dem Krimkrieg; die Auslandsanleihen sind ein Versuch, die Finanzkrise auszu-

gleichen, verschlimmern sie aber nur (1870: 80 Prozent des Etats für Schuldentilgung) und führen 1875 (unter anderem nach dem Rückzug Frankreichs als zuverlässiger Finanzierungspartner infolge des Deutsch-Französischen Krieges 1870/71) zum Staatsbankrott.

Folgende Aspekte könnten im Einzelnen herausgestellt werden:

*Einnahmen:*
- die hohen und wachsenden steuerlichen Belastungen für die Bevölkerung;
- der Rückgang der Vermögenssteuer (vgl. die Gebietsverluste in Karte M 1);
- Hinweise auf Verarmung der Bevölkerung;
- geringer Stellenwert des Handels;
- keine Hinweise (1910/11) auf neue, andere Einnahmenquellen als die traditionellen.

*Ausgaben:*
- Militär und Schuldentilgung als Bereiche mit der größten Steigerung;
- 1910/11: Rückgang der Ausgaben für den Hof („Großherrlichen Haushalt") und Anstieg der Ausgaben für soziale Bereiche (= Hinweise auf staatliche Reformtendenzen).

*Auslandsanleihen:*
- mit dem Krim-Krieg Beginn einer Handelsoffensive (interessant als Absatzmarkt für europäischen Export).

*Ursachen des Bankrotts:*
- Misswirtschaft, Korruption, Vergeudung der Anleihen;
- Arbeit des internationalen Konsortiums (Vertreter aus Großbritannien, Frankreich, Italien, Österreich-Ungarn, aus dem Deutschen und dem Osmanischen Reich, eingesetzt 1881) erreicht eine gewisse Sanierung der Staatsfinanzen. Die Folge ist eine zunehmende finanzielle Abhängigkeit; das Ausland hat jetzt mehr Möglichkeiten, politischen und wirtschaftlichen Einfluss zu nehmen (halbkolonialer Status des Reiches). Europäisches Finanzkapitel findet sich jetzt im gesamten Wirtschaftsleben („Modernisierung": Erschließung von Bodenschätzen, Maßnahmen zur Entwicklung der Landwirtschaft, Ausbau der Infrastruktur; siehe auch Themensonderseite, S. 187f.; vor allem im arabischen Gebiet: wirtschaftlicher, finanzieller, kultureller Einfluss Frankreichs und Großbritanniens).

**Aufgabe 1, S. 179**

Siehe die Erläuterungen zu M 1 bis M 3.
Siehe auch den Vorschlag für ein Tafelbild S. 131.

**Aufgabe 2, S. 179**

Siehe die Erläuterungen zu M 3.

**Notizen**

| Tafelbild zu Aufgabe 1, S. 179 | **Übersicht über historische Prozesse und Strukturen im Osmanischen Reich** |
|---|---|

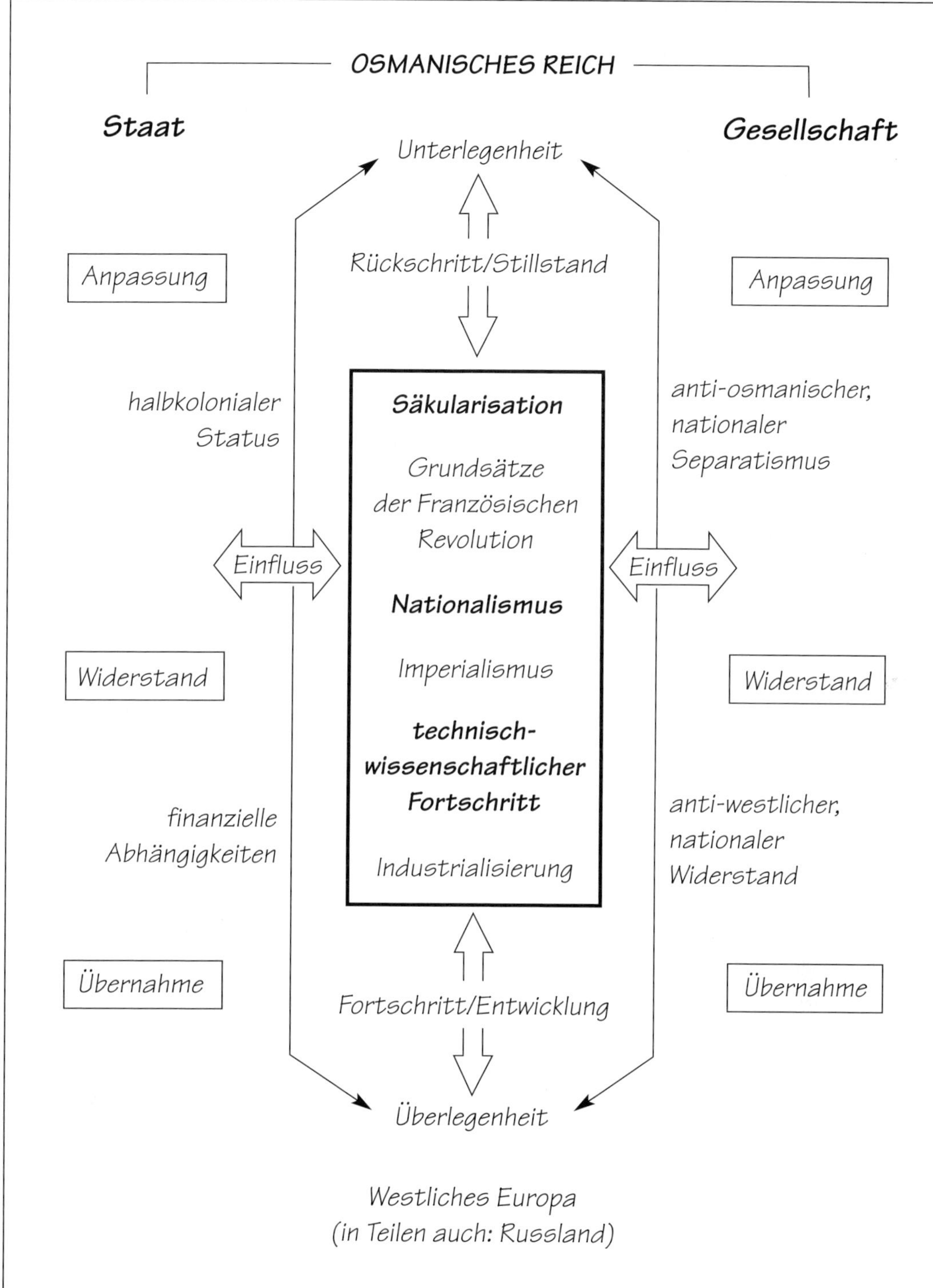

# Arbeitsbereich II: Wandlungsprozesse im 19. Jahrhundert

## M4, S. 179
## Petra Kappert über die Rezeption des Begriffs „Freiheit" im Osmanischen Reich (1993)

Die Islamwissenschaftlerin Petra Kappert beobachtet zu Beginn des 19. Jahrhunderts in der islamischen Welt einen Bedeutungswandel des für das Selbstverständnis der westlichen Moderne zentralen Begriffs der Freiheit. „Hurriya" wurde vom rein juristischen Terminus zum politischen, mit zunächst – in der Kritik an der Französischen Revolution – negativer Konnotation (Z. 16–23). In der späteren konstruktiven Auseinandersetzung mit den Ideen von 1789 und dem europäischen Parlamentarismus wird der Begriff dann positiver gesehen; allerdings werden die Übernahmen von 1789 und aus der europäischen Parlamentarismusdebatte als aus der islamischen Tradition herkommend vorgestellt (Z. 32–38). In der Bedeutung „individuelle Freiheit" fand sich der Begriff 1839 erstmals in einem offiziellen Reformedikt (Z. 86–90).
Kappert erklärt diesen Wandel zum einen mit einem Muster zur Einführung „innovativer Ideen ... in der traditionellen islamischen Welt" (Z. 43–45), die entweder in einer heftigen Abwehrreaktion oder in einer Adaption durch Zurückführen auf eigentlich islamische Ursprünge erfolgt. Zum andern führt sie eine veränderte reformorientierte, insbesondere fremdsprachliche Ausbildung der osmanischen Beamten an.
Sie bewertet den sich im Reformedikt von 1839 dokumentierenden Wandel als Einleitung eines legislativen Umgestaltungsprozesses (Z. 84 f.) und als grundlegend für folgende Modernisierungsprozesse (vgl. M 6).

## M5, S. 180 f.
## Bernard Lewis über den „Panislamismus" (1964)

Nach Bernard Lewis weist der „Panislamismus", wie er sich im letzten Drittel des 19. Jahrhunderts im Osmanischen Reich ausprägte, folgende Kennzeichen auf:
- Er orientierte sich am europäischen Phänomen freiheitlicher, nationaler Bewegungen, die sich auch in der Namensgebung ihrer Vertreter spiegelt: „Jungosmanen" (vgl. „Jungtürken" in M 9 sowie analoge Bezeichnungen im westlichen Europa: „Junges Deutschland", „Junges Europa"; „Karbonari" in Italien).
- Er zielte auf die „Solidariät und Einheit aller Muslime" (Z. 11 f.), die „Einheit des Islam".
- Die politische und kulturelle Einheit sollte aufgrund ihrer fortgeschrittenen Entwicklung und Nähe zu Europa durch die Osmanen herbeigeführt werden.
- Er manifestierte sich im Anspruch auf das „höchste islamische Kalifat" durch den Sultan in der osmanischen Verfassung von 1876 (vgl. M 6).
- Dieser Anspruch wurde durch „Geschichtsfälschung", die Konstruktion einer Translatio-Theorie, legitimiert. Ergänzend zu dem vorliegenden Auszug kann gesagt werden, dass Lewis im Zusammenhang der Thronbesteigungen der zweiten Hälfte des 19. Jahrhunderts von der „nachweislich falschen Bemerkung" osmanischer Geschichtsschreiber spricht und dass die Schwertumgürtung „alter osmanischer Brauch" gewesen sei. Lewis schreibt: „Als Sultan Selim der Gestrenge Ägypten eroberte (1517) und den Abbasidenkalifen nach Istanbul brachte, gürtete der Abbasidenkalif Sultan Selim dieses Schwert um und übertrug so das islamische Kalifat auf das Haus Osman." (Ebd. S. 159.)

Der „Panislamismus" kann gedeutet werden
- als Abwehrreaktion der „gemeinsamen Bedrohung durch die christlichen Reiche" (Z. 3 f.) und als Selbstbehauptung gegenüber dem expandierenden Europa;
- als Gegenreaktion auf die Reformbewegung, die der reformerischen Bedrohung in Form einer „Kollaboration mit dem Westen" (Bernard Lewis) entgegentreten wollte;
- als Appell des osmanischen Staates an nationale, insbesondere arabische, liberale oppositionelle Bewegungen zur muslimisch-osmanischen Loyaliät (vgl. M 2);
- als Versuch, nationale Kräfte in einer übernationalen, d. h. nicht türkisch-osmanischen, sondern muslimisch-osmanischen Identität aufzuheben.

Zwei Entwicklungen scheinen den Panislamismus in den 1860er- und 1870er-Jahren befördert zu haben: die Gründung von Nationalstaaten in Deutschland und in Italien sowie die russische Expansion im Osten des Osmanischen Reiches.

### M6, S. 182
### Die erste osmanische Verfassung aus dem Jahr 1876

*Zu Midhat Pascha:* Midhat Pascha, der maßgeblich an der Erarbeitung des Dokuments beteiligt war, war ein erfahrener Tanzimat-Reformer. Er kannte aus eigenen Reisen und aufgrund guter Französischkenntnisse die westeuropäischen Verhältnisse. Im Jahr nach der Verkündigung der Verfassung wurde er aus dem Amt des Großwesirs entlassen.
*Zum Text:* Das Dokument spiegelt den Konflikt zwischen islamischer Tradition (Wiederbelebung des Kalifats) und moderner westlicher Zivilisation (z. B. parlamentarische Konstitution, staatsbürgerliche Gleichheit), der noch heute den Identitätskonflikt der Türkischen Republik bestimmt.
*Didaktischer Hinweis:* Die Erarbeitung der Verfassungsauszüge kann von den Schülerinnen und Schülern selbstständig mithilfe der Ausführungen von Andreas Meier (siehe Zusatzmaterial S. 137, ZM 8.1) erarbeitet werden, da Meier den Hintergrund und den Charakter der Verfassung gut lesbar zusammenfasst. Der Text von Meier könnte Schülern auch als Grundlage für ein Referat dienen, in dem als Vergleich eine westliche Verfassung aus dieser Zeit, z. B. die des Deutschen Reiches von 1871, vorgestellt wird.

### M7, S. 183
### Foto: Dolmabahçe Saray, erbaut 1844–1856 (ca. 1995)

Siehe auch die Darstellung S. 174 f.
Das einem Triumphbogen nachempfundene Tor der neuen osmanischen Residenz verbindet in der Außenarchitektur den monumentalen Stil römischer Vorbilder mit manieristischen Elementen des europäischen Kolonialstils.

### M8 a, S. 184
### Suraiya Faroqhi über Reaktionen in der osmanischen Gesellschaft auf die Verfassungs- und Reformbewegung des 19. Jh. (2000)

In der osmanischen Gesellschaft überwogen konservative Motive, aus denen heraus die Reformbemühungen der osmanischen Regierung abgelehnt, aber auch begrüßt wurden. Daraus ergab sich eine Steigerung des gesellschaftlichen Konfliktpotentials. Die Zahl der konservativen Reformgegner überwog die Zahl der progressiven Oppositionellen, die in der Verfassung primär eine Sicherung bestehender Verhältnisse sahen und grundlegende Strukturveränderungen und eine Demokratisierung der Gesellschaft forderten. Ihre gesellschaftliche Basis war gering (vgl. aber M 9 mit den Erläuterungen).
Suraiya Faraoqhi beobachtet bei der Unterschicht (z. B. Handwerkern, Milizen, niederen Ulama) eine Ablehnung der politischen und militärischen Neuerungen, bei der osmanischen Oberschicht dagegen eine Zustimmung. Allerdings wollten beide die islamische Überlegenheit wahren: einmal durch ein Festhalten an islamischen Traditionen, zum andern durch pragmatischen, taktischen Umgang mit westlichen Errungenschaften.

### M8 b, S. 184 f.
### Wolfgang Gust über die Rezeption der Verfassungsreform (1995)

Wolfgang Gust nennt hinsichtlich der in der Verfassung verkündeten staatsbürgerlichen Gleichheit nicht nur die Abwehr durch die Ulama und die türkisch-osmanische Bevölkerung, sondern stellt vor allem die Kritik und den Widerstand durch die nichtmuslimischen Bevölkerungsteile heraus; Letztere sahen in dem Grundsatz der Gleichheit die Gefährdung der Autoritätsstrukturen innerhalb der Millets und ihrer erworbenen Autonomie- und Sonderrechte.

### M9, S. 185
### Suraiya Faroqhi über die Bewegung der „Jungtürken" (2000)

Faroqhi erklärt die Entwicklung des türkischen Nationalismus, wie er von den „Jungtürken" – so wurden sie im europäischen Ausland genannt – vertreten wurde, mit dem Scheitern der Ideologie des Osmanismus, mit dem Neoabsolutismus des osmanischen Herrschers nach 1878 sowie mit der wirtschaftlichen Konkurrenz einer „fremden" (Handels-) Bourgeoisie. Die Forderung nach Säkularisierung und nach Wiedereinberufung des Parlaments sowie nach der Respektierung der Verfassung war der kleinste gemeinsame Nenner der in Zielsetzung und Vorgehensweise heterogenen oppositonellen, teilweise aus dem westlichen Exil agierenden Gruppen. Faraoqhi verfolgt hier die Entwicklung der „Nationalisten", die gegenüber den „Liberalen" (Zusammenarbeit mit nationalen Minderheiten, Dezentralisierung und Föderalisierung des osmanischen Staates, auch mit ausländischer Hilfe) mit ihren nationalistischen bis rassistischen Motiven stärkeren gesellschaftlichen Rückhalt fanden.

**M 10, S. 186**
**Wolfgang Koydl über die Türkei und das „Erbe" der osmanischen Geschichte (2000)**

In dem vorliegenden Auszug (er stellt weniger als ein Viertel des Essays dar) bewertet Wolfgang Koydl die Halbherzigkeit bei den Feierlichkeiten „700 Jahre Osmanisches Reich" (1300 eroberte Osman die Festung Karacahisar in der heutigen westanatolischen Provinz Kütahya) in der heutigen Türkei als ein Zeichen dafür, dass die Türkei nicht wisse, wie sie mit dieser Widersprüchlichkeit von „mittelalterlicher Rückständigkeit" und „leuchtendster Zeit türkischer Macht und Größe" (vgl. Z. 48–52) umgehen soll.
Diese dialektische Kennzeichnung, Grund für „Scham" und „Stolz" (Z. 45), bietet sich an, um die Grundlagen für Erfolg und Niedergang des Osmanischen Reiches anhand der Materialien in Kap. 7 und Kap. 8 zusammenzustellen, z. B.:
- kluge Diplomatie, effiziente Verwaltung und Heeresorganisation, religiöse und kulturelle Autonomie der Millets;
- Größe des Territoriums, Korruption, schwache Herrscherprofile, türkischer Nationalismus und nationaler Separatismus, ausländische, insbesondere westliche Intervention.

Koydls kritische Beschreibung der heutigen Türkei (vgl. Z. 11–25) lässt erkennen, dass er Parallelen zwischen den osmanischen und den heutigen türkischen Problemen sieht. Ihnen widmet er nach einer anekdotischen Darstellung der osmanischen Geschichte den pointierten Schlussteil seines Essays, in dem er insbesondere den Umgang zwischen türkischen und westeuropäischen Politikern thematisiert.
*Didaktische Hinweise:* Der aktuelle Bezugspunkt des Textes legt es nahe, die Auseinandersetzung mit Koydls Position im Anschluss an die Erarbeitung von M 17 bis M 22 erneut aufzugreifen oder diese Auseinandersetzung bis dahin zurückzustellen.
Eventuell könnte über den Kontakt zu türkischen Kulturzentren oder mithilfe türkischer Mitschülerinnen und Mitschüler das Geschichtsbild der heutigen Türkei im Vergleich zu Koydls Wahrnehmung geprüft werden.
Das Jahr 2003 könnte als Anlass genommen werden, einen angemessenen Umgang mit diesem Datum zu erörtern: 650 Jahre Eroberung Konstantinopels/Istanbuls.

**Aufgabe 3, S. 186**
Siehe die Erläuterungen zu M 4.

**Aufgabe 4, S. 186**
Siehe die Erläuterungen zu M 5.

**Aufgabe 5, S. 186**
*Aufgaben 5 a und b:* siehe die Erläuterungen zu M 6 und M 4.
*Aufgabe 5 c:* Neben der Diskussion der außenpolitischen Funktion und Wirkung der Verfassung,
der Chancen, auf diese Weise die gesellschaftliche und wirtschaftliche Rückständigkeit gegenüber dem hoch entwickelten westlichen Europa zu überwinden, ist hier die innenpolitische Dimension in den Blick zu nehmen:
- Der mit dem Kalifatstitel verbundene panislamische Gedanke sollte die osmanische Herrschaft stabilisieren.
- Die Loyalität und das Zusammengehörigkeitsgefühl der einzelnen Völker als osmanische Staatsbürger zu einem osmanischen, multiethnischen Staat sollte gefördert werden (Osmanismus).
- Der Kalifatsgedanke musste den nichtmuslimischen Osmanen fremd bleiben.
- Der Kalifatsgedanke konnte in den arabischen Provinzen nationale Tendenzen gegen die osmanische Herrschaft fördern – bis hin zu der Idee, die Kalifatswürde einer arabischen Dynastie zuzuordnen.

*Aufgabe 5 d:* siehe die Erläuterungen zu M 8.

**Aufgabe 6, S. 186**
Siehe die Erläuterungen zu M 9.

**Aufgabe 7, S. 186**
Siehe die Erläuterungen zu M 10.

**Aufgabe 8, S. 186**
Siehe die Erläuterungen zu Aufgabe 11, S. 189.
Der Grad an Modernisierung innerhalb des Osmanischen Reiches im 19. Jahrhundert kann hier nur annäherungsweise eingeschätzt werden, da Darstellung und Materialien in diesem Rahmen nur wenige der genannten Kriterien repräsentativ vorstellen. Dieser Vorbehalt sollte bewusst bleiben, um einerseits das Klischee vom „kranken Mann am Bosporus" kritisch zu reflektieren und um andererseits das Osmanische Reich nicht auf die Entwicklung im 19. Jahrhundert zu reduzieren.

| Zusatzmaterial ZM 8.1 | **Sekundärtext zur osmanischen Verfassung von 1876** |
| --- | --- |

**Der Islamwissenschaftler Andreas Meier über die osmanische Verfassung von 1876 (1994)**

Die Inangriffnahme des Verfassungsprojekts *(meşrutiyet)* durch Abdülhamit II. (1876–1909) unmittelbar nach seiner Thronbesteigung ist vor dem Hintergrund der internationalen Lage zu sehen. Angesichts der 1876 virulenten Balkankrise (Russisch-Türkischer Krieg 1877/78) versuchte der neue Sultan das Wohlwollen der europäischen Mächte durch die Absichtserklärung zu gewinnen, den absolutistischen Regierungsstil des Sultanats abzuschaffen und ein parlamentarisches System einzuführen.

Die Verfassung versteht sich nach ihrer Einleitung als Fortführung und Erfüllung der mit dem Erlass von Gülhane 1839 begonnenen Reformen der Tanzimat-Periode. Mit der Versicherung „vollkommener Übereinstimmung mit den heiligen Satzungen der Scheriatgesetze" wird noch einmal islamisch-traditionalistischer Kritik vorgebeugt. Ebenfalls kommt in der Einleitung die Bedeutung der internationalen Beziehungen des Reiches als ein Faktor zur Sprache, der eine grundlegende Änderung des Regierungssystems dringend erfordert. Die „Wohltaten der Freiheit, Gerechtigkeit und Gleichheit" als Prinzipien, die „einer zivilisierten Gesellschaft würdig" sind, sollen allen Untertanen, gleich welcher Völker, zugute kommen.

Die Verfassung bestätigt die territoriale Unverletzlichkeit (!) des Osmanischen Reiches (Art. 1). Durch Gewohnheitsrecht, also nicht durch das offenbarte Gesetz, ist das mit der Kalifenwürde verbundene Sultanat mit der osmanischen Dynastie verknüpft (Art. 3). Die Verantwortung des Sultans in seiner Funktion als Kalif für den Schutz der islamischen Religion ist universal, während seine Würde als Sultan und „Kaiser" *(padişah)* auf die osmanischen Untertanen beschränkt ist (Art. 4). Der Islam wird als Staatsreligion (Art. 11) bestimmt bei gleichzeitiger Religionsfreiheit der anderen Religionen (eine im Vergleich mit manchen europäischen Staaten zu ihrer Zeit fortschrittliche Bestimmung). Die im Erlass von Gülhane von 1839 und im Hatt-i Hümayun von 1856 aufgeführten persönlichen Freiheitsrechte werden in einem Grundrechtskatalog entfaltet: Alle Untertanen besitzen die osmanische Nationalität ungeachtet ethnischer oder religiöser Differenzen (Art. 8) und haben auch in gleicher Weise zu den Staatsämtern Zugang, die Befähigung der türkischen Staatssprache vorausgesetzt (Art. 18).

Die Verfassung stellt den logischen Abschlusspunkt des mit dem Erlass von Gülhane in Gang gesetzten Reformprozesses in Richtung auf eine dem europäischen Vorbild entsprechende freiheitlich-bürgerliche Ordnung dar, was den Bereich der persönlichen Freiheit angeht. Auch die [...] politische Form der Freiheit [...] ist in wichtigen Punkten verwirklicht worden: So werden Pressefreiheit (Art. 12) und Einführung einer „gesetzlich bestimmten, beratenden und konstitutionellen Institution" als Parlament genannt. [...]

Allerdings bleibt für die Person des Sultans gegenüber der Institution des Parlaments letztlich eine quasi absolutistische Stellung erhalten (Heiligkeit und Unverantwortlichkeit/Art. 5; Gesetzesinitiativen ihm vorbehalten, Parlament kann nur abstimmen; Auflösungsbefugnis des Sultans gegenüber Parlament/Art. 7). Die Verfassung [ist] formal vom Sultan oktroyiert [...] und [begründet] sich nicht aus dem Prinzip der Volkssouveränität. [...]

Die außenpolitische Entwicklung – der Aufstand der Balkanvölker entwickelt sich zum Russisch-Türkischen Krieg 1877/78, der Vertrag von San Stefano vom 3. März 1878, gemildert durch den Berliner Vertrag vom 13. Juli 1878 (mit immer noch erheblichen Gebietsverlusten: Serbien, Montenegro, Rumänien werden unabhängig, Österreich-Ungarn übernimmt die Verwaltung Bosnien-Herzegowinas) – zieht es mit sich, dass Abdülhamit die Verfassung 1878 durch Auflösung des Parlaments praktisch wieder außer Kraft setzt.

*Andreas Meier, Der politische Auftrag des Islam, Wuppertal (Peter Hammer Verlag) 1994, S. 71–73.*

## Arbeitsbereich III: „Bagdad-Bahn" (Themensonderseite)

*Methodisch-didaktische Hinweise:* Die Kontextuierung der Materialien M 11 bis M 16, ihr unterschiedlicher Quellencharakter so wie die sich in ihnen dokumentierende inhaltliche Entwicklung von Haltungen und Interessen zum Projekt „Bagdad-Bahn" bieten eine Vielzahl von Anhaltspunkten und Fragestellungen, sodass der Kurs die Erarbeitung auch als Projekt organisieren kann: Die Fachliteratur etwa bietet leicht zugängliche Hintergrundinformationen (Stichworte: Imperialismus, Vorgeschichte des Ersten Weltkriegs, Eisenbahn, siehe auch die Erläuterungen zu den M 11 bis M 16), um die Materialien arbeitsteilig zu untersuchen und zu beurteilen, z. B. unter folgenden Aspekten:

- Interessen der Deutschen Bank,
- Interessen der Reichsregierung,
- Interessen der deutschen Öffentlichkeit,
- britische Interessen,
- deutsch-britische Beziehungen,
- Interessen der osmanischen Regierung.

(Siehe dazu die Aufgaben 9 und 10, S. 189).
Auf der Grundlage dieser Ergebnisse kann dann eine (Podiums-)Diskussion erfolgen (vgl. Aufgabe 11, S. 189).
Auf Erläuterungen zu M 11 und M 14 kann aus den oben genannten Gründen verzichtet werden, die Erläuterungen zu den übrigen Materialien beschränken sie sich auf wenige Hinweise.

### M 12 a, S. 187 f. Schreiben der Deutschen Bank an die deutsche Reichsregierung (15. Aug. 1888)

### M 12 b, S. 188 Schreiben der deutschen Reichsregierung an die Deutsche Bank (2. Sept. 1888)

Die Deutsche Bank als international tätiges Unternehmen war zunächst wegen des finanziellen Risikos und der möglichen diplomatischen Verwicklungen mit anderen europäischen Staaten sehr zurückhaltend. Sie suchte, um die Finanzierung und Rentabilität des Unternehmens zu sichern, die Zusammenarbeit und Unterstützung der Reichsregierung. Andererseits konnte auch die Reichsregierung ihre machtpolitischen Interessen nach 1898 (siehe Darstellung, S. 187) nur mit Unterstützung durch die Deutsche Bank verfolgen. Die Deutsche Bank plante die Finanzierung mit Beteiligung von französischem und britischem Kapital (vgl. M 13).

### M 13, S. 188 Karikatur aus der britischen Zeitschrift „Punch" von 23. Januar 1911

Wilhelm II. als neuer Harun ar-Raschid (vgl. M 18, S. 50; M 20, S. 50).
1911 wurden Verhandlungen über die Beteiligung Großbritanniens an der Finanzierung und dem Bau des Teilstücks zwischen Bagdad und Basra geführt – die Konzessionen für Teilstücke wurden jeweils neu ausgehandelt, was unter anderem auch die Verzögerung der Bautätigkeit erklärt. Die Verhandlungen fanden im Frühjahr 1914 ihren Abschluss im deutsch-britischen Bagdad-Bahn-Abkommen.

### M 15, S. 189 Aus einer deutschen Publikation zur Bagdad-Bahn von 1900

Die Ausführungen Schneiders repräsentieren die Begeisterung, wie sie in der deutschen Öffentlichkeit auch für und über die deutsche Flotten- und Kolonialpolitik zu finden ist. Hier finden sich neben naivem Fortschrittsglauben, deutschem Sendungsbewusstsein, Ressentiments gegen den „Erbfeind" Frankreich auch Hinweise auf Kolonisierungspläne, sodass hier auch nach der sozialen, also innenpolitischen Funktion des deutschen Imperialismus gefragt werden kann.

**Aufgaben 9 bis 11, S. 189**
Siehe oben die didaktischen Hinweise zum Arbeitsbereich III und die Erläuterungen zu M 12 bis M 15.

**Notizen**

## Arbeitsbereich IV: Die politischen Grundlagen der Republik Türkei

### M 17, S. 190
### Auszüge aus Reden, Interviews und Aufzeichnungen Kemal Atatürks (1881–1939)

*Zur Person:* Mustafa Kemal Pascha wurde 1881 in Saloniki geboren. Er schlug früh die Militärlaufbahn ein und machte zunächst im Militär, danach in der Politik eine große Karriere:

| | |
|---|---|
| 1893 | Einschreibung in der Militärschule Saloniki. |
| 1895 | Eintritt in das Militärgymnasium Montastir. |
| 1899 | Eintritt in die Infanterieklasse der Kriegsschule von Istanbul. |
| 1902 | Eintritt in die Kriegsakademie. |
| 1905 | Abschluss der Kriegsakademie als Hauptmann im Generalstab und Versetzung zur 5. Armee in Damaskus. |
| 1907 | Versetzung zur 3. Armee in Saloniki. |
| 1911 | Tätigkeit im Großen Generalstab in Istanbul. |
| 1911/12 | Einsatz in Libyen gegen Italien. |
| 1913 | Versetzung als Militärattaché nach Sofia. |
| 1915 | Aufstellung der 19. Division in Tekirdag und Abwehr des britisch-französischen Angriffs auf die Dardanellen. |
| 1916 | Kommando in Kurdistan. |
| 1917 | Stellvertretender Kommandeur der 2. Armee und Kommandeur der 7. Armee in Palästina. |
| 1918/19 | Verschiedene hohe militärische Aufgaben. |
| 1919 | Ernennung zum Inspekteur der 9. Armee und Demission aus der Armee (8. Juli). |
| 1914–1918 | Während des Ersten Weltkrieges schloss sich Mustafa Kemal den Jungtürken an. |
| 1920 | National gesinnte Türken revoltieren unter seiner Führung gegen den Frieden von Sèvres, der die Türkei auf Anatolien beschränkte und den Griechen Gebiete an der türkischen Küste zusprach. |
| 1919–1922 | Im Unabhängigkeitskrieg stieg er zum unangefochtenen Führer der Widerstandsbewegung auf. |
| seit 1920 | Präsident der „Großen Türkischen Nationalversammlung", die sich in Ankara als Gegenregierung etabliert hatte. |
| 1922 | Unter der Führung von Mustafa Kemal vertrieb die nationale Widerstandsbewegung die Griechen. |
| 1923 | Staatspräsident der neu gegründeten Republik Türkei (Wiederwahlen: 1927, 1931, 1935) und Beginn der Modernisierung des Landes. |

Die stark auf seine charismatische Persönlichkeit zugeschnittene, autoritäre Staatsführung und das Monopol der von ihm ins Leben gerufenen Republikanischen Volkspartei sicherten ihm bis zu seinem Tode im Jahre 1938 eine einzigartige Machtposition. 1934 erhielt Mustafa Kemal den Titel „Atatürk": „Vater der Türken". Ihm sind die Grundlagen der modernen Türkei zu verdanken, die Trennung von Staat und Religion, die Öffnung nach Europa. Allerdings sollte hinzugefügt werden, dass die geradezu religiös anmutende Verehrung Atatürks, die in islamischen Kreisen von jeher Anstoß erregte, in den letzten Jahren zurückgegangen ist; gleichzeitig hat eine eher verhaltene, vorsichtige Debatte über seine historisch-politische Bedeutung eingesetzt.

*Zur Quelle:* Atatürk definiert sich in seinen Reden, Interviews und Aufzeichnungen als Revolutionär, der die Türkei von Grund auf umgestalten will. Das bedeutete für ihn vor allem die Verwestlichung von Staat, Gesellschaft und Kultur. Alle diese Bereiche sollten nach (west)europäischem Vorbild geformt werden.

Im Einzelnen lässt die Quelle folgende wesentliche Ziele Atatürks erkennen:

- Zurückdrängung des Islam aus dem öffentlichen Leben;
- politische Entmachtung der islamischen Geistlichen;
- Verwestlichung von Staat, Gesellschaft und Kultur:
  - Abschaffung der islamischen Kleidungsvorschriften bzw. Anpassung an westliche Bekleidungsgewohnheiten;
  - Gleichstellung bzw. Emanzipation der Frau;
  - Orientierung an moderner rationaler Wissenschaft und Technik;
- staatliche Kontrolle der Privatwirtschaft.

Aus den Texten lassen sich folgende zentrale Herrschaftsmethoden Atatürks herausarbeiten:

- Abwertung des Islam zur vormodernen, ja absterbenden Religion;
- Entlarvung der Macht der islamischen Geistlichen

als mit Gewalt erworbene und damit angemaßte Macht;
- Aufwertung der (west)europäischen Zivilisation zur einzigen Erfolg versprechenden Zivilisation;
- Ausschaltung jeglicher Opposition mit gewaltsamen Mitteln;
- diktatorische Herrschaft zur Erziehung des Volkes (Erziehungsdiktatur);
- Legitimation der kemalistischen Revolution durch ein neues Geschichtsbild.

Siehe zu den Zielen und Methoden Atatürks auch das Tafelbild S. 141.

## M 18, S. 191 f.
## Der Islamwissenschaftler Udo Steinbach zum Kemalismus (2001)

*Zu einigen Begriffen:* Die Begriffe Kalif (Kalifat) und Sultan (Sultanat) werden im Schülerband, S. 212 und 214, erläutert. Weiterführende knappe und zuverlässige Informationen bietet das folgende preiswerte Lexikon:

*Kleines Islam-Lexikon. Geschichte. Alltag. Kultur, hg. von Ralf Elger, München (C. H. Beck) 2001*
(siehe insb. S. 154 f. und 289).

Der Begriff „Fes" sollte in einem allgemeinen Lexikon nachgeschlagen werden. Im „dtv-Lexikon" etwa, das sich am Kleinen Brockhaus orientiert, findet sich folgende Erklärung: „Früher im Orient und auf dem Balkan weitverbreitete rotwollene, kegelförmige, schirmlose Mütze mit flachem Deckel und blauer, schwarzer oder goldener Quaste, in der Türkei seit 1926, in Ägypten seit 1953 nicht mehr getragen; in den Trachten auf dem Balkan beliebt."

*Zur Quelle:* Der Text nennt folgende zentrale Reformmaßnahmen Atatürks:
- Abschaffung des Kalifenamtes;
- Ausweisung der Angehörigen des Hauses Omar;
- Aufhebung der Ministerien für geistliche Angelegenheiten und für geistliche Stiftungen;
- Entmachtung der Geistlichen im Erziehungswesen bzw. Schaffung eines staatlichen Erziehungsministeriums: der Staat bestimmt die Unterrichtsinhalte, nicht die Geistlichen;
- Abschaffung des Fes bzw. Verpflichtung zum Tragen westlicher Kleidung;
- Einführung des gregorianischen Kalenders statt des islamischen „Mondkalenders";
- Durchsetzung der Gleichberechtigung von Mann und Frau in der Familie;
- Zulassung von Mädchen zur höheren Schulbildung und zur Universität sowie zum Brufsleben;
- Einführung der allgemeinen und unentgeltlichen Schulpflicht;
- Einführung des italienischen Straf- und Zivilrechts der Schweiz mit den Kernpunkten Verpflichtung zur Einehe und zur Eheschließung vor dem staatlichen Standesamt.

Darüber hinaus fasst die Quelle die grundlegenden Prinzipien des Kemalismus in fünf (im Text wird fälschlicherweise von sechs Prinzipien gesprochen) zentralen Begriffen zusammen:
Nationalismus, Laizismus, Republikanismus, Populismus, Etatismus.
Siehe zu den Reformmaßnahmen und den Grundlagen der modernen Türkei auch das Tafelbild S. 139.

## M 19, S. 192 f.
## Baber Johansen über das heutige türkische Rechtswesen (1991)

Die Quelle beleuchtet das Verhältnis von Religion und Politik in der Türkei und enthält folgende zentrale Aussagen:

1. In der Türkei verlor seit den 1920er-Jahren die islamische Geistlichkeit ihren Einfluss auf das öffentliche Leben; politische Herrschaft und religiöse Führung wurden getrennt. Das äußerte sich im Wesentlichen in der
   - Abschaffung des Kalifats, d. h. der Institution des weltlich-religiösen Herrschers in der muslimischen Welt (Kalif = arab. Bezeichnung für Vertreter des Gesandten Gottes, auch Fürst der Gläubigen);
   - Übernahme westlicher Rechtsprinzipien;
   - Einschränkung des islamischen Rechts auf eine religiöse Pflichtenlehre.
2. Im Gegensatz zu den Städten prägen auf dem Lande bis heute die traditionellen religiösen Vorschriften des Islam das Alltagsleben.

**Notizen**

| Tafelbild zu M 17 u. M 18, S. 190–192 | **Die kemalistischen Reformen** |
|---|---|

| *Ziele und Methoden Atatürks* | *Reformmaßnahmen* | *Grundlagen der modernen Türkei* |
|---|---|---|
| *Gründung des türkischen Nationalstaates* | • *Befreiungskampf der Türken unter Atatürk*<br>• *Neues Geschichtsbild* | *Nationalismus* |
| *Trennung von Staat und Religion: Abwertung des Islam und der islamischen Geistlichen* | • *Abschaffung des Kalifenamtes*<br>• *Abschaffung des Ministeriums für geistliche Angelegenheiten*<br>• *Aufhebung geistlicher Stiftungen*<br>• *Einrichtung eines staatlichen Ministeriums für Erziehung* | *Laizismus*<br>*Republikanismus* |
| *Verwestlichung: Aufwertung der (west)europäischen Zivilisation*<br>*Gesellschaft rechtlich gleicher Bürger* | • *Abschaffung des Fes*<br>• *Kalenderreform (Gregorianischer Kalender)*<br>• *Gleichberechtigung von Mann und Frau*<br>• *allgemeine, unentgeltliche Schulpflicht*<br>• *Einführung westeuropäischen Rechts*<br>• *Einführung der Einehe*<br>• *Schließung der Ehe vor staatlichem Standesamt* | *Laizismus*<br>*Populismus* |
| *Überwindung der wirtschaftlichen Rückständigkeit* | • *Staatliche Kontrolle der Wirtschaft* | *Etatismus* |
| *Ausschaltung der Opposition und Erziehungsdiktatur* | • *Ausweisung der Angehörigen des Hauses Omar*<br>• *Einparteienherrschaft* | |

*Grundlage für den Tafelanschrieb sind die Quellen M 17 und 18 im Schülerband, S. 190–192, sowie der Darstellungstext im Schülerband, S. 176 f.*

## Arbeitsbereich V: Reislamisierung der Türkei?

### M 20 a, S. 193 „Spiegel"-Artikel („Mehr als ein Stück Stoff") zum Islamismus in der Türkei seit den 1980er-Jahren (2001)

Bei der Auswertung der Quelle verdienen vier Aspekte besondere Beachtung:

1. Das Kopftuch stellt für beide Konfliktparteien, sowohl den Dekan als auch die Studentinnen und Studenten, mehr als „ein Stück Stoff" dar. Für den Dekan ist es ein politisches Symbol, für die Studentinnen und Studenten ein religiöses Symbol bzw. Ausdruck einer bestimmten Identität.
2. Der Dekan begründet das Kopftuch-Verbot politisch und theologisch. Unter Berufung auf den Koran, so die theologische Argumentation, erinnert er die Studentinnen und Studenten an ihre Pflicht, die staatlichen Gesetze zu befolgen. Und die politische Legitimation des Verbotes lautet: Der Staat hat das Tragen von Kopftüchern in öffentlichen Einrichtungen verboten, weil er sich als laizistischer Staat versteht.
3. Die Studentinnen und Studenten erklären dagegen, dass ihr Protest gegen das staatliche Kopftuch-Verbot in Universitäten nicht politisch, sondern vielmehr religiös motiviert sei. Mit dem Argument, das Kopftuch sei wesentlicher Bestandteil der muslimischen Identität, stilisieren sie das Tragen eines Kopftuches zum Menschenrecht. Offen bleibt dabei in dieser Quelle jedoch, auf welches Menschen- oder Bürgerrecht sich die Studentinnen und Studenten berufen – die Menschenwürde oder die Religionsfreiheit oder ein anderes Recht?
4. Auffällig am Studentenprotest ist seine Beharrlichkeit, vor allem aber seine Militanz. Das Attentat auf den Dekan verdeutlicht, dass zumindest Teile der Studentenschaft vor Gewaltanwendung nicht zurückschrecken. Die Strategie des Dekans ist dagegen eher defensiv. Er setzt auf das „Aussitzen" des Konfliktes. Zur Durchsetzung des Kopftuch-Verbotes ist er auf den Schutz durch den Staat, also auf Polizei und Militär, angewiesen.

### M 20 b, S. 194 Nilüfer Göle über Frauen und Islamismus in der Türkei (1991)

Der Text enthält folgende Kernaussagen:

- Den jungen türkischen Frauen wurde islamische Kleidung nicht aufgezwungen. Sie tragen z. B. das Kopftuch bewusst und freiwillig.
- Die islamische Kleidung junger Frauen entspricht nicht der islamischen Tradition, sondern resultiert im Gegenteil aus dem Wunsch zur bewussten und planmäßigen Abgrenzung vom familiären Umfeld und dem traditionsverhafteten Volk.
- Das Tragen islamischer Kleidung ist ein bewusster politischer Akt, bei dem der Islam radikalisiert und politisiert wird. Die Politisierung der Religion dient dabei der Abgrenzung von der westlichen Zivilisation, zu der eine eigenständige, nämlich islamische, Alternative gesucht wird.

**Notizen**

## Arbeitsbereich VI: Die Türkei und Europa

### M 21 a, S. 194 f. Sabine Vogelrieder zur EU-Mitgliedschaft der Türkei (1997)

Der Text beleuchtet die Vorbehalte einiger westlicher Politiker und Politikwissenschaftler gegenüber einer Integration der Türkei in die EU. Die Ablehnung einer türkischen EU-Mitgliedschaft beruht dabei im Kern auf der Annahme eines grundsätzlichen und unüberbrückbaren kulturellen Unterschiedes zwischen der Türkei und Europa, wobei die Religion zum entscheidenden Abgrenzungskriterium erklärt wird. Europa gehört danach zum christlich-lateinisch geprägten Abendland, die Türkei zum Orient bzw. zur islamischen Welt.

### M 21 b, S. 195 f. Rainer Hermann über die Verfassungsreformen der Türkei 2001

*Zum Hintergrund:* Bei einem Treffen in Kopenhagen im Juni 1993 hat der Europäische Rat, in dem die Staats- und Regierungschefs der EU-Staaten sowie der Präsident der Europäischen Kommission regelmäßig zusammenkommen, die Bedingungen für einen Beitritt der mittel- und osteuropäischen Staaten festgelegt. Diese Bedingungen gelten auch für die Türkei. Die Ergebnisse des Treffens werden knapp und präzise zusammengefasst in dem Artikel: Die Bedingungen für den Beitritt der mittel- und osteuropäischen Staaten; in: Jahrbuch der Europäischen Integration, 1993/94, Bd. 1994.

Auf S. 420 heißt es: „Als Voraussetzung für die Mitgliedschaft muss der Beitrittskandidat eine institutionelle Stabilität als Garantie für demokratische und rechtsstaatliche Ordnung, für die Wahrung der Menschenrechte sowie die Achtung und den Schutz von Minderheiten verwirklicht haben; sie erfordert ferner eine funktionsfähige Marktwirtschaft sowie die Fähigkeit, dem Wettbewerbsdruck und den Marktkräften innerhalb der Union standzuhalten. Die Mitgliedschaft setzt außerdem voraus, dass die einzelnen Beitrittskandidaten die aus einer Mitgliedschaft erwachsenen Verpflichtungen übernehmen und sich auch die Ziele der politischen Union sowie der Wirtschafts- und Währungsunion zu Eigen machen können.

Die Fähigkeit der Union, neue Mitglieder aufzunehmen, dabei jedoch die Stoßkraft der europäischen Integration zu erhalten, stellt ebenfalls einen sowohl für die Union als auch für die Beitrittskandidaten wichtigen Gesichtspunkt dar.

Der Europäische Rat wird weiterhin genau verfolgen, welche Fortschritte die einzelnen assoziierten Länder bei der Erfüllung der Voraussetzungen für einen Beitritt zur Union erzielen werden, und wird die entsprechenden Schlussfolgerungen ziehen."

*Zum Text:* Der Artikel beschäftigt sich mit dem Reformprogramm, das die türkische Regierung im März 2001 beschlossen hat, um dem Land den Weg in die EU zu ebnen. Die vom Parlament verabschiedeten Verfassungs- und Strafrechtsänderungen werden als unzureichend kritisiert. Im Einzelnen richtet sich die Kritik gegen folgende Bestimmungen in Verfassung und Strafgesetzbuch:

- Die Meinungsfreiheit wird in der Türkei nach wie vor zu stark eingeschränkt. Zwar verbietet die Präambel der Verfassung nicht mehr Meinungen, sondern Aktivitäten, die unvereinbar sind mit den nationalen Interessen, der Unteilbarkeit von türkischem Dasein, Staat und Staatsgebiet sowie mit den geistigen Werten des Türkentums und den Prinzipien Atatürks. Dennoch erlauben vor allem die nachgeordneten Gesetze die Verfolgung kritischer Meinungsäußerungen.
- Das Militär bestimmt nach wie vor maßgeblich die Politik mit. Daran ändert die Tatsache nichts, dass im Nationalen Sicherheitsrat zivile Mitglieder die Mehrheit bilden. Die Regierung hat immer noch auf allen Politikfeldern die Beschlüsse des Nationalen Sicherheitsrates in Erwägung zu ziehen.
- Die Todesstrafe wird nicht grundsätzlich abgeschafft, sondern darf nach wie vor in Kriegszeiten und bei drohendem Krieg, vor allem aber bei terroristischen Verbrechen verhängt werden.
- Die Verbesserungen zur Sicherung der Freiheit der Person und zum Schutz der Privatsphäre werden dadurch zumindest eingeschränkt, dass die Korruption nicht konsequent genug bekämpft wird.
- Folter und Misshandlungen von Strafgefangenen werden nicht wirkungsvoll bekämpft oder gar abgeschafft.
- Obwohl das Verbot von Parteien erschwert wird, kann die Regierung nach wie vor die Handlungsfreiheit durch die Kürzung von staatlichen Finanzmitteln erheblich einschränken.

**M 21 c, S. 196 f.**
**Mesut Yilmaz über die EU-Mitgliedschaft der Türkei (2001)**

Im Text werden die kulturellen Gegensätze zwischen der Türkei und Europa heruntergespielt, wobei der Entstehungszeit des Textes besondere Aufmerksamkeit zu widmen ist. Der Verfasser, der ehemalige türkische Ministerpräsident Yilmaz, schrieb seine Darstellung nach den Anschlägen islamistischer Terroristen auf das New Yorker World Trade Center und das amerikanische Verteidigungsministerium am 11. September 2001, bei dem etwa 3000 Menschen ums Leben kamen. Er warnt nicht nur vor der Gleichsetzung von islamischem Fundamentalismus mit dem Islam, sondern betont die gleiche Frontstellung von christlicher und islamischer Welt gegen den Terrorismus. Vor allem aber hebt Yilmaz die politischen Gemeinsamkeiten zwischen Europa und der Türkei hervor: Auch die Türkei bekenne sich durch ihre energische Reformpolitik zu den westlichen Normen und Werten, allen voran Demokratie und Menschenrechte. Damit stehe ihrer Mitgliedschaft in der EU nichts mehr im Wege.

**M 22, S. 197**
**Schema: Verfassung der Türkei von 1982 (Stand 2000)**

Das Schema lässt folgende wesentliche Strukturelemente der türkischen Verfassung erkennen:
*Legislative:* Das Parlament
Die Türkei ist eine parlamentarische Republik. Die gesetzgebende Gewalt liegt beim Parlament, das von der wahlberechtigten Bevölkerung auf fünf Jahre gewählt wird. Das Parlament wählt den Staatspräsidenten. Die Regierung ist vom Vertrauen des Parlamentes abhängig, d. h., sie muss über eine Mehrheit in der Volksvertretung verfügen.
*Exekutive:* Staatspräsident, Ministerrat, Nationaler Sicherheitsrat, Staatskontrollrat, Rat für höhere Bildung
Der Staatspräsident besitzt eine relativ starke Stellung. Er ernennt den Ministerpräsidenten und die von diesem ausgewählten Minister und ruft den Nationalen Sicherheitsrat zusammen, in dem er den Vorsitz innehat. Außerdem ist er Oberbefehlshaber des Militärs und ernennt auf Vorschlag des Ministerpräsidenten den Präsidenten des Diyanet. Unter seinem Vorsitz wird auch über die Verhängung des Ausnahmezustands bzw. das Kriegsrecht verhandelt.
Regierung und Verwaltung des Landes liegen in den Händen des Ministerrates, der aus dem Ministerpräsidenten und seinen Ministern besteht. Der Ministerpräsident wird auf Geheiß des Staatspräsidenten aus der Mitte der Abgeordneten berufen. Die Minister werden ebenfalls unter den Abgeordneten vom Ministerpräsidenten ausgewählt und vom Staatspräsidenten eingesetzt. Bevor sich der Ministerrat zusammenschließt, wird dessen Programm im Parlament verlesen und zur Abstimmung vorgeschlagen. Bei einem Vertrauensvotum bildet der Minsterrat die Regierung und kann mit seiner Arbeit beginnen.
Der Nationale Sicherheitsrat formiert sich unter dem Vorsitz des Staatspräsidenten. Er besteht seit 2001 mehrheitlich aus zivilen Mitgliedern, nämlich Ministern. Darüber hinaus gehören ihm hohe Generäle und der Oberste Befehlshaber der Militärpolizei an. Der Nationale Sicherheitsrat kann dem Ministerrat Empfehlungen geben, die dieser in Erwägung ziehen muss. Daher sichert diese Einrichtung dem Militär ein großes Mitspracherecht in der Politik.
Der Staatskontrollrat ist dem Präsidialamt angegliedert und überprüft auf Verlangen des Staatspräsidenten die Rechtmäßigkeit des Verwaltungshandelns. Zu seinen Aufgaben gehört vor allem die Kontrolle der öffentlich-rechtlichen Einrichtungen des Landes sowie derjenigen Einrichtungen, an deren Kapital öffentlich-rechtliche Institutionen zu mehr als 50 Prozent beteiligt sind.
Dem Rat für höhere Bildung fällt die Funktion der Planung, Organisation und Kontrolle der höheren Bildungsanstalten, besonders der Universitäten, zu.
Das 1924 gegründete Amt für religiöse Angelegenheiten, Diyanet, war zunächst eine Abteilung ohne Kabinettsrang. 1971 erklärte die Regierung einen Teil der Mitarbeiter zu Staatsbeamten, die unter Wahrung der Prinzipien des laizistischen Staates den Auftrag hatten, „im Einklang mit dem Prinzip des Laizismus [sich] jeglicher politischer Stellungnahmen zu enthalten sowie auf nationale Solidarität und Einheitlichkeit hinzuwirken". Doch in Wirklichkeit kontrolliert diese Behörde nicht die islamischen Aktivitäten, sondern hat sich zu einer Einrichtung zur Förderung des Islam entwickelt.
*Judikative:* Verfassungsgericht
Das Verfassungsgericht ist grundsätzlich unabhängig von der Legislative und der Exekutive. Es überprüft die Gesetzgebung hinsichtlich Form und Inhalt auf ihre Verfassungskonformität.

**Aufgabe 12, S. 197**
Siehe die Erläuterungen zu M 17.

**Aufgabe 13, S. 197**
Die kemalistischen Reformen lassen sich nach dieser

Definition durchaus als Revolution begreifen. Folgende Argumente können für diese These angeführt werden:

- Die kemalistischen Reformen brachen vollständig mit der Vergangenheit bzw. stellen einen radikalen Neuansatz in der Geschichte dar. An die Stelle des osmanischen Vielvölkerstaates sollte ein einheitlicher türkischer Nationalstaat treten. Die islamische Geistlichkeit wurde entmachtet, der Staat übernahm die Herrschaft über das Land. Der Islam wurde aus dem öffentlichen Leben zurückgedrängt, das gesamte gesellschaftliche Leben und das Recht (west)europäischen Gepflogenheiten angepasst.
- Die kemalistischen Reformen waren bewusst angestrebte und erfahrene Umwälzungen, die auf umfassenden politischen und gesellschaftlichen Wandel zielten. Atatürk und seine Anhänger wollten die im Vergleich zu Europa rückständige Türkei bewusst und zielgerichtet zu einem modernen Staatswesen mit einer modernen Gesellschaft verändern. Das bedeutete in ihren Augen vor allem die Verwestlichung der Türkei. Nationalismus, Republikanismus, Populismus und Etatismus, die Grundlagen der Republik Türkei, stellen in der neuzeitlichen türkischen Geschichte völlig neue Prinzipien dar. Das empfand auch die Bevölkerung so.
- Die kemalistischen Reformen wurden aus dem Bewusstsein heraus durchgeführt, dass sie die rückständige Türkei auf einen fortschrittlichen Entwicklungsweg führten. Atatürk, der bei den Denkern der europäischen Aufklärung in die Schule gegangen war, formte Staat und Gesellschaft nach den Grundsätzen von Rationalismus und Aufklärung um. Das wirkte sich besonders im Bildungswesen aus. Aber auch die Forderung nach der Gleichstellung der Geschlechter ist ohne aufklärerische Einflüsse nicht vorstellbar.
- Die kemalistischen Reformen wurden sowohl durch gewaltsame Aktionen ausgelöst als auch zumindest partiell mit Gewalt durchgesetzt. Am Anfang stand der Befreiungskampf der Türken unter Atatürk und die Schaffung eines türkischen Nationalstaates. Bei seiner Modernisierung schaltete Atatürk jegliche Opposition gewaltsam aus und errichtete eine auf seine charismatische Persönlichkeit zugeschnittene Erziehungsdiktatur.

**Aufgabe 14, S. 197**

*Aufgabe 14 a:* Bei der Bearbeitung dieser Aufgabe können die Begriffsdefinitionen im Schülerband, S. 212 und 213, herangezogen werden.

*Aufgabe 14 b:* Da Atatürk eine Trennung von Staat und Religion anstrebte, zielten seine Reformen auf die Schaffung eines laizistischen Staates (Aufgabe b). Im einzelnen versuchte er, folgende Veränderungen im staatlichen Bereich durchzusetzen:

- politische Entmachtung der islamischen Geistlichen durch
  - Abschaffung des Kalifenamtes,
  - Aufhebung der Ministerien für geistliche Angelegenheiten und geistliche Stiftungen;
- Ausschaltung jeglicher Opposition gegen seine Reformen, also auch die der islamischen Geistlichen;
- diktatorische Herrschaft des Staates und besonders durch seine Person (Erziehungsdiktatur);
- Legitimation der kemalistischen Revolution durch neues Geschichtsbild, das nicht religiös begründet ist.

Auch die Säkularisierung, also die Verweltlichung des gesamten gesellschaftlichen Lebens, gehörte zu den zentralen Zielen Atatürks. Damit die Lebenswelt der Menschen immer weniger durch die Religion bestimmt werde, brachte er folgende Reformen auf den Weg:

- Zurückdrängung des Islam aus dem öffentlichen Leben bzw. Verwestlichung der Gesellschaft durch
  - Abschaffung der islamischen Kleidungsvorschriften,
  - Anpassung der Kleidung an westliche Gewohnheiten,
  - Abschaffung des Fes,
  - Einführung des gregorianischen Kalenders bzw. Abschaffung der islamischen Zeitrechnung,
  - Durchsetzung der Gleichberechtigung von Mann und Frau,
  - Einführung der Einehe und der standesamtlichen Trauung,
  - Bildungsreformen,
  - Einführung westlicher Rechtsvorschriften.

*Aufgabe 14 c:* Zu den langfristigen Erfolgen bzw. Nachwirkungen der Reformen Atatürks gehören:

- Der türkische Staat ist nach wie vor ein laizistischer Staat;
- die islamische Geistlichkeit verlor dauerhaft ihren Einfluss auf die Politik;
- westliche Rechtsprinzipien beherrschen bis heute die Gesetzgebung des Staates.

Zu den Misserfolgen Atatürks muss gerechnet werden, dass die Säkularisierung des gesellschaftlichen Lebens nicht alle Bevölkerungsteile erreicht hat. Besonders auf dem Lande orientieren sich die Menschen nach wie vor an den traditionellen islamischen

Vorschriften, wie an der Eheschließung deutlich wird.

**Aufgabe 15, S. 197**

Siehe die Erläuterungen zu M 20 a und b.

*Didaktischer Hinweis:* Bei der Diskussion über die Haltung der jungen Frauen und die Thesen der Soziologin sollten auf jeden Fall folgende Widersprüche zur Sprache kommen:

1. Die protestierenden Studentinnen berufen sich auf ihre Religion, nicht auf politische Ideologien. Doch gleichzeitig erklären sie das Tragen des Kopftuches zu ihrem Menschenrecht, argumentieren also gleichermaßen durch die Hintertür politisch.
2. Nach ihrem subjektiven Empfinden ist der Protest der Studentinnen gegen das Kopftuchverbot religiös motiviert. Dagegen besteht die Soziologin bei ihrer Interpretation des Protestes darauf, dass das Tragen eines Kopftuches ein bewusster politischer Akt sei, der der Abgrenzung sowohl vom traditionellen Islam als auch von der westlichen Zivilisation diene.

Bei der Auseinandersetzung mit diesen Widersprüchen sollten zwei Missverständnisse über den Fundamentalismus zur Sprache gebracht und ausgeräumt werden:

1. Eine Fehldeutung des Fundamentalismus besteht darin, dass dieser als bewusster politischer Missbrauch des Islam interpretiert wird. Demgegenüber sollte stets davon ausgegangen werden, dass es sich bei den Anhängern des religiösen Fundamentalismus um gläubige Muslime handelt, die in ihrer Religion eine geistige, kulturelle und spirituelle Heimat sehen.
2. Der Fundamentalismus ist keine politische Ideologie wie andere, etwa wie der Sozialismus oder der Liberalismus. Vielmehr lässt sich der islamische Fundamentalismus angemessen nur verstehen, wenn der besondere Stellenwert der Religion berücksichtigt wird. Das religiöse Fundament unterscheidet ihn von anderen säkularen Ideologien.

Fundamentalistische Muslime sind gleichermaßen politisch und religiös, ihre Lehren sind gleichermaßen politische Ideologie und religiöser Glaube. So könnte eine Synthese aussehen, die am Abschluss der Debatte steht. Im Mittelpunkt des islamischen Fundamentalismus steht der Versuch einer Re-Politisierung des Sakralen in einer überwiegend säkularisierten Welt. Dazu schreibt der Sozialwissenschaftler Bassam Tibi: „In den meisten islamischen Ländern erheben militante politische Gruppen sowie zahlreiche politische Schriftsteller und Pamphletisten den Anspruch, dass der Islam nicht nur eine Religion sei, sondern ein *din wa daula* (eine mit staatlicher Ordnung verquickte Religion oder, freier und besser ausgedrückt in der Terminologie George Balandiers: eine ‚Entsprechung des Sakralen und des Politischen'). Daraus wird die Forderung nach einem *Nizam Islami,* das heißt einem islamischen politischen System, abgeleitet und zum Inhalt einer politischen Ideologie sowie eines politisch-oppositionellen Programms erhoben. Das Konzept des ‚islamischen Systems' bietet eine Grundlage für die islamische Revolte gegen die bestehende Weltordnung." (Bassam

**TAFELANSCHRIEB**

***Argumente für einen türkischen EU-Beitritt***

- *Türkei nähert sich durch Reformen den westlichen Normen an: Demokratie und Achtung der Menschenrechte*
- *christliche und islamische Welt haben gleiche Interessen: Bekämpfung des Terrorismus*

***Argumente gegen einen türkischen EU-Beitritt***

- *unüberbrückbarer kultureller Unterschied zwischen EU und Türkei: Orient gegen Abendland, Christentum gegen Islam*
- *Menschenrechtspolitik der Türkei entspricht nicht den Normen und Werten der EU (fehlende Meinungsfreiheit, Todesstrafe, Folter, Misshandlung von Strafgefangenen)*
- *demokratische Defizite in der Türkei: große Macht des Militärs, mangelnde Bewegungsfreiheit der politischen Parteien*
- *halbherzige Reformen*

Tibi, Die fundamentalistische Herausforderung. Der Islam und die Weltpolitik, 3. Aufl., München, C. H. Beck, 2002, S. 60)
Dieses Buch bietet für eine Ergänzung und Vertiefung der Auseinandersetzung mit dem islamischen Fundamentalismus wertvolle Anknüpfungspunkte. Aufgrund der verständlichen Sprache lassen sich aus dieser Publikation zusätzliche Texte entnehmen.

**Aufgabe 16, S. 197**
Auf der Grundlage von M 21 a bis c und M 22 lassen sich Argumente für oder gegen einen EU-Beitritt der Türkei zusammenstellen: siehe Aufstellung auf Seite 144 unten.

**Aufgabe 17, S. 197**
*Didaktischer Hinweis:* Bei der Diskussion der Thesen von Yilmaz (M 21 c) sollten folgende Aspekte im Vordergrund stehen:

1. Uneingeschränkte Zustimmung verdient der Hinweis von Yilmaz, dass Islam und islamischer Fundamentalismus nicht gleichzusetzen sind.
2. Anzuerkennen ist ebenfalls die These von Yilmaz, dass die Türkei und die EU bzw. der Westen gleichermaßen den Terrorismus bekämpfen müssten. Das gilt besonders für die Situation nach dem 11. September 2001. Allerdings ist in diesem Zusammenhang auf das Kurdenproblem in der Türkei hinzuweisen, das allein mit militärischen Mitteln nicht zu lösen ist. Es geht nicht an, den Kampf der kurdischen Minderheit um Autonomierechte generell als Terror zu brandmarken, obwohl es kurdischen Terror gibt.
3. Die politische Auseinandersetzung um die EU-Mitgliedschaft der Türkei ist bis heute nicht abgeschlossen. Diese grundsätzliche Offenheit der Diskussion sollte auf jeden Fall betont werden. Das kann geschehen durch eine Zeitungs- oder Internet-Recherche, die sich mit den neueren Entwicklungen des Verhältnisses zwischen EU und Türkei beschäftigt. Dabei ist vor allem das Problem zu klären, ob und inwieweit die Türkei ihren Reformprozess fortgesetzt hat:
   - Wurde der Einfluss des Militärs auf die Politik so reduziert, dass man von einer westlichen Demokratie sprechen kann?
   - Wie steht es mit der Achtung der Menschenrechte in Gesetzgebung und Praxis?
   - Entspricht die Wirtschaftspolitik marktwirtschaftlichen Maßstäben?
   - Welchen Entwicklungsstand hat die türkische Wirtschaft?

Wird man zur Beantwortung dieser Fragen vor allem auf aktuelle Zeitungen zurückgreifen, bietet sich zur Analyse des Entscheidungsprozesses in der EU eine Internet-Recherche an. Mit Hilfe folgender Internet-Adressen lassen sich weiterführende Informationen ermitteln:

*www.auswaertiges-amt.de/www/de/laenderinfos*
Von hier aus kann man sich zu allen Ländern der Erde „durchklicken".

*http://www.europa.eu.int*
Die allgemeine Einstiegsseite für das Internetangebot der gesamten Europäischen Union eröffnet unabhängig von den Internetseiten, die alle Institutionen anbieten, Verbindungen zu allen europäischen Institutionen, Dokumenten, Infos, Tagesaktualitäten usw. Außerdem befindet sich hier die eigentliche Suchmaschine der Europäischen Union.

Speziell zum Thema EU-Erweiterung bieten folgende Adressen zahlreiche Informationen und auch Unterrichtsmaterialien:
*www.lehrer-online.de*
*www.europa-wird-bunter.de/home2.html*
*www.eu-erweiterung.nrw.de*
*www.europa-digital.de/laender*
*http://www.europa.eu.int.comm/enlargement/report 2001/*
„Fortschrittsbericht" der Kommission.
*http://www.europa.eu.int/comm/eurostat*
Vergleichende Statistiken zu den EU-Staaten und den Beitrittskandidaten.

Zur Ergänzung und Vertiefung der Diskussion über die aktuelle Stellung der Türkei in der internationalen Politik erscheint ebenfalls eine Internet-Recherche sinnvoll. Sie kann z. B. über die Suchmaschine Google durchgeführt werden: *www.google.de*
Viele Dokumente auf dem Gebiet der internationalen Beziehungen sind allerdings in englischer Sprache geschrieben, sodass sie sich für den Fächer übergreifenden Unterricht anbieten. Ein Text (siehe Zusatzmaterial ZM 8.2) wurde hier für den Unterricht ausgewählt. Er befasst sich mit der Reaktion der Türkei auf den 11. September 2001 und stammt von dem „Council on Foreign Relations", dessen Selbstverständnis am Ende der Quelle erläutert wird.
Zum Thema „EU und Türkei" siehe auch Zusatzmaterial ZM 8.3, S. 148 f.

| Zusatzmaterial ZM 8.2 | **Reaktion der Türkei auf den 11. September 2001** |
|---|---|

**Stellungnahme des „Council on Foreign Relations" zur Haltung der Türkei zum 11. September 2001 (2002)**

*What role is Turkey playing in the war on terrorism?*

Turkey – the only NATO member with an almost entirely Muslim population – has been an important U.S. partner in the war on terrorism. Since September 11, Turkey has provided military support, tracked suspect financial networks, and participated in the International Security Assistance Force (ISAF). In June 2002, Turkey took command of this peacekeeping force, which operates in and around the Afghan capital, Kabul.

Turkey has argued that the devastating attacks on the World Trade Center and the Pentagon underscore the wisdom of its own tough crackdown on terrorist groups in Turkey, which before September 11 had elicited international criticism and remains a major obstacle to Turkey's bid to join the European Union. While Turkey supports the pursuit of Osama bin Laden's al-Qaeda network and other international terrorist groups, it worries that an invasion of neighboring Iraq – a possible future step in the U.S.-led war on terrorism – might embolden its own Kurdish separatists and undermine regional stability.

*How did Turkey respond to September 11?*

With support for the United States. Turkish officials condemned the attacks as a crime against humanity and supported NATO's unanimous and unprecedented decision to invoke Article V of its charter, which calls an attack against any one NATO member an attack against them all. Turkey also argued that the September 11 attacks showed that Turkey's own tough counterterrorist policies are warranted. Turkish President Ahmet Necdet Sezer said, "The attacks on the U.S. have shown how correct Turkey is in her stance against terrorism."

*Is Turkey worried about al-Qaeda?*

Yes. Modern Turkey was founded in 1923, succeeding the Ottoman Empire, a sprawling, ailing Muslim realm whose demise remains on bin Laden's list of anti-Western grievances. The new Turkish republic was built on secular institutions, and Turkey's leadership has thus sought to contain Islam as a political force. Alerts have been issued about al-Qaeda operatives in Turkey and plans to attack the U.S. and British embassies in Ankara, the Turkish capital. Turkish police also have expressed concerns that al-Qaeda operatives fleeing Afghanistan might pass through Turkey on their way to Europe or the Middle East; in February 2002, Turkish police arrested two Palestinians and one Jordanian suspected of being al-Qaeda members planning to attack Israel. In April 2002, Turkish police detained four Turkish members of a group called the Union of Imams, which Turkish authorities accuse of giving logistical support to al-Qaeda. Experts say Turkey is also worried that Sunni Muslim militants in northern Iraq may have links to al-Qaeda.

This fact sheet draws on interviews with Steven A. Cook, research fellow at the Brookings Institution, and Birol Yesilada, professor of political science and chair contemporary Turkish studies at Portland State University.

*Fortsetzung auf Seite 147*

| Zusatzmaterial ZM 8.2 | **Reaktion der Türkei auf den 11. September 2001** |
|---|---|

*Fortsetzung von Seite 146*

About the Council:
Founded in 1921, the Council on Foreign Relations is a nonpartisan membership organization, research center, and publisher. It is dedicated to increasing America's understanding of the world and contributing ideas to U.S. foreign policy. The Council accomplishes this mainly by promoting constructive discussions both in private and in public, and by publishing Foreign Affairs, the leading journal on global issues. The Council is host to the widest possible range of views, but an advocate of none, though its research fellows and independent task forces do take policy stands.
Like the great universities, foundations, and other think tanks in America, the Council on Foreign Relations aims to enhance the quality of study and debate on world issues, develop new generations of thinkers and leaders, and help meet international challenges by generating concrete and workable ideas.

*Zit. nach: http://www.terrorismanswers.com/cfr/*


ARBEITSAUFTRÄGE

1. *Beschreiben Sie ausgehend von dem Text das Verhältnis der Türkei zu den USA.*
2. *Erläutern Sie anhand des Textes den Standpunkt der Türkei im Kampf gegen den Terrorismus nach dem 11. September 2001.*

| Zusatzmaterial ZM 8.3 | **Reformpolitik in der Türkei 2002** |
|---|---|

**Rainer Hermann über die Reformen in der Türkei und die Bemühungen des Landes um einen EU-Beitritt (Sept. 2002)**

Mit einem beispiellosen Kraftakt haben die türkischen Abgeordneten ein Reformpaket verabschiedet, das der Türkei den Weg in die Europäische Union (EU) bereiten soll. Ministerpräsident Ecevit rechnet schon bald mit einer EU-Mitgliedschaft, und sein Stellvertreter Yilmaz preist die Reformen als eine „fundamentale Änderung im Konzept der Identität und der Staatsbürgerschaft der Türkei". Erstmals und erfolgreich haben sich die Parlamentarier Themen gestellt, die lange Zeit tabu gewesen sind. Und erstmals ist die Türkei dabei über den Schatten ihres kemalistischen Selbstverständnisses gesprungen und hat Reformen zugestimmt, die die Tür für die Weiterentwicklung ihrer Staatsideologie öffnen. Doch darf nicht übersehen werden, dass die Abgeordneten nur Gesetze geändert haben, nicht das Denken und Verhalten der Bürger, insbesondere derer, die bisher die Menschenrechte unter Berufung auf die Bewahrung der nationalen und der territorialen Sicherheit verletzen durften.

Wenige der verabschiedeten Gesetze haben unmittelbare Auswirkungen, nahezu alle bedürfen weiterer Maßnahmen und vor allem Ausführungsbestimmungen. Erst diese werden ein Urteil zulassen, ob die Reform wirklich eine Mentalitätsänderung bewirkt oder sich verläuft. Wie das Paket in der Praxis verwirklicht wird, entscheidet sich bei der vorgezogenen Parlamentswahl vom 3. November. Sollte aus ihr eine reformfeindliche Regierung hervorgehen, werden die Durchführungsbestimmungen die Beschlüsse vom 3. August wieder verwässern.

Das Parlament hat an jenem Samstag kurz vor Morgengrauen vier zentrale Forderungen aus der Beitrittspartnerschaft der EU erfüllt. Alle waren über Jahre innenpolitisch höchst umstritten gewesen.

Die auffallendste Änderung betrifft die Abschaffung der Todesstrafe. Für die Abschaffung haben 256 Abgeordnete votiert, dagegen 162. Der Abstimmung waren jedoch 117 Abgeordnete ferngeblieben. Außer in Kriegszeiten und bei drohender Kriegsgefahr ist die Todesstrafe nun in eine lebenslange Haft unter erschwerten Bedingungen umgewandelt. Damit steht der Auslieferung türkischer Terroristen, die in EU-Ländern inhaftiert sind, unter ihnen der Führer des Kölner „Kalifatsstaats" Metin Kaplan, anscheinend nichts mehr im Wege. Mit der Gesetzesänderung kann die Regierung Schritte tun, um das 6. Zusatzprotokoll der Europäischen Menschenrechtskonvention zu unterzeichnen. Eine Unsicherheit ist freilich, dass die Verfassung nach ihrer Änderung vom 4. Oktober 2001 weiter die Todesstrafe für terroristische Straftaten ausdrücklich vorsieht.

Größere kulturelle Rechte sind das zweite Element des Reformpakets. Nach einer Änderung des Radio- und Fernsehgesetzes sind jetzt „Sendungen in Sprachen und Dialekten, die traditionell von türkischen Bürgern im Alltag genutzt werden", zulässig. Wie weit dies wirklich zu einer Akzeptanz der ethnischen und kulturellen Vielfalt der Türkei führen wird, werden die Durchführungsbestimmungen zeigen. Der Oberste Rundfunk- und Fernsehrat (RTÜK) hat mit der Ausarbeitung dieser Bestimmungen begonnen und holt dazu die Erfahrungen aus EU-Staaten ein. Andererseits muss das Erziehungsministerium die Lehrbücher genehmigen, die in den kurdischen Sprachkursen benutzt werden sollen. Gegen die Zulassung von Lehrbüchern mit einem stark kurdischen Inhalt spricht, dass das Ministerium eine Hochburg der Nationalisten ist. Zudem muss die EU prüfen, ob die Zugeständnisse bei den kulturellen Rechten die Anforderung aus der Beitrittspartnerschaft erfüllen. Gefordert ist dort die „Gewährleistung der kulturellen Vielfalt und die Garantie der Menschenrechte für alle Bürger, unabhängig von ihrer Abstammung".

*Fortsetzung auf Seite 149*

| Zusatzmaterial ZM 8.3 | **Reformpolitik in der Türkei 2002** |
|---|---|

*Fortsetzung von Seite 148*

Die vierte Verbesserung, die innenpolitisch stark umstritten war, betrifft die Zulassung des Eigentumserwerbs für die religiösen Stiftungen. In der Vergangenheit waren den nichtmuslimischen Minderheiten, die sich nur als Stiftungen organisieren dürfen, der Erwerb und der Verkauf von Immobilien untersagt. Daher hat der türkische Staat zuletzt viele ihrer Immobilien konfisziert. Jetzt dürfen diese Stiftungen Immobilien erwerben und renovieren. Allerdings ist dafür ein kompliziertes Verfahren und jeweils die Zustimmung des Ministerrats erforderlich.

Diese Verbesserungen bleiben, zumindest partiell, hinter den Erwartungen zurück. Für andere Teile des Reformpakets gilt das noch mehr. Das trifft besonders auf die Änderungen im Verwaltungs- und Strafverfahrensrecht zu, die eine Wiederaufnahme eines Gerichtsverfahrens zulassen. Dies soll künftig unter der Bedingung möglich sein, dass der Europäische Menschenrechtsgerichtshof einen Verstoß gegen die Europäische Menschenrechtskonvention festgestellt hat. Diese Reform tritt jedoch erst ein Jahr nach ihrer Veröffentlichung in Kraft, sie kann also nicht auf inhaftierte frühere kurdische Abgeordnete wie Leyla Zana angewendet werden. Da zudem die Verfahren vor dem Europäischen Menschenrechtsgerichtshof Jahre dauern, ist eine Wirkung der Reform in frühestens fünf Jahren zu erwarten.

Positiv, aber noch unbefriedigend sind die Änderungen im Vereinsrecht, die eigentlich die türkische Bürgergesellschaft stärken sollen. Stark verbürokratisiert wurde das Verfahren, das zu durchlaufen ist, bevor eine türkische Nichtregierungsorganisation mit einem ausländischen Partner zusammenarbeiten darf. Dazu ist jeweils ein Beschluss des Ministerrats erforderlich. Ausdrücklich nennt das Gesetz als Felder einer Zusammenarbeit lediglich die Wirtschaft, den Sport, die Kultur und die Wissenschaft. Auch dürfen türkische Vereine und Stiftungen nur mit einer Erlaubnis des Ministerrats im Ausland tätig werden.

Eine starke Verbesserung für die Meinungsfreiheit kann indessen die Novellierung des Paragrafen 159 des türkischen Strafgesetzbuches bringen. Denn an den wurde der Satz angefügt, dass Kritik an den Staatsorganen, die nicht in beleidigender Absicht erfolgt, straffrei ist. In der Vergangenheit waren viele Intellektuelle wegen Kritik an Staatsorganen zu Haftstrafen verurteilt worden. Inwieweit aber diese Änderung das Recht auf Meinungsfreiheit stärkt, wird davon abhängen, wo die türkische Justiz, die lange einseitig für die Belange des Staats Recht gesprochen hat, die Grenze zwischen Kritik und Beleidigung ziehen wird.

Die meisten Türken vertreten die Meinung, dass Ankara mit diesem Reformpaket die Kriterien für Kopenhagen erfüllt hat und Verhandlungen über einen Beitritt damit aufgenommen werden müssten. Noch ist es indessen zu früh, ein Urteil abzugeben, ob das, was auf dem Papier steht, auch zu wirklichen Verbesserungen führt. Zudem erfüllt das Paket, so umfassend es ist, nicht alle Erwartungen. Die Türkei wird sich in den kommenden Monaten aber darauf berufen, dass Rumänien und Bulgarien vor der Aufnahme ihrer Beitrittsverhandlungen auch nicht alle Kriterien vollständig erfüllt hätten und der gezeigte gute Wille bei ihnen als Voraussetzung durchaus gereicht habe.

*Rainer Hermann, Zunächst nur auf dem Papier. Was die türkischen Reformen wirklich wert sind, muss sich erst noch zeigen, in: Frankfurter Allgemeine Zeitung, 23. September 2002, S. 16.*

# Kapitel 9: Ausblick: Gestaltungsmöglichkeiten im Zusammenleben der Kulturen heute

*Didaktische Vorbemerkung:* Die Materialien in Kapitel 9 beschäftigen sich schwerpunktmäßig mit dem Zusammenleben der Kulturen in Deutschland, verlieren aber auch den europäischen und den globalen Zusammenhang nicht aus dem Blick.
In Deutschland leben rund 3,5 Millionen Muslime, von denen zwei Drittel türkischer und kurdischer Abstammung sind; das übrige Drittel kommt aus aller Welt, vorwiegend jedoch aus dem Mittelmeerraum. Die Integration dieser Migranten, die aus einer Vielfalt der Kulturen der islamischen Zivilisation stammen, in das deutsche Gemeinwesen ist eine schwierige Aufgabe. Die meisten der zugewanderten Muslime in Deutschland stammen ursprünglich aus ländlichen, wenig entwickelten Gebieten. Die Schwierigkeiten, sich in eine städtische, industrialisierte Welt einzugewöhnen, sind zu einem großen Teil die gleichen, die als Folge der Landflucht in den Metropolen der islamischen Welt zu beobachten sind. So konstatiert der Islamwissenschaftler Navid Kermani, dass einem Angehörigen der Istanbuler Mittelschicht Gewohnheiten und Wertvorstellungen eines anatolischen Dorfbewohners kaum weniger fremd seien als einem durchschnittlichen Deutschen. Einen Teil der Probleme, die im Zusammenleben mit Muslimen auftauchen, definiert er deshalb als nicht theologisch, sondern soziologisch.
Eine große Zahl von Muslimen lebt dagegen schon in der dritten oder vierten Generation in Deutschland. Viele von ihnen identifizieren sich mit der deutschen Gesellschaft und wollen für immer in Deutschland bleiben. Zu fragen ist, ob die Mehrheit der in Deutschland lebenden Muslime bereit ist, sich zu integrieren. Daran schließt sich die weitere Frage an, ob der Islam in einen säkularen Staat integrierbar ist. Eine Integration erfordert die Einbeziehung der Muslime in ein demokratisches Staatswesen, in dem alle Bürger die Werte der Demokratie anerkennen.
Wie die Muslime zur deutschen Verfassung stehen, beantwortet die Islamwissenschaftlerin Ursula Spuler-Stegemann so: „Die meisten der hiesigen Muslime wollen in einem demokratischen Deutschland leben und sie akzeptieren die Verfassung. [...] Sie wollen zunehmend tatsächlich Verantwortung für das Gemeinwohl mittragen [...] und wollen gleichzeitig ihr kulturelles Erbe bewahren, das einem Teil der dritten Generation bereits verloren geht." (Ursula Spuler-Stegemann, Muslime in Deutschland, Freiburg (Herder) 2002, S. 221.)
Der Zentralrat der Muslime in Deutschland, einer der beiden großen islamischen Dachverbände – neben dem Islamrat, hat sich erstmals in einer Islamischen Charta im Februar 2002 zur demokratischen Grundordnung in Deutschland bekannt. Die Resonanz war allerdings zwiespältig, da die Charta wichtige Aspekte ausklammert und so nur eine „kleinste gemeinsame Verpflichtung" (SZ vom 22. Februar 2002) einer Teilgruppe darstellt.
Zur Vertiefung der Auseinandersetzung um die Islam-Charta siehe den längeren Auszug aus dem Text von Spuler-Stegemann im „Cornelsen Online-Aktualitätendienst Geschichte, Sekundarstufe II":
*www.cornelsen-teachweb.de*
(von dort weiter über „Sekundarstufe II" und „Fächerauswahl Geschichte", „Aktualitätendienst Geschichte", „Archiv", „20. Jahrhundert").

### M 1, S. 199
### Fotocollage: „Islamic Project Berlin, Reichstag" (1997)

Siehe die Erläuterungen zu Aufgabe 1.

### M 2, S. 199 f.
### Textauszug „Koran im Klassenzimmer?" (2000)

Siehe die Erläuterungen zu Aufgabe 2.

### M 3, S. 200
### Foto: „Kulturkampf im Kinderzimmer" (1996)

Siehe die Erläuterungen zu Aufgabe 1.

### M 4, S. 201 f.
### Thomas Hartmann über Voraussetzungen des Dialoges (1995)

Siehe die Erläuterungen zu Aufgabe 2.

### M 5, S. 202
### Foto: McDonald's in Dubai (1996)

Siehe die Erläuterungen zu Aufgabe 1.

**M6, S. 202 f.**
**Umberto Eco zum 11. September (2001)**

Siehe die Erläuterungen zu Aufgabe 4.

**M7, S. 203 f.**
**Bassam Tibi zur „neuen Weltordnung" (2001)**

Siehe die Erläuterungen zu Aufgabe 5.

**Aufgabe 1, S. 204**

*M 1:* Das sarkastische „Islamic Project Berlin, Reichstag" befremdet durch die Nomadenfamilie im Vordergrund, vor allem aber durch die Verfremdung des Reichstagsgebäudes. Nicht nur, dass hier statt der schwarz-rot-goldenen Fahne die grüne Fahne des Propheten weht. Die Reichstagskuppel selbst ist ersetzt durch die Kuppel des Felsendoms in Jerusalem, des ältesten erhaltenen Bauwerks des Islam und „Monument des Selbstbewusstseins der Muslime", so der Islamwissenschaftler Heinz Halm. Anlass und Zweck des Baus sind bis heute umstritten. Die islamische Überlieferung bietet zur Erklärung die Legende von der „Himmelsreise" des Propheten Muhammad, die vom Felsen unter der Kuppel ihren Ausgang nahm. Die Wissenschaftler sind sich bis heute nicht einig, ob es ein Siegesmonument des Islam ist, ein Konkurrenzunternehmen zur christliche Grabeskirche oder zum jüdischen Tempel. Das Bild kann Anstoß sein zur Diskussion der Rolle der Muslime in Deutschland.

*M 3, M 5:* Die Fotos M 3 und M 5 rücken den Aspekt der kulturellen Globalisierung in den Blick. Die heutigen Formen kultureller Globalisierung umfassen im Unterschied zu früheren kulturellen Austauschprozessen große Bereiche der Alltagskulturen. Auffälligstes Merkmal – von Kritikern dieses Prozesses häufig als einziges Kennzeichen wahrgenommen – ist die Angleichung eines Teilbereichs des kulturellen Lebens, insbesondere der Unterhaltungskultur und der Konsumgüter. In Bielefeld werden die gleichen Soaps gesehen wie in New York oder Bombay. 800 Millionen Barbiepuppen weltweit propagieren das Schönheitsideal der weißen US-amerikanischen Mittelschicht, und McDonald's gibt es nahezu überall auf der Welt. Da viele Markenkonzerne ihren Hauptsitz in den USA haben, wird bei der Ausbreitung westlicher Konsum- und Kulturmuster oft von Amerikanisierung oder auch „McDonaldisierung" gesprochen, doch wäre es verfehlt, daraus den Schluss zu ziehen, dass sich auf diese Weise eine einheitliche Weltkultur herausbilden würde. Oft wird die eigenwillige Rezeption amerikanischer Kulturprodukte unterschätzt. Auch geht die immer stärkere Ausbreitung westlicher Konsumgüter häufig mit einer Rückbesinnung auf lokale Traditionen einher. Ein Beispiel für diesen Prozess ist die adaptierte Barbiepuppe. Auch besagt die Übernahme „fremder Kulturelemente" nicht zwingend etwas über die Weltsicht der Betreffenden. Der Journalist Johannes Willms zitiert das Beispiel eines Scheichs, der im klimatisierten Mercedes fährt und seine Falkner über Satellitentelefon verständigt, mit seinen Petrodollars aber gleichzeitig Koranschulen in Kabul finanziert (vgl. Süddeutsche Zeitung vom 18. Oktober 2001). Ein anderer Autor schreibt über die Attentäter vom 11. September 2001: „Ihre Flugkenntnisse lernten sie an nordamerikanischen Flugschulen und am Abend vor ihrem Todesflug haben sie sich sichtlich gut gelaunt Geld an einem Bankautomaten abgehoben, bei Pizza Hut Fast Food gegessen und bei der weltgrößten Supermarktkette Wal-Mart noch etwas eingekauft." (Bernd Wagner, Kulturelle Globalisierung. Von Goethes „Weltliteratur" zu den weltweiten Teletubbies, in: Aus Politik und Zeitgeschichte B 12, 2002, S. 10.)

**Aufgabe 2, S. 204**

*M 2:* Der Artikel aus der „Süddeutschen Zeitung" thematisiert den Problemkreis Korankurs/schulischer Religionsunterricht. Man geht davon aus, dass die meisten Korankurse die Desintegration fördern. Korankurse werden von allen Moscheen angeboten; sind mehrere Moscheen in einer Stadt, können sich die Kurse auch auf bestimmte Moscheen konzentrieren. Solange die Frage des islamischen Religionsunterrichts an deutschen Schulen nicht geklärt ist, werden Korankurse sogar von Kindern vieler ansonsten Korankurs-kritischer Eltern besucht. Der Kontrolle der deutschen Behörden entzogen, haben die Lehrenden einen großen Freiraum für die Darstellung ihres Islamverständnisses und ihrer Vorstellungen vom Leben der Muslime in der Diaspora.

Auf dem Gebiet des schulischen islamischen Religionsunterrichts ist derzeit vieles in Bewegung, und in jedem Bundesland stellt sich aufgrund der Länderhoheit im Schulwesen die Situation anders dar. Einigkeit besteht lediglich darin, dass den muslimischen Kindern in Deutschland Religionsunterricht gewährt werden soll.

Das Grundgesetz gewährleistet in Art. 4 Glaubens- und Bekenntnisfreiheit und freie Religionsausübung. In Art. 7 (3) heißt es: „Der Religionsunterricht ist an öffentlichen Schulen mit Ausnahme der bekenntnisfreien Schulen ordentliches Lehrfach. Unbeschadet des staatlichen Aufsichtsrechtes wird der Religionsunterricht in Übereinstimmung mit den Grundsätzen der Religionsgemeinschaft erteilt." Immer mehr setzt sich auch in islamischen Kreisen die Erkenntnis durch, dass die Unterrichtssprache nicht Türkisch, sondern Deutsch sein muss, damit alle muslimischen Kinder partizipieren können. Die Curricula müssen den Kultusministerien vorgelegt werden, was aber keineswegs bedeutet, dass Lerninhalte und Unterricht völlig kontrollierbar sind. Die Religionslehrer müssen nach deutschen Standards ausgebildet werden und werden staatlich besoldet.

Der gemeinsame Antrag von Islamrat und Zentralrat der Muslime auf einen selbst verantworteten Glaubensunterricht in NRW wurde am 2. November 2001 vom Verwaltungsgericht Düsseldorf abgelehnt. Der ZMD-Vorsitzende Nadeem Elyas erklärt stets, der Religionsunterricht solle im Rahmen der in Deutschland bestehenden Gesetze erfolgen – eigentlich eine Selbstverständlichkeit. Befürchtungen, dass muslimische Fachkräfte Positionen vertreten würden, die mit dem Grundgesetz unvereinbar sind, z. B. zur Stellung der Frau, hält er für unbegründet. Man fordert Religionsunterricht unter dem Motto „Integration unter Bewahrung der islamischen Identität".

Für eine „würdige Lebensweise mitten in der Gesellschaft" fordert die Islamische Charta vom 20. Februar 2002 in Punkt 20 unter anderem:

- Einrichtung von Lehrstühlen zur akademischen Ausbildung islamischer Religionslehrer,
- Genehmigung des Baus innerstädtischer Moscheen,
- Erlaubnis des lautsprecherverstärkten Gebetsrufs,
- Respektierung islamischer Bekleidungsvorschriften in Schulen und Behörden,
- Beteiligung von Muslimen an den Aufsichtsgremien der Medien,
- Vollzug des Urteils des Bundesverfassungsgerichts zum Schächten,
- Staatlicher Schutz der beiden islamischen Feiertage,
- Einrichtung muslimischer Friedhöfe und Grabfelder.

Vgl. zur Islam-Charta ausführlich den Cornelsen Online-Aktualitätendienst Geschichte, Sekundarstufe II: „Die ‚Islamische Charta' vom 20. Februar 2002 – Probleme und Chancen für die Integration der Muslime in Deutschland" vom März 2002 unter
*www.cornelsen-teachweb.de*
(von dort weiter über „Sekundarstufe II", „Fächerauswahl Geschichte", „Aktualitätendienst Geschichte", „Archiv", „20. Jahrhundert")

*M 4:* Im Zusammenleben der Kulturen haben auch die Westeuropäer ihre Hausaufgaben zu erledigen. Dazu gehört laut Thomas Hartmann vor allem eine differenziertere Betrachtung des Islam:

- Das simplifizierte Bild eines einheitlichen Islam muss aufgegeben werden.
- Das „Feindbild Islam" in Europa, das in der europäischen Geschichte tief verwurzelt ist, muss abgebaut werden.
- Die politische Auseinandersetzung mit den Islamisten muss geführt werden, es muss Partei ergriffen werden für die liberalen islamischen Strömungen.

Die Fähigkeit zum interkulturellen Dialog muss laut Hartmann erlernt werden. Im weiteren Verlauf seiner (im Kursheft nicht abgedruckten) Ausführungen sieht er diese Notwendigkeit als Chance: Ein überlegter Dialog mit Muslimen könnte Anlass für eine bewusstere Selbstreflexion sein und auch auf Dialoge mit anderen Kulturen dieser Welt vorbereiten.

Wie ein interkultureller Dialog aussehen sollte, beschreibt der Islamwissenschaftler Navid Kermani:
*Navid Kermani, Brauchen wir einen interreligiösen Dialog?, in: Unesco heute, Nr. 4, 2001, dort den Abschnitt: „Mut zur Dissonanz";*
im Internet abrufbar unter:
*www.unesco.de/*
(von dort weiter über „Zeitschrift UNESCO heute" und „Ausgabe 4, 2001").

**Aufgabe 3, S. 204**

Zur Frage, ob man als Muslim überhaupt in Europa leben kann, schreibt Ramadan ausführlicher in
*„Le monde diplomatique" vom 17. April 1998:*
„Seit Beginn der neunziger Jahre werden mehr und mehr theologische und juristische Grundsatzdebatten veranstaltet, an denen neben den *ulemas* der islamischen Welt zunehmend auch in Europa lebende Imams und Intellektuelle teilnehmen. Sie haben für die islamische Rechtsprechung wichtige Ergebnisse erbracht. Dabei zeichnen sich fünf Grundsätze ab, über die heute unter den Gelehrten wie auch innerhalb der islamischen Gemeinden in Europa ein weitgehender Konsens besteht:

- ein Muslim soll sich als Bewohner oder Staatsbürger wie durch einen moralisch-gesellschaftlichen Vertrag mit seinem Aufenthaltsland verbunden fühlen und dessen Gesetze respektieren;
- die europäischen Rechtsordnungen (also faktisch der weltliche Rahmen) erlauben den Muslimen die Ausübung ihrer Religion;
- die alten Bezeichnungen *dar al-harb und dar al-islam* – die im Koran nicht vorkommen und auch

nicht Teil der Überlieferung des Propheten sind – gelten als überholt. Stattdessen werden andere Konzepte vorgeschlagen, um die islamische Präsenz in Europa positiv umzusetzen;
- die Muslime sollen sich voll als Staatsbürger betrachten und unter Achtung der eigenen Werte am gesellschaftlichen, kulturellen, wirtschaftlichen und politischen Leben des Aufenthaltslandes teilnehmen;
- im Rahmen der europäischen Rechtsordnungen ist ein Muslim in keiner Weise gehindert, seine Entscheidungen wie jeder andere Staatsbürger gemäß den Erfordernissen seines Glaubens zu treffen." Vertiefend dazu kann herangezogen werden: *Tariq Ramadan, Muslimsein in Europa, Marburg (Muslim Studenten Ver. Dtld.) 2001.*

**Aufgabe 4, S. 204**

In der Debatte, die nach dem 11. September 2001 unter Intellektuellen einsetzte, meldete sich auch der prominente italienische Autor Umberto Eco mit einem Plädoyer für Vernunft und Differenzierung zu Wort. Für Verwirrung, so Eco, sorge vor allem „die Tatsache, dass verschiedene Dinge nicht auseinander gehalten werden: die Identifikation mit den eigenen Wurzeln; das Verstehen dessen, der andere Wurzeln hat; das Urteil darüber, was gut und was schlecht ist." Der zunächst in der italienischen Zeitung „La Republica" erschienene Text ist auch eine Reaktion auf die unterschiedlichen Äußerungen zu den Ereignissen vom 11. September. Ecos Landsfrau Oriana Fallaci etwa sagte den Muslimen auf den Kopf zu, ihre Kultur sei minderwertig, und blickte für sich selbst auf eine gloriose Kultur zurück, beginnend bei der griechischen Antike über die Renaissance bis zur Entfaltung der bürgerlichen Freiheiten (vgl. Wiener Standard vom 3. Oktober 2001). Sie artikulierte auch die Angst vor einer kulturellen Überfremdung.
Für Eco ist es eine Sache zu sagen, was eine Kultur ist, sie kann auf objektive Weise beschrieben werden, und eine andere Sache, aufgrund welcher Parameter wir sie beurteilen. Das Problem der Parameter stellt sich für ihn nicht in historischen Kategorien, sondern in zeitgenössischen. Die von ihm angeführten Beispiele sind aktuell und greifen wichtige Kontroversen auf. Im letzten, hier nicht abgedruckten Abschnitt seines Textes äußert sich Eco zur Verteidigung der westlichen Werte.
*Abbildungshinweis:* Zur Frage „Welche Werte hat der Westen?" kann das farbige
*„Spiegel"-Titelbild vom 22. November 2001*
eingesetzt werden, das europäische Denker und Symbolfiguren von der Antike bis zur Gegenwart in einer Collage zusammenfasst.

**Aufgabe 5, S. 204**

Bassam Tibi, geboren 1944 in Damaskus, studierte Sozialwissenschaft, Philosophie und Geschichte in Frankfurt. Seit 1973 ist er Professor für Internationale Beziehungen in Göttingen. Er hat zahlreiche Bücher zum Islam veröffentlicht, darunter auch „Krieg der Zivilisationen", das nach Tibis Darstellung allerdings ein Friedensentwurf für die Beziehungen zwischen den Zivilisationen sein soll. Tibi beklagte, dass er 1995 nach der Veröffentlichung dieses Werks vorschnell „in die Nähe des Huntington unterstellten ‚Kulturkampfs' gerückt worden" sei (Vorwort zur Taschenbuchausgabe [Heyne] München 1998, S. XIII). Nach seiner Meinung wollen bestimmte Kritiker einfach nicht verstehen, dass sein Buch „die bestehenden weltanschaulichen Differenzen zwischen den Zivilisationen lediglich als Realität feststellt, sie untersucht und über sie informiert, um auf dieser Basis vor einer Politisierung dieser Weltanschauungen zu warnen" (ebd.). Erst aus der Politisierung folge der „Krieg der Zivilisationen", womit er zunächst keine militärische Auseinandersetzung meint, unter dem Eindruck des 11.September aber feststellt, dass auch dieser Weltanschauungskonflikt militarisiert werden kann. Anders als Mohssen Massarat (siehe Zusatzmaterial ZM 1.1 zu Kapitel 1) sieht er den „Weltanschauungskonflikt" als gegeben an und unterbreitet Vorschläge, diesen zu entschärfen. Er rät, zwischen dem Islam als Religionsgemeinschaft und islamistischem Fundamentalismus als politischer Ideologie zu unterscheiden. Während er den ersten für dialogfähig hält, verlangt er, dass Letzterer nicht mehr im Namen von Toleranz und Religionsfreiheit geduldet werden darf.

**Aufgabe 6, S. 204**

Zur Vorbereitung der Podiumsdiskussion, hier insbesondere auch des durch das Grundgesetz gegebenen rechtlichen Rahmens, kann der Aufsatz des Politologen Oberndörfer (siehe Zusatzmaterial ZM 9.1, S. 154 f.) herangezogen werden.

**Notizen**

| Zusatzmaterial ZM 9.1 | Grundgesetz und multikulturelle Gesellschaft |
|---|---|

**Der Politologe Dieter Oberndörfer über die Offenheit des Grundgesetzes für eine multikulturelle Gesellschaft (1999; Auszug)**

Die Offenheit unseres Grundgesetzes für eine multikulturelle Gesellschaft

Kultureller Pluralismus, kulturelle Konflikte und kultureller Wandel finden sich in allen menschlichen Gesellschaften. Kulturelle Homogenität im Sinne fugenloser, konfliktfreier Übereinstimmung kultureller Werte hat es nie und nirgendwo gegeben. Versuche, sie herzustellen und als Status quo festzuschreiben, führten stets zu kultureller Unterdrückung bis hin zu kultureller Inquisition. In der Form mörderischer Kriege um die Durchsetzung religiöser oder ideologischer Homogenität verbanden sich mit ihnen die schlimmsten Verbrechen des christlichen Europa.

Ferner haben sich alle Kulturen in einer langen Geschichte kulturellen Austausches grenz- und völkerübergreifend gebildet. Gerade die großen Menschheitskulturen sind in ganz besonderer Weise miteinander verwobene Mischkulturen. Durch Austausch und über Neuinterpretation der Überlieferung gab es zudem überall kulturellen Wandel und kulturelle Pluralität. So waren und sind sämtliche uns bekannte Kulturen inhomogene, konfliktive und dynamisch sich immer wieder verändernde pluralistische und multikulturelle Gebilde.

In Europa kam das Christentum aus Kulturen des Nahen Ostens. Im Mittelalter und in der Renaissance erhielt die Kultur der europäischen Völker entscheidende Impulse aus der Begegnung mit der Philosophie und Literatur der griechisch-römischen Antike. Vom Geist der Antike sind der deutsche Idealismus, die deutsche Klassik und Romantik geprägt worden. Große Werke der Weltliteratur wurden ins Deutsche übersetzt. Shakespeare und Molière wurden so auch ein Teil der deutschen Bildungstradition. Durch Gewaltenteilung, Rechtsstaatlichkeit und Grundrechte schützt der moderne Verfassungsstaat, die Republik, die *individuelle* Freiheit der Kultur, damit aber zugleich kulturelle gesellschaftliche Vielfalt und Dynamik. Er ist daher nicht wie andere politische Systeme nur *de facto,* sondern auch *de lege* multikulturell und pluralistisch.

Der eigentliche Kern der kulturellen Freiheit des modernen Verfassungsstaates ist die individuelle Freiheit der Religion und Weltanschauung. Gerade sie war die Mutter der politischen Freiheit. Durch die politischen Freiheiten der Bürger und ihren institutionellen und rechtlichen Schutz sollte die kulturelle Freiheit gesichert werden.

So bildete die Geburt des republikanischen Verfassungsstaates in den Vereinigten Staaten von Amerika den Schlusspunkt einer jahrhundertelangen Geschichte religiöser Bürgerkriege in Europa. Die Vereinigten Staaten wurden als Heimstatt für Gläubige unterschiedlicher Religion und Konfession gegründet. Zum Schutz der individuellen religiösen Freiheit und der religiösen Praxis gegen Eingriffe des Staates wurden Staat und Kirche getrennt. Um den kulturellen Pluralismus der Bürger zu sichern, musste der Staat eine weltanschaulich neutrale Instanz, ein säkularer Staat werden.

Auch im Grundgesetz der Bundesrepublik Deutschland wird die individuelle Freiheit der Kultur, die individuelle Freiheit des religiösen Glaubens, der religiösen Praxis und der Weltanschauung geschützt. So heißt es in Art. 4 Abs. 1 und 2 des Grundgesetzes: „Die Freiheit des Glaubens, des Gewissens und die Freiheit des religiösen und weltanschaulichen Bekenntnisses sind unverletzlich" und „Die ungestörte Religionsausübung wird gewährleistet". Zur kul-

*Fortsetzung auf Seite 155*

| Zusatzmaterial ZM 9.1 | **Grundgesetz und multikulturelle Gesellschaft** |
|---|---|

*Fortsetzung von Seite 154*

turellen Freiheit gehören nach Art. 5 Abs. 3 GG auch die Freiheit von Kunst und Wissenschaft: „Kunst und Wissenschaft, Forschung und Lehre sind frei." Religiöse Überzeugungen und kulturelle Werte von Minderheiten werden nicht nur geduldet, sondern dürfen auch aktiv vertreten werden. Art. 5 Abs. 1 GG sagt dazu: „Jeder hat das Recht, seine Meinung in Wort, Schrift und Bild frei zu äußern und zu verbreiten [...]. Eine Zensur findet nicht statt." Wegen der anhaltenden religiösen und weltanschaulichen Individualisierung und Pluralisierung Deutschlands gewinnt dieser Schutz der individuellen kulturellen Freiheit in Zukunft eine noch eher zunehmende Bedeutung.

Aus der individuellen Freiheit der Kultur im modernen Verfassungsstaat folgt, dass die Kultur keine verbindlich vorgegebene kollektive Orientierungsgröße sein kann. In der Republik gibt es keine nationalen Religionen oder Kulturen, die für ihre Bürger verbindlich gemacht werden dürfen. Jeder Versuch, einem Deutschen, Franzosen oder Amerikaner eine bestimmte Religion oder Konfession als nationale Pflicht oder Eigenschaft vorzuschreiben, ist ein Anschlag auf den Geist und die Bestimmungen ihrer Verfassungen. Die Kultur der Deutschen, der Bürger der Bundesrepublik Deutschland, kann immer nur der gesamte und in sich sehr vielfältige Güterkorb der kulturellen Werte aller deutschen Staatsbürger sein. „Die" oder „eine" für alle verbindlich definierte deutsche Kultur kann es in einem Verfassungsstaat nicht geben. Soweit der Begriff der Nation mit kulturellen Überlieferungen und Werten verbunden wird, geschieht dies immer nur als selektive individuelle Entscheidung und Aneignung, die für die übrigen Bürger nicht zwingend verbindlich sind. Es bleibt den Bürgern der Bundesrepublik Deutschland überlassen, ob sie deutsche oder englische Liebesromane, den Koran oder die Bibel, Goethe oder die Bildzeitung lesen, ob sie Bach oder Louis Armstrong hören, ob sie in ihrer Freizeit Museen besuchen oder Sport treiben, ihren Urlaub in Deutschland oder im Ausland verbringen wollen.

Kulturelle Werte dürfen in der Republik individuell interpretiert, akzeptiert oder zurückgewiesen werden. Die Kultur der Republik wird somit unvermeidlich zu einer Mischung unterschiedlicher und häufig auch konfliktiver Güter und Werte. Begrenzt wird ihr Pluralismus allein durch die Verfassung und deren rechtliche und politische Ordnung. Diese bilden ihrerseits die Voraussetzung für die Offenheit und Vitalität des kulturellen Pluralismus der Republik.

Der kulturelle Individualismus und Pluralismus des republikanischen Verfassungsstaates vertragen sich nicht mit dem statischen Konzept einer kollektiven Nationalkultur, die seit undenklichen Zeiten existiert und von den Bürgern auf immer bewahrt werden muss – gedankliche Konstrukte, die die tatsächliche geschichtliche innere Vielfalt der Kulturen und ihren ständigen Wandel ignorieren und daher immer fiktiv waren und sein werden.

*Dieter Oberndörfer, Die Offenheit unseres Grundgesetzes für eine multikulturelle Gesellschaft, in: Herbert-Quandt-Stiftung (Hg.), Vom christlichen Abendland zum multikulturellen Einwanderungsland, 1999, zit. nach: www.h-quandt-stiftung.de/root/edit_page.php?page_id=232&preview=true*

**Notizen**

**Notizen**